Historia de las bacterias patógenas

JOSÉ RAMOS VIVAS

Historia de las bacterias patógenas

GUADALMAZÁN

GUADALMAZÁN • COLECCIÓN DIVULGACIÓN CIENTÍFICA
Director editorial ANTONIO CUESTA
Corrección de JOSÉ LÓPEZ FALCÓN

www.editorialguadalmazan.com
pedidos@almuzaralibros.com - info@almuzaralibros.com

Imprime: BLACK PRINT

THEMA: PDX; MKFM; PSG; PDZ
ISBN: 978-84-17547-13-4
Depósito Legal: CO-1082-2020
Hecho e impreso en España - *Made and printed in Spain*

A mi mujer, Patricia, y a mis hijos, Alejandra y Julio.
A todos mis profesores.
A todos mis alumnos.

Índice

*Todos nosotros, en nuestras actividades ordinarias, podemos
investigar y realizar investigaciones valiosas mediante la
observación continua y crítica. Si ocurre algo inusual, deberíamos
pensar en ello e intentar averiguar qué significa. No cabe duda
de que el futuro de la humanidad depende en gran medida
de la libertad del investigador para seguir su propia línea de
pensamiento. No es una ambición irrazonable para un investigador
que se haga famoso, pero el hombre que emprende la investigación
con el objetivo final de riqueza o poder está en el lugar equivocado.*

ALEXANDER FLEMING, 1951

[Jóvenes], *vivid la paz serena de los
laboratorios y las bibliotecas.*

LOUIS PASTEUR, DISCURSO HOMENAJE EN
LA UNIVERSIDAD DE LA SORBONA, 1892

*Ignorando el peligro del microbio que nos espera,
hasta ahora hemos organizado nuestro estilo de vida
sin tener en cuenta a este enemigo desconocido.*

STÉPHANE LEDUC, BIÓLOGO FRANCÉS, 1892

Prólogo

Este libro está dedicado a los microbiólogos. Lo que han hecho por el ser humano ha marcado en el pasado, y marca en el presente, la diferencia entre morir o no morir cuando una bacteria patógena nos ataca. Entre otras muchas cosas, los microbiólogos previenen y tratan las enfermedades infecciosas, cuidan de que nuestra comida no sea peligrosa, e incluso vigilan qué modificaciones está produciendo el cambio climático en los microorganismos que pueden hacer que nos ataquen con más fuerza en un futuro no muy lejano.

Entre todos los microorganismos, las bacterias ocupan un lugar especial. Son seres vivos microscópicos. Estaban aquí antes de que los primeros animales complejos aparecieran sobre la superficie de la Tierra y seguirán estando en este planeta cuando nos hayamos ido a otro, o cuando nos hayamos extinguido. Hay tantas y tan variadas que una de sus características principales es su versatilidad bioquímica, lo que les permite adaptarse a multitud de ambientes donde a nosotros nos parece imposible que pueda existir la vida, como en los desiertos, las surgencias termales, las fosas de las profundidades oceánicas, los hielos polares o incluso en el núcleo de las centrales nucleares. Y un lugar donde hay muchas, pero muchas de verdad, es debajo del suelo que pisamos. Sin luz ni calor, debajo de nuestros pies podría encontrarse el 70 % de todas las bacterias y arqueas del planeta.

La Administración Nacional de la Aeronáutica y del Espacio americana, más conocida como NASA, ha recogido partículas a 32 kilómetros de altura de la superficie terrestre que contienen bacterias. A la altura que vuelan los aviones —entre 3 y 12 kilómetros—, el aire puede albergar 2.000 bacterias por metro cúbico. Los científicos incluso han encontrado bacterias vivas y coleando a 400 metros de profundidad en el suelo, estudiando muestras recogidas durante prospecciones petrolíferas. Ahí abajo, la escala espaciotemporal que rige nuestra historia y nuestras vidas de humanos carece de sentido para las bacterias.

Las bacterias son muy importantes en nuestras vidas, los seres humanos aún no sabemos realmente hasta qué punto. Ellas han sido responsables de los cambios bioquímicos que han dado lugar al mundo que conocemos hoy; sin embargo, estamos tan ocupados intentando solucionar los pequeños —o grandes— problemas que nos abruman a todas horas, en nuestro día a día, que nunca nos paramos a pensar que estamos rodeados de ellas, que las necesitamos y que estamos vivos gracias a ellas, pero que también algunas son capaces de matarnos, y que llevamos luchando contra las malas desde hace miles de años.

Cuando leo los libros de texto de ciencias de mis hijos pequeños o de mis sobrinos, veo que la parte dedicada a la microbiología o a la biología celular es mínima, prácticamente inexistente. Programas educativos y dibujos animados donde aparecían células, bacterias y virus han desaparecido de las pantallas de televisión, y en los móviles y las tabletas se premian otros contenidos, que nada tienen que ver con la educación en biología de nuestros críos. Con todo lo que estamos aprendiendo sobre algunos aspectos de los microorganismos, como por ejemplo a través del estudio de nuestro microbioma —el conjunto de nuestros microorganismos y sus genes—, parece claro que en el futuro el conocimiento de las bacterias y de otros seres microscópicos será una parte fundamental de la cultura y de la sociedad, no algo alejado de ellas.

Conocer a las bacterias es fácil. Tan solo necesitamos un recipiente con comida que puedan asimilar, para verlas crecer a millones. Sí, verlas. Una bacteria sola no la podemos ver, a no ser que utilicemos un microscopio, pero cuando se multiplican decenas de veces llegan a ser tantas que forman estructuras que podemos ver a simple vista. Y esto lo puede hacer cualquier centro educativo si le damos las herramientas adecuadas y unas normas básicas de experimentación.

Porque conocer la existencia de estos seres diminutos hace que cambiemos nuestra perspectiva sobre el mundo en el que vivimos. Un mundo en el que no estamos solo con otros animales y con plantas, sino en el que convivimos con cantidades abrumadoras de microorganismos. La mayoría de ellos son buenos —hemos aprendido a utilizarlos para hacer pan, cerveza, productos lácteos...—, pero otros son malos, causan enfermedades terribles y cada día se hacen más resistentes a las armas que tenemos para combatirlas, los antibióticos.

Conocer la historia de las guerras, del hambre y de las enfermedades que azotaron al ser humano durante siglos es fascinante, sobre todo cuando a uno no le ha tocado vivir esas miserias; pero es más fascinante conocer cómo el hombre se enfrentó a ellas.

Una parte importante de este libro está dedicado a la lucha contra las enfermedades infecciosas causadas por bacterias.

Desde que éramos prácticamente unos primates 2.0, intentamos combatirlas de la mejor manera que sabíamos: con ignorancia. Porque la microbiología no vino al rescate de la humanidad hasta bien entrado el siglo XIX; así que hemos pasado en torno al 99 % del tiempo que hemos estado sobre el planeta haciendo caso a la irracionalidad para combatir algo que no veíamos, pero que nos hacía enfermar. Con irracionalidad, pero con mucha imaginación, eso sí. Incapaces de utilizar el método científico, la curación de los enfermos hasta bien pasada la Edad Media se encomendaba al empirismo, o al uso de cualquier materia orgánica o inorgánica para aplicar tratamientos a los enfermos. Algunas descripciones sobre el sufrimiento y las enfermedades de las pobres gentes de otras épocas que podemos encontrar en viejos manuscritos son aterradoras. Pero los remedios que a veces se aplicaban —y que en alguna ocasión me he permitido reproducir aquí— pueden resultar hasta divertidos, no por la ineficacia que representaban, sino por la imaginación de sus inventores.

Este es un libro de divulgación. Si las cosas me van bien en el trabajo y la salud me acompaña, creo que una buena meta para mi existencia es intentar que cada vez más gente conozca las bacterias buenas y las malas. Debemos conocer a las bacterias buenas para cuidarlas y las malas para protegernos de ellas. Creo firmemente que tener un conocimiento básico sobre ellas favorecería la reducción de muchos de los problemas relacionados con las enfermedades infecciosas, como el de la resistencia de las bacterias a los antibióticos que utilizamos todos los días en nuestros hospitales. Esa ha sido mi intención al escribir este libro.

Entender cómo hace miles de millones de años se pudo pasar de un puñado de moléculas sueltas a un sistema que producía proteínas complejas a partir de ADN puede ser más complicado que entender cómo evolucionó una célula primitiva hasta formar un ser humano. Así que he dedicado los primeros capítulos a la aparición de la vida en la Tierra y a la evolución de los seres vivos. La evolución también es algo fascinante, por lo que he intentado averiguar algunas cosas sobre Charles Darwin y las bacterias. Es una pena que nuestro sistema educativo le dedique a la evolución tan solo unas pocas horas —en algunos centros ninguna— durante las etapas preuniversitarias de nuestros hijos.

Después de escribir *Superbacterias* —un problema importante actualmente— he creído que este era un buen momento para escribir un libro sobre algunas de las enfermedades que han atormentado al ser humano, así que he dedicado un capítulo a la peste, causada por una bacteria extraordinaria —*Yersinia pestis*— cuyo genoma se modificó mínimamente para poder infectar al ser humano a través de un ciclo fascinante. La historia de las diferentes epidemias de peste también es fascinante. También fascinantes eran los remedios que la población europea aplicaba para evitar el contagio, o para intentar *curar* a los enfermos.

La sífilis, el tifus y la tuberculosis tienen también sus capítulos. Algunas de estas enfermedades todavía no se han ido, e incluso algunas vuelven ahora con más fuerza, ya que las bacterias que las causan se han hecho resistentes a los antibióticos.

A medida que los enfermos se acumulaban epidemia tras epidemia, la práctica médica fue transformándose, y comenzó una necesidad imperiosa de aislar y de cuidar a los pacientes. El terror de la gente a entrar en los primeros hospitales era comprensible, ya que la mortalidad en estos «alojamientos para enfermos» era tan espectacular que posiblemente de aquellas épocas viene el dicho: «En un hospital puedes coger cualquier cosa». Hasta bien entrado el siglo XVII no se comenzó a diferenciar bien unas enfermedades de otras y a correlacionar los signos y los síntomas con cada una. La nueva manera de pensar en las enfermedades, observando detenidamente a los enfermos y a las manifestaciones clínicas que presentaban llevó a la búsqueda específica y no general de las causas de estas enfermedades. Y claro, tras observar detenidamente a muchos enfermos que presentaban patologías similares en espacios de tiempo cercanos, nació la epidemiología. Pero esta primera epidemiología de andar por casa incrementó el interés de los médicos y cirujanos por las vías de transmisión de enfermedades entre esos pacientes que presentaban patologías similares y que estaban próximos en el espacio y en el tiempo, lo que despertó la caza de los microbios en el siglo XIX.

Como de pequeño ayudaba cíclicamente a mi padre a plantar y recoger patatas en nuestra huerta familiar de O Polvorín, en Ourense, he dedicado un capítulo a la famosa Irish Famine o «gran hambruna de Irlanda», que aconteció principalmente entre los años 1845 y 1852 y que ayudó a que algunas bacterias masacraran a un porcentaje importante de la población irlandesa.

Y por supuesto, también, he necesitado imperiosamente escribir sobre las personas que presentaron las bacterias causantes de enfermedades al mundo. Antony Van Leeuwenhoek merece estar aquí. No por inventar el microscopio como algunos afirman, sino por ser el primero en escribir sobre la existencia de las bacterias. Increíblemente, su trabajo pasó desapercibido durante más de cien años. También encontrarán los lectores a John nieve (John Snow), precursor de la epidemiología moderna, aunque hoy asociamos más este nombre con *Juego de tronos*.

No puede faltar tampoco Joseph Lister, el cirujano microbiólogo, quizás el primero en hacer recuentos de bacterias individuales —lo que algunos conocerán mejor por «unidades formadoras de colonias» bacterianas—. Y por supuesto Louis Pasteur: es imposible haber trabajado en el Instituto Pasteur y no querer profundizar más sobre la vida y el trabajo de su fundador. Hay mucho que contar de él y de sus discípulos. Quizás cuando me jubile pueda darle forma a todo el material que he acumulado sobre este gigante; pero aquí simplemente he querido destacar solo algunos episodios y curiosidades de su vida y obra, así como de la lucha de su ego contra el ego del otro gigante de la microbiología, Robert Koch. Con el advenimiento de Pasteur y Koch desaparecieron las paranoias, las fantasías, las especulaciones y el misterio de la causa de las enfermedades infecciosas y contagiosas.

Y, por supuesto, tiene que estar Alexander Fleming. Aunque me planteé escribir más sobre el descubridor de la penicilina en mi anterior manuscrito, su trabajo ha afectado al ser humano de manera tan notable que he dejado sus mejores momentos para el presente libro.

He estudiado a todos estos personajes a través de distintas fuentes, lo que me ha permitido descubrir aspectos curiosos y apasionantes de sus vidas, algunos totalmente desconocidos incluso para la mayor parte de los que nos dedicamos al estudio de las bacterias, por lo que creo que todos los microbiólogos —y no solo el público en general— disfrutarán con esta lectura.

Las mejoras en la sanidad pública, el desarrollo de vacunas cada vez más eficaces y el descubrimiento de los antibióticos se encuentran entre los avances más importantes para el diagnóstico, el tratamiento y la prevención de enfermedades infecciosas causadas por bacterias. La mayoría de los antibióticos se descubrieron a partir de la década de 1940, poco después del descubrimiento de Fleming. Se descubrieron tantos antibióticos que pensábamos que ya no habría bacterias capaces de sobrevivir a ellos. Pero estábamos equivocados, el uso masivo de los antibióticos no ha hecho otra cosa que seleccionar a las pocas bacterias que eran resistentes a ellos, y cada vez en nuestros hospitales tenemos que hacer malabares más rotundos para combatirlas. Cuando usted vea que hay camas con enfermos en los pasillos de un hospital, no piense que el sistema sanitario es un desastre; piense que a lo mejor hay que aislar a algunos pacientes para que no contagien a otros, lo que implica que hay que tener habitaciones con un solo paciente. Esto consume muchos recursos y empeora la calidad de la asistencia sanitaria. Y todo por culpa de que no conocemos bien a las bacterias, no conocemos cómo nos han afectado a lo largo de la historia y no conocemos bien cómo luchar contra ellas.

No soy un historiador, pero he intentado en la medida de lo posible ceñirme al curso de la historia para escribir este libro. Al final, he llegado a la conclusión de que la historia de la microbiología es inmensa e inabarcable, pero ha merecido la pena escribir y aprender más sobre ella.

Como en mis anteriores libros, he incluido algunas citas al comienzo de algunos capítulos; unas vienen a cuento del tema a tratar en cada uno y otras simplemente me han gustado, o me han emocionado en algún momento. He rebajado el rigor en las traducciones del inglés, francés, alemán o latín —sobre todo en los títulos de los artículos científicos—, pero la intención ha sido la de hacer su significado más comprensible.

También he incluido algunos libros que merecen la pena ser leídos, sobre todo los antiguos o descatalogados, que quizás con un pequeño esfuerzo se pueden encontrar en alguna librería de barrio. He utilizado bastantes artículos científicos cuyas referencias más importantes se pueden encontrar al final del libro.

Así que, querido lector, prepárese a conocer un poco mejor la historia de cómo nos hemos enfrentado —y en algunas ocasiones vencido— a las bacterias. Espero que usted disfrute tanto leyendo este libro como yo he disfrutado escribiéndolo.

Un esquema de Pangea, el supercontinente que existió al final de la era Paleozoica antes de que la Tierra tuviera el aspecto actual.

AL PRINCIPIO

Hace más de 15 mil millones de años se formó el universo. A mí me gusta observar formas simples de vida, me gusta mucho más que observar planetas, supernovas o gases estelares. Así que comenzar este libro intentando contar la historia del universo cuando mi interés es contar historias sobre hombres y bacterias —que aparecieron en nuestro planeta hace relativamente poco— no sería práctico. Por supuesto, la teoría del *Big Bang* me seduce mucho más que cualquiera de las invenciones humanas en cuanto al origen de todo esto; pero solicito al lector que despeje su mente y se sitúe en el borrador de nuestro planeta. La edad de este pedrusco que en la actualidad tratamos de contaminar a toda costa es de unos 4.600 millones de años. Por supuesto, la vida no apareció inmediatamente sobre su superficie, ya que numerosos eventos de tipo apocalíptico se encargaron violentamente de remodelar la superficie de los continentes, durante cientos de millones de años, hasta que las placas tectónicas que se desplazaban sobre el ardiente manto terrestre comenzaron a enfriarse.

¿CUÁNDO SURGIÓ LA VIDA EN LA TIERRA?

Esta es una de las preguntas fundamentales de la ciencia. Después de pensar en cómo sería el escenario apocalíptico de los comienzos de nuestro planeta, y buscando inmediatamente el atajo hacia las formas de vida más simples que aparecieron en la tierra, debemos hacer una parada obligada en la situación atmosférica de aquella época, pues sin una atmósfera adecuada la vida no puede ni aparecer ni medrar. Tampoco complicaré mucho al lector hablando de gases y reacciones químicas primitivas, sino que voy a ir al grano lo más directamente posible.

Por supuesto, me encanta la idea de que en aquella época toda la superficie de la Tierra estaba expuesta a una intensa radiación ultravioleta procedente del Sol, ya que aún no teníamos capa de ozono. Las tormentas de meteoritos no eran infrecuentes y las descargas eléctricas procedentes de erupciones volcánicas barajaban todos los elementos químicos que flotaban en el ambiente —principalmente metano, amonio y cantidades abundantes de vapor de agua—. Es improbable que la vida pudiera sobrevivir en esas condiciones hace 4.300 millones de años, básicamente porque cualquier forma de agua en estado líquido sería vaporizada rápidamente y las moléculas orgánicas no llevan muy bien lo de estar a más de 100 ºC durante cientos de años. Pero después de mucho tiempo la cosa se enfrió bastante y grandes masas de agua vaporizada comenzaron a precipitar para formar los océanos.

Aleksandr Ivánovich Oparin (1894-1980), director asociado del Instituto de Bioquímica de la Academia de Ciencias de la antigua Unión Soviética, llevaba ya desde los primeros años del siglo XX estrujándose los sesos tratando de comprender y explicar el origen de la vida en la Tierra con una atmósfera sin oxígeno. En 1923 publicó sus primeras ideas sobre esta cuestión, basándose principalmente en el trabajo de científicos procedentes de campos tan diversos como la geología, la astronomía o la bioquímica. Pero su obra más famosa, *El origen de la vida*, no se publicó hasta 1936. Inmediatamente, el libro fue traducido al inglés y reeditado en 1938, por Sergius Morgulis, profesor de Bioquímica de la Universidad de Nebraska. En él, Oparin plasmaba la preciosa teoría de que la química existente en el ambiente del primitivo planeta daría origen a la vida. Básicamente, su idea fue que algunos compuestos orgánicos que sin duda formarían los constituyentes primarios de la vida en la Tierra, los aminoácidos, se habrían formado cuando la atmósfera de la Tierra contenía simplemente metano, amonio y nitrógeno. Estos compuestos se encontrarían en gran cantidad y estarían en solución en los océanos primitivos, sometidos a un movimiento constante, a la luz ultravioleta del Sol y a corrientes eléctricas procedentes de erupciones volcánicas, lo que les daría la relativamente alta probabilidad de juntarse en gotas ultramicroscópicas que acabarían catalizando su propia replicación, y que por lo tanto se harían cada vez más estables y complejas. Tan solo necesitaron tiempo. Mucho tiempo. No había prisa. Cien millones de años más rápido o más lento no importaban.

Los primeros pasos que llevaron a la aparición y al desarrollo de la vida fueron resumidos en 1949 en el magnífico trabajo del investigador irlandés John Desmond Bernal (1901-1971), profesor de Física en el Birkbeck College de la Universidad de Londres, titulado *Las bases físicas de la vida*. Estos pasos serían: la propia acumulación de sustancias químicas y de procesos estables que relacionaban unas con otras, la estabilización de esos procesos por algún tipo de energía distinta a la solar, la aparición del oxígeno y la respiración, y finalmente, el desarrollo de células y de todos los organismos a partir de ellas.

Estas teorías iluminaron e ilusionaron en los años siguientes a muchos otros científicos, que se pusieron rápidamente a intentar recrear estos posibles eventos primitivos en el laboratorio. En 1952, Harold Clayton Urey, un físico y químico que trabajaba en el Instituto para Estudios Nucleares de la Universidad de Chicago, publicó el libro titulado *Los planetas, su origen y desarrollo*, un recopilatorio de las charlas que había impartido en la Universidad de Yale el año anterior. Ese mismo año también, publicó un extenso artículo plagado de reacciones químicas en la revista *Proceedings of the National Academy of Sciences* titulado: «Sobre la historia química temprana de la Tierra y el origen de la vida», en el que citaba con gran entusiasmo el trabajo de Oparin. Al año siguiente, en 1953, un investigador en formación —lo que conocemos actualmente como becario predoctoral— del Dr. Urey, Stanley L. Miller, realizó bajo su dirección una serie de experimentos encaminados a recrear en el laboratorio su idea de atmósfera primitiva, que culminaron con la publicación del artículo titulado: «Producción de aminoácidos bajo las posibles condiciones primitivas de la Tierra», que firmaba solamente el propio Stanley Miller, pero que se conoce como el experimento Urey-Miller. Permítame repetir este título porque lo encuentro fascinante: «Producción de aminoácidos bajo las posibles condiciones primitivas de la Tierra».

Mediante un sibilino alambique, Miller mezcló los tres componentes que había calculado Oparin —metano, amonio y nitrógeno—. Añadió agua y sometió todo a hervidos intermitentes y al paso entre dos electrodos que simularían las descargas eléctricas de la atmósfera primitiva. Además, se aseguró de que no se acercara ninguna bacteria al producto final que pudiera contaminar la muestra, añadiendo cloruro mercúrico. El resultado fue bastante claro: al cabo de una semana de ciclos de ebullición y electrocución, el agua con la mezcla de compuestos se volvió rojiza y turbia, y se comprobó mediante una sencilla técnica de separación cromatográfica que la mezcla contenía claramente ahora los aminoácidos glicina, alfa-alanina y beta-alanina, y trazas de ácido aspártico y de ácido alfa-aminobutírico. Es fácilmente imaginable que, si Miller y su director consiguieron formar aminoácidos en una semana, bien podrían haberse formado también durante 300 millones de años a remojo en la sopa oceánica primitiva.

Durante muchos años, estas teorías y experimentos fueron el punto de partida de todos los que quisieron responder a la pregunta crucial de cuál podría haber sido el origen de la vida. Ya entrado el siglo XXI, se comprobó que Urey y Miller se habían quedado cortos al examinar los compuestos que producía su alambique, y utilizando la misma técnica se consiguieron producir algunos más.

Pero desde ese famoso experimento de 1953, surgieron otras dos teorías, incluso superiores a la de Oparin, Urey y Miller.

En 1979, la revista *Science* publicó un trabajo realizado por científicos de distintos centros de investigación y universidades americanas titulado: «Fuentes termales submarinas en las grietas de las islas Galápagos». Básicamente, esos científicos habían conseguido financiación para realizar un montón de complicadas comprobaciones geooceánicas —a la vez que realizaban submarinismo— en una zona entre las islas Galápagos y la costa de Ecuador. Utilizando el sumergible autónomo Alvin, se acercaron a chorros enormes de agua caliente que salían del lecho oceánico a 2.500 metros de profundidad y tomaron unas 70.000 fotografías de la zona. Recogieron muestras y datos y realizaron grabaciones de vídeo. Estos chorros de agua caliente proceden de corrientes subterráneas que pasan cerca del magma del interior de la corteza terrestre, bajo el lecho marino. Al ser calentados y expulsados hacia arriba emergen de grietas en el fondo del mar, arrastrando numerosos componentes de las rocas subterráneas, entre ellos un gran número de metales.

Lo que allí encontraron fue un enorme ecosistema vivo alrededor de esas surgencias termales, que incluía bacterias termófilas —capaces de vivir a altas temperaturas— y no fotosintéticas, es decir, que no obtienen energía para sus procesos químicos de la luz, como las plantas. Esto condujo a la idea de que la vida se podría haber originado en unos sistemas hidrotermales similares a los que podrían haber existido en el fondo oceánico primitivo. Estudios posteriores demostraron además que las condiciones de ese ambiente submarino son muy favorables para la síntesis de moléculas orgánicas —que son la base para formar el *chasis* de los seres vivos que conocemos—. Si la vida surgió ahí abajo, es porque tuvo posiblemente también grandes oportunidades para escapar de la intensa luz ultravioleta del Sol sobre la superficie de los océanos y de las lluvias de asteroides que bombardeaban el planeta.

Pero ahí tenemos otra fuente válida de compuestos orgánicos primitivos, los asteroides, que junto con las partículas estelares podrían haber depositado en la Tierra una gran cantidad de materia. El propio Carl Sagan era partidario de esta tercera *teoría*, el origen extraterrestre de compuestos que podrían haber proporcionado los primeros bloques para construir la vida en la Tierra. Demasiado simples para nosotros, pero suficientemente complejos para agruparse de alguna manera y comenzar el andamiaje de la vida.

Una vez formados los bloques fundamentales para la vida, los primeros aminoácidos y las primeras moléculas, se necesitaría un sistema de replicación para que, bajo la influencia de la selección natural, se pasara de sistemas simples a sistemas más complejos y evolucionados. Hoy sabemos que la secuencia que dirige la replicación de las formas de vida actuales tiene 3 componentes principales: el ácido desoxirribonucleico o ADN, el ácido ribonucleico o ARN y las proteínas. Así de sencillo: ADN, ARN y proteínas. El ADN contiene la información genética, el ARN traduce esta información genética para formar proteínas a partir de aminoácidos y las proteínas contienen la actividad enzimática necesaria para hacer que estas dos moléculas se copien a sí mismas, se autorrepliquen —para hacer más ADN y más ARN—. Todo se reduce al ciclo ADN-ARN-proteínas.

El problema es que nadie cree que, al principio de todo, los aminoácidos y los nucleótidos que estaban flotando a millones en los océanos primitivos fueran capaces de formar de repente estos tres tipos de moléculas a la vez. La solución más convincente a este embolado la propuso el científico estadounidense Carl Woese (1928-2012). Este doctor en Biofísica por la Universidad de Yale, fichado para jugar como microbiólogo por la Universidad de Illinois, descubrió en la década de 1970 que un tipo de ARN conocido como ARN ribosómico era una herramienta ideal para medir distancias evolutivas entre seres vivos, es decir, para realizar filogenias de las moléculas y conocer cómo de antiguos son los seres vivos, o lo que es lo mismo, cuánto tiempo llevan en el planeta. Si comparamos cuánto tiempo llevan en el planeta dos organismos distintos, podemos saber cuál apareció primero.

En 1977, Woese y un investigador postdoctoral de su laboratorio, George Fox, publicaron el artículo titulado «Estructura filogenética de los procariotas: los primeros reinos». En este artículo se afirmaba que todos los seres vivos procedían de sistemas primitivos que dieron lugar a los orgánulos celulares presentes en las células eucariotas, las bacterias y las arqueo-bacterias, estas últimas compuestas principalmente por un tipo especial y supercurioso de bacterias a las que no les gusta el oxígeno y que son capaces de fabricar gas metano —sí, ventosidades bacterianas—.

A partir de estos estudios —y de muchos otros durante su prolífica carrera investigadora—, Woese comenzó a cuestionar la idea de que al principio hubo necesariamente un solo antecesor común a partir del cual evolucionaron todos los seres vivos actuales y los que se extinguieron por el camino. Algunos se empeñan en materializar este antecesor común en la raíz de árboles filogenéticos —como el famoso dibujado por Charles Darwin—, que se ramifican a partir de ese ancestro universal. El tema de la existencia de un antecesor común es de amplio debate en la actualidad. Complicados programas informáticos basados en secuencias de ADN, de ARN, de proteínas e incluso de lípidos tratan desenfrenadamente de componer un puzle cuya mayoría de piezas desaparecieron hace miles de millones de años. Las bacterias y los eucariotas se parecen como un huevo a una castaña, pero es que, además, desde el punto de visa molecular las arqueas y las bacterias —aunque comparten muchos genes— también se parecen como un huevo a una castaña, así que estas dos formas primitivas de vida se cree que proceden a su vez de antecesores distintos.

Volviendo a la sopa primitiva, donde miles de millones de moléculas interaccionaban al azar inmersas en millones de metros cúbicos de aguas oceánicas, tuvo lugar la formación de unas simples bolsas de aminoácidos, nucleótidos y genes sencillos que Woese denominó *progenotas*. Pero la casi infinita cantidad de combinaciones de moléculas que se agrupaban dentro de estas bolsas diminutas y flotantes hizo que estas intercambiaran sus contenidos una y otra vez, balanceadas por el oleaje primitivo incesante. Esas bolsas de genes sin pared celular dejarían entrar y salir su contenido genético en lo que se conoce como *transferencia horizontal de genes*. Es horizontal porque estas bolsas de genes aún no se dividían para poder pasar esos mismos genes a sus descendientes.

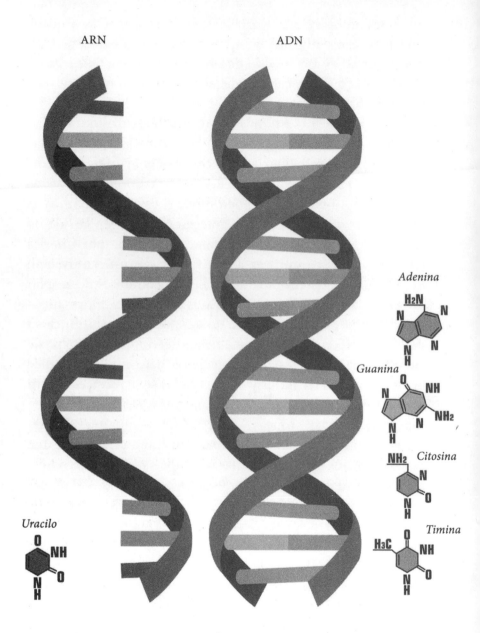

A la derecha, la doble cadena que representa la estructura del ADN, y a la izquierda, la molécula de ARN. Junto a ambas, las célebres bases nitrogenadas: adenina, guanina, citosina y timina (el ARN cambia la timina por el uracilo).

Y en algún momento apareció el ARN y su capacidad para la autorreplicación y la formación de proteínas. La abundancia de materias primas (aminoácidos) en los océanos primitivos estaba asegurada, así que el proceso de producción de proteínas dentro de las bolsas de genes comenzó a ocurrir a escala global y, tras cientos de millones de años de ensayo-error, estos progenotas comenzaron a querer independizarse de la manada, pero no uno solo, sino posiblemente innumerables, por todo el planeta.

En algún momento, la estructura de estas bolsas de genes simples se hizo menos permeable y los progenotas aprendieron a guardarse sus genes para sí mismos. Este paso fue necesario para crear líneas de individuos que evolucionaran independientemente de la masa. Así que cada uno de estos progenotas se lo montó como pudo y comenzó una carrera por conseguir la bolsa de genes más repleta de proteínas y, una vez llena, no dejarlos salir. El trabajo del ARN se limitaba a lo que había dentro de los progenotas, despreocupándose de lo que había fuera. Cuantas más proteínas producidas por ensayo-error en los primitivos ARN a partir de genes sencillos, más probabilidad de que esas proteínas aparecieran con una función útil que mejorara al progenota.

Así que posiblemente no venimos de un antecesor común, sino de un caos de primitivas organizaciones celulares que en algún momento, hace menos de 4.000 millones de años, se independizaron de la masa y comenzaron a fijar y conservar funciones proteicas útiles, hasta alcanzar el denominado *umbral darwiniano*, a partir del cual se establecieron *líneas* más estables de estas formas primitivas, que evolucionaron en sentido darwiniano hasta crear, al menos, estas tres líneas principales de organismos, las arqueas, las bacterias y las eucarias —que citaré como eucariotas—.

El origen de los eucariotas es un puzle sin resolver dentro de la biología evolutiva. Hoy en día parece que la mayoría de los científicos se inclinan por la teoría de que las células eucariotas —de las que estamos formados nosotros— evolucionaron a partir de la unión entre una arquea y una bacteria.

Posiblemente la arquea acogió a una bacteria endosimbionte en su interior y juntas evolucionaron hasta la célula eucariota.

Por supuesto, es lógico pensar que la naturaleza experimentó con muchas otras formas de vida simples similares a estas tres —arqueas, proteobacterias y células eucariotas—, pero posiblemente una defectuosa fosilización ha evitado que esas formas llegaran hasta nosotros.

Pero, por ejemplo, no había un solo tipo de arqueas primitivas. Muchos tipos de arqueas diferentes se han descubierto en una surgencia termal en el océano Atlántico —entre Groenlandia y Noruega— denominada «el castillo de Loki». A estas arqueas los científicos las han denominado arqueas Asgard —somos así de frikis—. Asgard es el nombre del mundo del que procede Thor (Dios del trueno en la mitología nórdica). La superfamilia de arqueas Asgard contiene varios tipos de arqueas. Por ejemplo, las Lokiarqueas (a Loki lo conocemos como el hermano de Thor). Y luego están las Odinarqueas (Odín era el padre de Thor) y las Heimdalarqueas. Heimdal es el guardián de la morada de los dioses en la mitología nórdica, y del Bifröst, el arcoíris que hace de puente entre el mundo de los hombres y Asgard.

Así que, después de este galimatías entre arqueas y bacterias primitivas, todavía no se ha llegado a un acuerdo sobre si solo ha habido un antecesor común o LUCA —el último ancestro común universal (del inglés *Last Universal Common Ancestor*)— que dio lugar a todas las arqueas y bacterias o si por el contrario hubo muchos antecesores comunes o progenotas y uno de estos «era» o «dio» lugar a LUCA. La «L» de LUCA es muy importante porque indica que no fue el primer organismo, sino el último; el último antes de las bifurcaciones del árbol de la vida que darían lugar a todos los organismos modernos.

Lo que sí sabemos es que las arqueas de la superfamilia Asgard contienen en sus genomas muchos genes que codifican para proteínas que son esencialmente eucariotas, así que es muy posible que estén relacionadas con el origen de las células con núcleo.

Además, recientemente se han encontrado virus gigantes con una gran cantidad de material genético en su interior, cuyo análisis les sitúa cerca de LUCA —no está claro si antes o después—. Durante la investigación que siguió a un brote de neumonía en Bradford —Inglaterra— en 1992, se aisló de una torre de refrigeración lo que parecía una bacteria cocoide Gram positiva de unos 400 nanómetros de diámetro. Una bacteria típica mide aproximadamente 1000 nanómetros —1 micra o micrómetro—, pero una bacteria pequeña puede llegar a medir menos de 500 nanómetros. Lo curioso del bicho es que no tenía ARN ribosómico —si lo tuviera, podría haber sido considerado una bacteria— así que se le llamó *Mimivirus* (del inglés Mimicking microbe). Todos hemos oído hablar de que un virus es mucho más pequeño que una bacteria, pero a pesar de esto, el tamaño de su material genético era mayor que el de algunas bacterias conocidas. Estos tipos virus podrían haber sido más primitivos incluso que las bacterias, debido a su menor complejidad, o, según las teorías reduccionistas, se formaron a partir de fragmentos de bacterias. No está claro. Algunos sitúan a un «LUCA temprano» antes de los virus gigantes —como los *Pandoravirus* o los *Megavirus*— y después un LUCA tardío a partir del cual saldrían las ramificaciones Eubacteria y Arquea.

Todo esto es muy discutido en los foros sobre diversidad biológica, astrobiología y paleomicrobiología. Pero, fuera como fuese, parece bastante claro que los fósiles más antiguos que conocemos —y por lo tanto los de los primeros organismos vivos— tienen alrededor de entre 3,450 y 3,490 millones de años. Estudiar estos restos fósiles no solo es importante para conocer cómo, cuándo y dónde se originó la vida en la tierra, sino también —como el lector puede imaginar— para saber cómo buscar indicios de vida primitiva cuando podamos examinar rocas de otros planetas. Los científicos seguiremos descubriendo nuevas especies de procariotas y eucariotas primitivos —o sus genes— que nos ayuden a finalizar —si esto es posible— el árbol de la vida en nuestro planeta.

La simbiosis es la fuente de innovación de la evolución.

L. Margulis

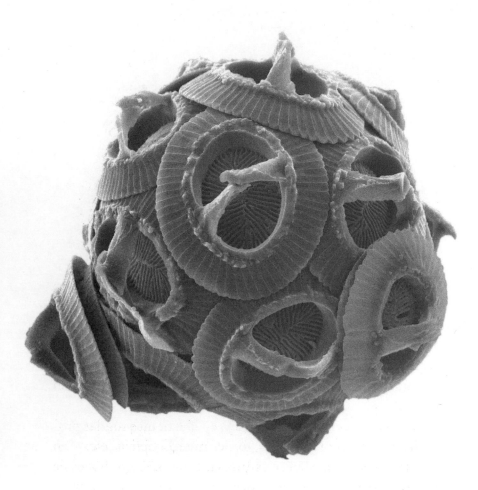

Imagen de microscopía electrónica de barrido del alga unicelular eucariota *Gephyrocapsa oceanica* [Mie Pref., Japan].

HACIA LOS ORGANISMOS
MODERNOS

El siguiente gran paso hacia seres vivos complejos fue la aparición de microorganismos capaces de utilizar la luz que llegaba del sol para generar rutas metabólicas simples que les permitieran obtener energía y utilizarla para aumentar su complejidad. No necesitaron oxígeno para comenzar a manifestarse, porque no había; pero éste no tardó en aparecer cuando las moléculas de dióxido de carbono de la atmósfera comenzaron a romperse.

Hay «indicios» de vida «compleja» —partículas sólidas producidas por microorganismos, fósiles microscópicos, etc.— en rocas antiguas cuya edad se estima en unos 3.500 millones de años, siendo estos «indicios» originados por lo que podrían haber sido procariotas fotosintéticos, es decir, células muy simples sin núcleo, que transformaban la luz del sol en energía para realizar sus procesos vitales. Podríamos considerarlas bacterias. Algunos de esos procesos vitales implicarían también la producción de Oxígeno. Al aumentar progresivamente el número de organismos que producían oxígeno, los océanos se llenaron de pequeñas nubes de este gas que comenzaron a elevarse, y que a unos 15 kilómetros de altura comenzaron a crear hacia arriba una barrera casi impermeable a los mortíferos rayos UV del sol —la capa de ozono—. Sin rayos UV y con oxígeno en abundancia, la evolución comenzó a tener vía libre para experimentar con los ultraprimitivos seres, creando tal cantidad de formas de vida que hoy en día ni podemos imaginar.

Este periodo de tiempo coincide con los cálculos que estiman que las lluvias intensas de meteoritos alcanzarían una intensidad similar a la actual, que es prácticamente nula. Bueno, de vez en cuando caen algunos meteoritos pequeños de entre 5-20 kg que destruyen algún coche o alguna casa. De hecho, se han encontrado fragmentos de meteoritos «recientes» por toda la superficie de nuestro planeta.

A partir del momento en que esos microorganismos fotosintéticos aparecieron y comenzaron a producir oxígeno, la evolución de la atmósfera de la tierra quedó ligada para siempre a la evolución de los bichos que la habitaron y de sus herederos, incluido el bicho más malo de todos, el hombre. Esta idea da bastante sentido a la hipótesis de Gaia, propuesta por el científico inglés James Ephraim Lovelock —que actualmente tiene 100 años— en la cual, las actividades de los seres vivos regulan multitud de procesos planetarios, desde la atmósfera, hasta el ciclo del agua o la química de la superficie de las rocas.

Y cuando en esas épocas coincidieron diferentes tipos de microorganismos «relativamente complejos» en los océanos primitivos, comenzaron también las relaciones de simbiosis entre ellos. Al hablar de simbiosis en biología, inevitablemente tenemos que hablar de Lynn Petra Alexander (1938-2011) —este es su nombre de soltera— o Lynn Margulis —también conocida como Lynn Sagan, pues estuvo casada con el famoso divulgador Carl Sagan—.

Con mucho entusiasmo, esta bióloga se encargó de resucitar las teorías de Konstantin Mereschkowski (1855-1921) y de Ivan Emanuel Dalin (1883-1969) de principios del siglo xx, que decían que los cloroplastos de las células de las plantas y las mitocondrias de las células de animales —los componentes que proporcionan energía a esos seres vivos— procedían de la simbiosis entre células procariotas y eucariotas. Experimentos realizados por otros investigadores a mediados del siglo xx también aportaron pistas en esa dirección, de forma similar a la teoría que dice que las relaciones entre arqueas y bacterias dio también lugar a las células eucariotas.

Así, por ejemplo, en 1948 se realizó un experimento muy interesante con un tipo de organismo primitivo unicelular que se denomina *Euglena*. Las euglenas son como plantas microscópicas que tienen núcleo —por lo tanto, son eucariotas— y cloroplastos para realizar la fotosíntesis —por lo tanto, son como pequeñas plantas—. Serían una especie de «microalgas». Pues bien, sabemos que los antibióticos matan a bacterias que son sensibles a ellos. Investigadores de los laboratorios Haskins y del Centro Sloan—Kettering de Nueva York eliminaron los cloroplastos de estas euglenas utilizando el antibiótico estreptomicina. Las euglenas perdieron los cloroplastos, pero siguieron con su vida normal, aunque sin poder realizar la fotosíntesis. Con este experimento se demostró que esos cloroplastos eran muy similares a las bacterias sensibles a los antibióticos, y que por lo tanto podrían haberse introducido en las euglenas eucariotas para convivir en perfecta simbiosis.

En 1966, microbiólogos del laboratorio de fisiología celular de la Universidad del Estado de Nueva York observaron algo muy interesante. Estaban estudiando en su laboratorio unos seres también muy primitivos llamados amebas. Las amebas son organismos eucariotas muy «sencillos». Uno de sus cultivos de la especie *Amoeba discoides* se había contaminado con un montón de bacterias que se atrincheraron en su interior. Las amebas infectadas se pusieron enfermas, dejaron de multiplicarse rápidamente —como tenían costumbre—, se encogieron y se hicieron más sensibles, por ejemplo, a la falta de alimento. Pero algunas no murieron. Los investigadores mantuvieron estas amebas moribundas durante un año. En ese tiempo, las bacterias de su interior no desaparecieron y las amebas ya no parecían tan enfermas, por lo que estos investigadores las siguieron manteniendo con vida en su laboratorio durante otros 5 años. Tras ese tiempo las amebas habían vuelto a su aspecto normal de siempre, pero seguían manteniendo esas extrañas bacterias en su interior. Amebas y bacterias se habían acostumbrado a convivir juntas. Lo curioso vino después. Resulta que las amebas son organismos que se pueden *operar* fácilmente mediante microdisección: se puede obtener su núcleo celular por un lado y su citoplasma por otro. Digamos que, *grosso modo*, si el núcleo de una ameba fuera su cabeza y el citoplasma su cuerpo, se podría realizar un *trasplante* de cabezas entre cuerpos distintos.

Así que los científicos cogieron los núcleos de amebas infectadas con bacterias y los implantaron en citoplasmas celulares de amebas sin bacterias. El resultado fue que las amebas obtenidas de este modo eran poco viables. Sin embargo, cogieron núcleos de amebas que no tenían bacterias y los implantaron en citoplasmas que sí contenían bacterias, y estas amebas vivían. Esto demostraba que los núcleos de amebas que contenían bacterias se habían acostumbrado durante esos 6 años a ellas, y las necesitaban para su normal funcionamiento, y que las bacterias de los citoplasmas se habían acostumbrado a no hacer daño a su hospedador. La relación que al principio era mala —una infección— se había vuelto buena —de cooperación o simbiosis—.

Lynn Margulis, en su artículo titulado «Sobre el origen de las células que realizan mitosis» publicado en 1967 y en su libro *Origen de las células eucariotas* de 1970, relanzaba la hipótesis de que las mitocondrias y los cloroplastos serían —antes de entrar a formar parte de células más complejas— unos tipos de microorganismos que vivían libres e independientes. La unión entre estas *bacterias* y células primitivas más complejas por simbiosis generaría las modernas células animales y vegetales, que obtendrían sus recursos energéticos de esas bacterias instaladas cómodamente en su interior desde hacía miles de millones de años. El artículo —de 56 páginas— donde expresaba estas ideas fue rechazado por más de una docena de revistas científicas, hasta que finalmente fue aceptado en la *Journal of Theoretical Biology* (Revista de biología teórica).

Yo he visto con mis propios ojos —y cualquier microbiólogo que trabaje con bacterias intracelulares— cómo una bacteria puede introducirse en una célula humana en menos de 5 segundos. Así de simple. Si vemos esto en el día a día trabajando con bacterias aisladas de pacientes en nuestros hospitales, ¿cómo no va a ser posible que se haya producido este parasitismo-simbiosis tras millones de años de coexistencia entre bacterias y arqueas? Lo que yo veo en el microscopio es un producto más de la evolución. La imagen de una bacteria entrando en una célula delante de tus narices es fascinante. Ojalá usted, querido lector, pudiera verla también alguna vez.

Los primitivos microorganismos fotosintéticos de tipo bacteria decidieron pasarse al reino vegetal y convertirse en microalgas, que siguieron produciendo oxígeno, pero de una forma más relajada. Tras unos cuantos cientos de millones de años de complejidad creciente, las células eucariotas de formas, colores y tamaños distintos habrían proliferado de manera exagerada y se habrían fusionado al azar, dando lugar a formas increíbles, que por desgracia no han sobrevivido mayoritariamente a los procesos de fosilización, porque de haberlo hecho habríamos encontrado ya miles de especies fósiles microscópicas diferentes.

Sigamos por nuestro pequeño relato evolutivo. Aún no habían llegado los seres complejos, como los hongos, las plantas o los animales, pero no tardarían, ya que los protozoos primitivos utilizaban todas las formas conocidas de alimentación: por osmosis, tragándose unos a otros, utilizando materia orgánica o inorgánica para vivir, etc. Todos ellos seguían viviendo en el agua.

Imagine el lector un plato de sopa de fideos, pero que esos fideos son de un tamaño microscópico y que se dividen en dos cada pocos minutos. Ahora imagine que el plato de sopa tiene el tamaño de los océanos… Esa podría ser la pinta que tendrían los océanos primitivos.

Tras los protozoos llegaron los metazoos —más grandes—, con un mayor número de células y con algunas de ellas especializadas en el tacto o en el reconocimiento de sustancias químicas. En algunos casos, tendrían células que se especializaban dependiendo de la posición que ocupaban en sus cuerpos, lo que daba lugar a morfologías diferentes. Estos protozoos aparecerían también en cualquier lugar a lo largo de los océanos primitivos.

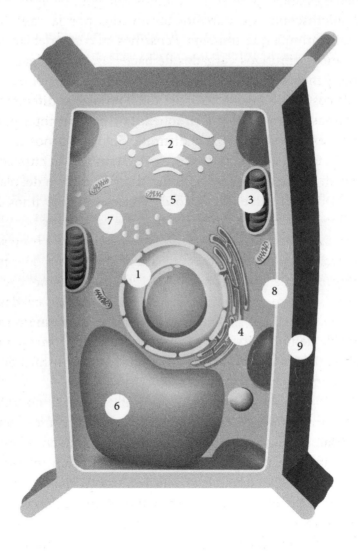

Ilustración esquemática de una célula vegetal mostrando
sus principales orgánulos: (1) núcleo, (2) aparato de golgi, (3)
cloroplasto, (4) retículo endoplasmático, (5) mitocondrias, (6)
vacuola, (7) ribosomas, (8) membrana y (9) pared celular.

Hoy en día los ecosistemas marinos permanecen relativamente estables, pero si observamos una gota de agua de mar al microscopio, quedaremos abrumados por la cantidad de vida diminuta que contiene. Pensemos en cómo debían ser los océanos primitivos cargados de bacterias, microalgas, protozoos y metazoos cuando la naturaleza quería abrirse camino a toda costa. Se cree que por cada 1.000 protozoos diferentes que tenemos en la actualidad, en aquellos tiempos remotos podrían haber existido hasta 10.000 distintos. Solo protozoos...

Y a todo esto, las bacterias seguían también su curso evolutivo, diversificándose por doquier, de costa a costa del planeta.

Al desarrollarse el núcleo de las células hace unos 2.000 millones de años, los conjuntos de genes dispersos por el citoplasma de las células pasaron a ordenarse en cromosomas dentro de ese núcleo. El roce hace el cariño, así que, tras la fotosíntesis, la otra gran innovación en el camino hacia los organismos modernos fue la sexualidad de las células con núcleo, hace unos 1.000 millones de años. Un número inimaginable de microorganismos promiscuos comenzaron a realizar cruzamientos amorosos para dar lugar a formas de vida más complejas y estables.

Pero por esas épocas remotas también, quizás no todo era paz y amor, porque en algunas zonas del planeta los recursos podrían escasear, y entonces comenzaron también las guerras entre microorganismos, que luego continuarían los organismos superiores contra las bacterias. Los primeros combates se libraron cuerpo a cuerpo, mediante la utilización de células especializadas contra las que el enemigo se topaba de repente al querer atacar a un bicho cercano, bien para comérselo —canibalismo— o bien para robarle la comida. Pero luego se crearon las armas de largo alcance, gracias a la producción de toxinas o de compuestos químicos. La vida era tan diversa que la cantidad de armas que se inventaron sus diminutos integrantes también era enorme; y el resultado fue una interminable lista de compuestos que se lanzaban unos seres a otros en campos de batalla de dimensiones oceánicas. Algunos de estos compuestos armamentísticos que han llegado hasta nuestros días en forma de antibióticos, los utilizamos —a veces bien y a veces mal— para combatir a algunos de esos microorganismos que participaron de alguna manera en su propia creación.

Esta marabunta de seres vivos diminutos dejó su huella en los sedimentos fósiles del precámbrico, que terminó hace unos 540 millones de años. En ese momento, el reino animal y el vegetal ya no tenían freno, por lo que la denominada *Explosión Cámbrica* no se hizo esperar. Si anteriormente habían aparecido multitud de seres *sencillos* a lo largo de cientos de millones de años, en la Explosión Cámbrica de repente se pasó a una inmensa muchedumbre de seres *complejos* en solo unos pocos millones de años. Como un ejemplo tenemos a los trilobites, una especie de cucaracha-ciempiés enorme que está en todos los museos de naturaleza del mundo. Solo de estos trilobites hemos encontrado unas 4.000 especies fósiles diferentes, la mayoría de aquella época.

El tiempo —mucho tiempo— y la diversificación de seres vivos en los océanos dio lugar también a los crustáceos —como pequeños camarones—, a una gran variedad de moluscos —como las almejas—, a los equinoideos —como el erizo de mar—, etc. Más tarde llegarían los cefalópodos —se han encontrado restos de un pulpo primitivo de 128 millones de años de antigüedad— y los primeros vertebrados con huesos reales, los peces sin mandíbulas, los peces con mandíbulas y luego peces con dientes. Todo en cadena. La evolución sin freno, que daba lugar a una diversificación de la vida también sin freno. Aparecieron los peces cartilaginosos —como el tiburón— los peces óseos y luego unos peces especiales que tenían pulmones. Sí, pulmones. Son los denominados peces pulmonados, que utilizan su sistema pulmonar para respirar fuera del agua. Todos hemos visto alguna vez esos pequeños peces pulmonados de ojos saltones que viven en charcas de barro de los documentales del canal National Geographic. Estos peces son los ancestros vivos más cercanos de los tetrápodos. Parece ser que el mecanismo de formación de los músculos pélvicos en estos peces representa una transición entre tiburones primitivos y los peces que salieron del mar para pasear y recorrer las playas —o rocas— que había en tierra firme hace unos 500 millones de años. Pero por si acaso le dejo otro ejemplo: el tiburón charretera (*Hemiscyllium ocellatum*). Este animal no solo puede sobrevivir fuera del agua más de una hora, sino que para cazar puede *caminar* para buscar otras charcas en las que alimentarse.

Las plantas primitivas como los helechos se desarrollaron a partir de las algas verdes, que habían alcanzado gran tamaño en las orillas de los lagos y océanos. Los animales marinos más pequeños darían lugar a los insectos, que comenzarían también a poblar la tierra y a hacerse amigos de las plantas.

En el mar, los grandes depredadores —principalmente tiburones— dominaban al resto de animales acuáticos, mientras que, en tierra, pequeños anfibios posiblemente sucesores de estos peces pulmonados habían salido a descubrir cómo las plantas comenzaban a colonizar la tierra. Hace 400 millones de años aparecieron los tetrápodos —de cuatro patas— y hace unos 360 millones de años la superficie de la Tierra comenzó ya a dirigirse hacia su aspecto *actual*. Las plantas inventaron las semillas y en el mar los ictiosaurios comenzaban a dominar al resto. Los tetrápodos también se diversificarían y terminarían inventando a los pequeños —y posteriormente grandes— dinosaurios.

Hace 320 millones de años aparecerían los precursores de los mamíferos, separándose de los reptiles; y hace 225 millones de años apareció una especie de topillo en lo que hoy es Norteamérica, y que sería el abuelo evolutivo de los mamíferos. Nuestro abuelo. Este diminuto roedor apareció mucho antes que el tiranosaurio o el tricerátops. De hecho, estos enormes dinosaurios no duraron en el planeta mucho tiempo, ya que hace unos 66 millones de años fueron barridos de la superficie de la Tierra posiblemente por los efectos de un asteroide que había impactado sobre ella. Tras el Armagedón causado por el meteorito, solo quedaron de los dinosaurios sus descendientes voladores, las aves, que se diversificaron enormemente hace 60 millones de años. Por eso siempre es correcto decir que fue antes el huevo que la gallina, porque los dinosaurios ya ponían huevos, y esos dinosaurios evolucionaron a aves, y algunas de estas posteriormente a gallinas, que también seguían poniendo huevos.

En ese tiempo aparecieron los pequeños primates, quizás descendientes de algún tipo de ardilla arborícola.

Hace 20 millones de años aparecieron los osos y las jirafas, poco después que los ciervos. Luego apareció el mamut, los canguros y las primeras *vacas*. Se diversificaron muchos insectos y plantas, y hace unos 6,5 millones vivió en África el antecesor común del humano (*Homo sapiens*) y del chimpancé (*Pan troglodytes*).

Y todo este proceso evolutivo en todo el planeta era observado pacientemente por las bacterias. O no tan pacientemente... Se han encontrado señales de infecciones bacterianas en huesos de dinosaurios de unos cuantos millones de años de antigüedad, y también en nuestros antepasados lejanos. En Turquía, por ejemplo, se han analizado los restos de un homínido que posiblemente padeció tuberculosis hace unos 500.000 años.

Ciertamente, las bacterias no cambiaron mucho de tamaño o de complejidad durante esos 3.000 millones de años. Lo que sí hicieron fue diversificarse cada vez más. Por lo tanto, hoy en día hay miles de especies de bacterias diferentes. Las bacterias son simples, pero tienen un objetivo muy claro: transformar en energía todos los nutrientes que pueden introducir en sus cuerpos para generar más bacterias. No tienen cerebro, pero llevan unas instrucciones en su ADN que obedecen estrictamente desde que nacen a partir de una bacteria precedente.

Crecer y multiplicarse. Así de simple es la vida de una bacteria. Para crecer y multiplicarse necesitan nutrientes, alimento. Este alimento muchas veces está en sitios curiosos como la piel o los intestinos humanos. Otros microorganismos como los virus, los hongos o los parásitos también encuentran atractivas otras partes del cuerpo de los humanos, pero las bacterias son las formas de vida predominantes en nuestro mundo, así que vamos a centrarnos en ellas y en cómo nos llevan infectando desde tiempos inmemorables.

Medicina alternativa es la palabra de moda para hacer que el término sin sentido tenga sentido. Embellece una mezcla de misticismo medieval, tonterías herbolarias, basura dietética, juguetes eléctricos, superstición, sugestión, ignorancia y fraude.

RICHARD GORDON, EN SU LIBRO *THE ALARMING HISTORY OF MEDICINES*

Stewart del.ᵗ   Lizars sc.

TROGLODYTES NIGER.

(The Black Orang.)

Los primeros homínidos que caminaban sobre dos patas posiblemente
"bajaron" de los árboles para prosperar en las sabanas africanas hará
unos 4 millones de años. Este grabado de 1846 ilustra un chimpancé.

LOS PRIMEROS HUMANOS

Como este libro trata sobre la relación entre los humanos y las bacterias, pues voy a hablar un poco sobre la evolución humana.

Los primeros homínidos que caminaban a dos patas posiblemente se bajaron de los árboles para prosperar en las sabanas africanas hará unos 4 millones de años. Lógicamente, estaban más preocupados por no dejarse comer por otras fieras que por buscar el origen de las causas que hacían enfermar y morir a los miembros de sus pequeños grupos nómadas. Cuando procrearon lo suficiente en África, se desplazaron hacia Oriente y más tarde hacia el sur de Europa. Dieron la vuelta a Asia y cruzaron el estrecho de Bering —situado entre el extremo oriental de Asia y el extremo occidental de Alaska—, desde donde descendieron por Norteamérica y llegaron a Sudamérica.

Durante el Curso de Iniciación a la Microbiología que imparte la Sociedad Española de Microbiología, al que me invitaron a participar en 2018 como ponente, una de las actividades con las que nos deleitó la organización fue una visita guiada por los yacimientos arqueológicos y paleontológicos de Atapuerca, en Burgos. Quedé impresionado.

Hace más o menos 1,1 millones de años los homínidos que ya habitaban esa zona de la península ibérica eran bestias que se dedicaban a cazar y a aprovecharse de la debilidad de algunos de sus congéneres —canibalismo—, o de la torpeza de las bestias que caían en agujeros para llevárselas luego a la boca.

Pero ya desde mucho antes de que bajaran de los árboles, y de que se adueñaran de Atapuerca, sus ancestros prehomínidos ya llevaban millones de bacterias en su piel y en sus intestinos, y sin saberlo también, estaban rodeados de otras bacterias ansiosas por encontrar un hueco por donde entrar en sus cuerpos para conseguir nutrientes y multiplicarse; de hecho, las pasearon desde África hasta Asia y llegaron hasta América con ellas.

Algunas bacterias producían enfermedades en animales, pero nunca llegaron a causar infecciones en estos homínidos; otras, infectaban y producían enfermedades en animales y en homínidos; otras, también, se acostumbraron al cuerpo de nuestros ancestros y ya no nos abandonarían jamás. Esas bacterias forman parte de muestra microbiota, el conjunto de microorganismos que tenemos en el cuerpo. Así que, junto con esa microbiota y el conjunto de genes de esos microorganismos —el microbioma— formamos lo que se denomina un *holobionte*, una entidad que ha surgido de la asociación simbiótica de nuestro cuerpo con los microorganismos, la mayoría de los cuales nos acompañan durante toda nuestra vida desde poco después de nacer.

Durante el paleolítico, los seres humanos dependían de la caza y de la recolección de productos *de la huerta* para su supervivencia. Se vestían y se abrigaban con pieles de animales y deambulaban de un lado para otro, sin arraigo, buscando el mejor lugar para realizar sus actividades de caza y recolección por el día, y un sitio donde poder dormir a salvo por la noche. Las bacterias patógenas que les acosaban no tenían muchas oportunidades de infectar a un gran número de individuos, ya que los hombres del paleolítico vivían en pequeños grupos. Es lógico pensar que, cuando cazaban, lo tenían más fácil con animales que presentaban alguna enfermedad, lo que hacía que esos animales fueran más lentos o vulnerables. Al estar enfermos, esos animales podrían transmitir esa enfermedad a los homínidos que los cazaban. Y, aunque no hay grandes indicios de que los primeros humanos pasaran mucha hambre, los restos fósiles nos indican que los individuos de mayor edad y los enfermos —los más vulnerables también— eran desatendidos o abandonados.

¿Quién *curaba* en aquellas épocas a la gente que padecía enfermedad?

Pues imaginemos una tribu de brutos cazadores. Alguno de ellos debía ser el más fuerte, o el más listo, o el más ágil, o el que tenía más suerte en la caza. El motivo daba igual; sobre alguno de los miembros de la tribu en particular debía recaer la esperanza de la curación de los enfermos. Así que a alguien le tocó ser el primer chamán, brujo, mago, hechicero, curandero, etc.

Pero cuando nuestros antepasados aprendieron a cultivar plantas para comer, la cosa cambió. La necesidad de cuidar las cosechas hizo que se establecieran campamentos sedentarios con un número cada vez mayor de individuos y la dieta pasó de ser proteína pura de animales cazados a, básicamente, cereales de unas pocas variedades de plantas.

Aunque algunas bestias podrían haber sido domesticadas ya hacia el final del paleolítico, alrededor de los asentamientos neolíticos es donde comenzaron a establecerse los vínculos más estrechos entre hombres y animales. Esto lo sabemos porque incluso se han encontrado enterramientos de hombres y animales juntos, lo que podría indicar algún tipo de interrelación de tipo afectivo. Cómo aparecieron los primeros animales domesticados es un misterio, pero no es muy difícil imaginar que posiblemente la adopción de crías cuyos padres habían sido cazados o la continua presencia de fieras merodeando zonas habitadas podría haber llevado a una relación cada vez más amistosa entre hombres y animales.

Y esto vino muy bien a las bacterias, que encontraron nuevos ambientes donde proliferar; o bien en los humanos, o bien en los animales, ya que el intercambio de microorganismos fue bidireccional, a medida que las relaciones entre hombres y bestias se hicieron más estrechas.

No me digan que no sería interesante conocer exactamente cómo fueron las primeras infecciones en humanos… Lo que sí podemos intuir es cómo se enfrentaban a la enfermedad. Muy sencillo: todo era magia. El chamán, brujo, mago, hechicero o curandero echaba unos huesos o piedras al suelo o evisceraba a un pobre animal para observar sus órganos internos. De ahí extraía conclusiones sobre la mejor terapia que se habría de aplicar al enfermo. Si el remedio no funcionaba no pasaba nada, unos lloros, un enterramiento debajo de algunas piedras —que con suerte acabaríamos descubriendo miles de años después— y listo, a esperar al siguiente enfermo para cambiar de huesos, de piedras o de vísceras y aplicar otro tratamiento empírico. Alguno tarde o temprano funcionaba —bueno, más tarde que temprano claro—. Con el tiempo los huesos, las piedras y las vísceras se cambiaron por hierbas y hechicería. Y la cosa fue mejor, ya que algunas hiervas es cierto que tienen ligeras propiedades curativas.

El 20 de abril de 2017 se publicó un artículo en la revista *Nature* titulado «Comportamiento neandertal, dieta y enfermedades inferidas del ADN antiguo en sarro». Los neandertales desaparecieron hace unos 24.000-30.000 años y eran en su mayoría carnívoros. Este artículo y otro anterior de investigadores españoles que estudiaron los restos fósiles de los habitantes de la cueva El Sidrón en Asturias, demostraron que los antecesores inmediatos de los humanos modernos ya masticaban plantas, no solo para comer, sino también como actividad curativa. En estos estudios se analizaron los componentes fosilizados con el sarro de algunas piezas dentales de nuestros antepasados.

Además, las plantas daban mucho juego porque, como ya existía el fuego, siempre te podías hacer una buena infusión o un ungüento, y al menos te calmaban. Si un remedio funcionaba se transmitía de generación en generación y listo. Con la hechicería era imposible que la cosa funcionara, pero por distintos y oscuros motivos siguió vendiéndose durante muchos siglos en diferentes lugares del mundo.

Fuera como fuese, sucediera de una forma o de otra, el hombre salió mayoritariamente airoso de los primeros enfrentamientos con patógenos.

Se dedicó entonces urgentemente a expandir su especie por todo el planeta y estableció asentamientos cada vez más numerosos y de mayor tamaño. Durante su expansión se llevaron con ellos a muchas bacterias malas y fueron recolectando por el camino otras nuevas. Algunas de estas enfermedades también estaban causadas por parásitos. En los coprolitos —heces fosilizadas— de nuestros antepasados hemos detectado bastantes parásitos intestinales.

Tras la agricultura llegaría la ganadería, y el sedentarismo total, pues ya no había que moverse del sitio para comer carne. Ahí comenzamos a ocuparnos más de nuestros congéneres adultos, de los enfermos y de los niños. También de las crías de otros animales, pues comprendimos que el pastoreo de animales proporcionaba a medio plazo una valiosa fuente de proteínas que no había que estar persiguiendo todo el día.

La convivencia con el ganado expuso también al hombre a nuevas bacterias causantes de enfermedades, algunas muy peligrosas como la brucelosis, la tuberculosis bovina o el ántrax. Algunos de estos pequeños enemigos saltaron del ganado a los humanos —o de los humanos al ganado— durante el neolítico, hace menos de 10.000 años.

Y como había que talar bosques para crear tierras de pasto para el ganado, hicimos salir de sus escondites a parásitos, virus y bacterias que permanecían escondidos durante cientos de años entre los espesos bosques. Algunos salieron a lomos de mosquitos, de murciélagos, de ratas o de pájaros; o de los parásitos que estos animales llevaban consigo.

Thomas G. Hull, un miembro de la Asociación Médica Americana, publicaba la primera edición de su libro *Enfermedades transmitidas de los animales al hombre* en 1930. He tenido la oportunidad de leer su cuarta edición —de 1955—, en la que enumera más de 130 enfermedades transmitidas al hombre desde distintos animales, tanto por contacto directo como a través de la mordedura de los propios animales domésticos o salvajes, a través de la picadura de pulgas, garrapatas, mosquitos u otros insectos chupadores, al comer su carne o alimentos contaminados, al tragarse parásitos procedentes de heces de esos animales depositadas en el suelo, etc. En el libro describe cómo el cerdo, por ejemplo, puede transmitir 31 enfermedades infecciosas al hombre, 12 de ellas de origen bacteriano; la vaca puede transmitir 47 enfermedades al hombre, 16 de ellas de origen bacteriano; el gato puede transmitir 35 enfermedades al hombre, 11 de ellas por bacterias. Y el mejor amigo del hombre…, pues el perro puede transmitirnos unas 55 enfermedades, 20 de ellas mediante bacterias, dos más que las ratas y ratones, y 8 más que las ovejas.

Bueno, si usted está sorprendido por estas cifras no se asuste con lo que le voy a contar ahora. El trabajo de Thomas G. Hull es muy interesante y extenso —de hecho, el ejemplar de su libro que tengo en mi casa tiene 720 páginas—. Pero se queda corto: Yevgeny Nikanorovich Pavlovsky (1884-1965), uno de los mejores entomólogos del siglo xx y que publicó más de 1.200 trabajos científicos, estimó que no solo los animales domésticos, sino también las aves salvajes, pueden transmitir en total unas 400 enfermedades al hombre.

Cuando los humanos se adaptaron a la agricultura y a la ganadería, los pequeños poblados pasaron a convertirse en pueblos y posteriormente en ciudades. Con el aumento de la población también comenzó el aumento del número de enfermedades transmitidas por animales, y así le hicimos el mayor de los favores a las plagas, desde entonces más frecuentes y peligrosas.

Como aquellos primitivos necesitaban agua para hacer crecer sus comunidades, las primeras grandes ciudades se establecieron al lado de grandes ríos, como el Nilo en Egipto, el Indo, que recorre la India, Pakistán y China, el río amarillo —o Huang He— en China, y el valle de los ríos Tigris y el Éufrates en Mesopotamia. Y a partir de ahí comenzó otra historia: la de las epidemias.

*Un médico sin anatomía es como
un arquitecto sin un plano.*

GALENO

*El deseo de tomar medicina es quizás
la característica más importante que
distingue al hombre de los animales.*

SIR WILLIAM OSLER

Ilustración de un schistosoma tipo.

LAS ANTIGUAS CIVILIZACIONES

Los primeros pobladores de Egipto llegaron a las orillas del Nilo posiblemente escapando del caluroso y árido Sahara hace más de 6.000 años. Y hace unos 5.000 años las comunidades que habitaban al norte y al sur del río sagrado se unificaron, formando lo que hoy conocemos como territorio egipcio. Los egipcios no se preocuparon mucho por diseccionar animales ni personas, pues eran más bien de embalsamarlos; pero sabemos que tenían cierto interés por las enfermedades terrenales gracias a algunos papiros que se descubrieron en el siglo XIX. Uno de ellos fue el papiro Edwin Smith —lleva el nombre de su comprador, no de su descubridor; lo compró a algún lugareño de la ciudad de Luxor en 1862—. Se terminó de escribir entre los años 1700 y 1500 a. C., pero parece ser una copia o recopilatorio de otros que tendrían hasta 3.000 años de antigüedad, lo que lo convierte en el más antiguo sobre el tema. Su traducción llevó 10 años, y ofrece información sobre cómo era la cirugía en el Antiguo Egipto. En él también se habla de una «peste anual», pero no sabemos con exactitud de qué enfermedad de trataba. Sí sabemos que algunas momias de la época presentan signos de lo que podrían ser las actuales malaria, tuberculosis y enfermedades parasitarias como la esquistosomiasis, causada por pequeños trematodos acuáticos del género *Schistosoma*; estos *bichitos* viven en el agua, así que no es muy descabellado pensar que en las orillas del Nilo tenían siempre cuerpos de egipcios en los que entrar. Numerosas momias se han encontrado con los riñones llenos de estos parásitos. De hecho, los egipcios fabricaban una especie de preservativo para evitar la infestación, pues creían que estos parásitos entraban por la uretra del pene.

Los papiros de Lahun, una colección de papiros encontrados en el año 1889 en el poblado de Lahun por el gran egiptólogo William Matthew Flinders Petrie (1853-1942), han sido datados hacia el año 1800 a. C. Hablan mayoritariamente de matemáticas, pero también incluyen pasajes sobre ginecología y obstetricia.

Más famoso es el papiro Ebers, llamado así por su descubridor y traductor, y que se remonta al reinado de Amenhotep I (XVIII dinastía). Tiene casi 9 metros de longitud y describe cosas muy interesantes sobre enfermedades y sus tratamientos, así como una amplia farmacopea con más de setecientas fórmulas magistrales. Cabe destacar que en 55 de estas recetas el ingrediente principal son heces de algún animal. Por ejemplo, contra el veneno de escorpión funcionaban las heces de hipopótamo mezcladas con miel y hojas de sauce.

En otro papiro, el gran papiro de Berlín —también conocido como el papiro Brugsch—, que fue traducido en 1909, hay también recetas interesantes. Por ejemplo, en él se habla de que cuando los cuerpos se descomponían había riesgo de infecciones y por lo tanto había que mantener alejada a la muerte; y para mantener alejada a la muerte había un remedio muy interesante, que consistía en hacer una mezcla de miel, aceite, sal, orina de una mujer y las heces de burro, de perro y de gato, y todo esto se preparaba en una especie de porro gigante o una cachimba y era fumado por el enfermo. Otro remedio egipcio muy curioso contra una enfermedad a la que denominaban elefantiasis era bañarse en sangre.

Pero no todo eran chapuzas de este estilo. Muy probablemente los egipcios también conocían la putrefacción y las fermentaciones, y sabían que algunos alimentos mantenían alejadas muchas cosas malas que afectaban al cuerpo o al alma. Por ejemplo, los trabajadores de las pirámides consumían básicamente semillas de nabo, junto con ajo y cebolla. Hoy sabemos que las semillas de nabo contienen un compuesto que inhibe a algunas bacterias patógenas, y que el ajo y la cebolla tienen también cierta actividad antimicrobiana. También sabemos que realizaban tratamientos con distintos tipos de tierras, quizás porque posiblemente sospechaban o intuían que en el suelo hay muchos compuestos antimicrobianos producidos por bacterias y por hongos, como el de la penicilina de Fleming. Por cierto, la planta conocida como hisopo (*Hyssopus officinalis*) es una planta herbácea nativa de Europa meridional, el Medio Oriente y las costas del mar Caspio. Se utiliza como hierba aromática y medicinal por sus propiedades como antitusivo, expectorante y antiséptico. Como nota importante cabe decir que de ella se aisló por primera vez en 1911, en Noruega, el hongo *Penicillium notatum* —el hongo que ayudaría a Fleming a descubrir la penicilina al caer en su placa de estafilococos—. Esta planta se ha utilizado en remedios caseros en esa zona desde la antigüedad, así que el ensayo-error con plantas de todo tipo tarde o temprano daba algún *resultado* contra alguna enfermedad.

Los babilonios y los sumerios comenzaron a pensar ya que algunas de las enfermedades que atormentaban al hombre tenían su origen en la tierra y que no eran fruto de castigos divinos. Babilonios y sumerios —junto también con los egipcios— comenzaron a utilizar términos como *gusanos* para nombrar a las *causas* que provocaban esas aflicciones. En realidad, los babilonios parecían unos individuos bastante inteligentes; no solo porque ya sabían hacer más de 20 tipos distintos de cervezas, sino porque trataban todo tipo de infecciones, desde la lepra hasta la conjuntivitis, en muchas de ellas aplicando *cataplasmas* naturales a base de cereales.

Para los antiguos habitantes de Asia —japoneses, chinos e indios principalmente— los remedios contra muchas plagas y enfermedades infecciosas tampoco eran supraterrenales, más bien todo lo contrario: se apañaban con remedios bastante asequibles como la caca de gusanos de seda contra la gonorrea, la bilis de serpiente contra la rabia, el polvo de cuerno de rinoceronte para la tuberculosis, la orina para las heridas, la sangre menstrual contra las fiebres, las heces humanas secas contra la neumonía…

ΙΠΠΟΚΡΑΤΗΣ

Hipócrates de Cos (460 a. C.-370 a. C.) fue un médico de
la antigua Grecia. Para muchos autores es considerado el
padre de la medicina [grabado por Jean Chieze].

Hipócrates de Cos (460 a. C.-370 a. C.) fue un médico de la antigua Grecia. Para muchos autores es considerado el padre de la medicina. Su objetivo primordial era el cuidado de los enfermos, no elucubrar y perder el tiempo discutiendo sobre las teorías que hacían enfermar al hombre. Se cree que escribió unos 100 trabajos médicos. Hipócrates, como otros médicos de la época, defendía que la medicina griega se basaba en «los cuatro humores», aunque se cree que utilizó por primera vez el concepto de *miasma*.

La *sangre* representaba la vitalidad. La *bilis* —o jugo gástrico— era necesario para la digestión de las comidas. Otros fluidos corporales que evitaban que el cuerpo se secara eran en su conjunto la *flema* —lágrimas, saliva, sudor—. Por último estaba la *bilis negra* que era la que «oscurecía» a los otros fluidos. Cada *humor* tenía asignado un color: así, la sangre era roja, la bilis amarilla, la flema de color pálido y la bilis negra, pues... de color negro. El equilibrio o balance entre los cuatro tipos de fluidos determinaba la forma física de la persona, el temperamento, el espíritu, etc. Por ejemplo, los que tenían mucha sangre eran temperamentales y enérgicos, los que tenían muchas flemas eran obesos y los que tenían mucha bilis negra eran delgados. Para cerrar el círculo con la naturaleza, los cuatro fluidos o humores guardaban una relación estrecha con los cuatro elementos: la sangre con el aire, la bilis con el fuego, las flemas con el agua y la bilis negra con la tierra.

La combinación de fluidos, colores, distribución corporal, relación con los elementos de la naturaleza, etc., determinaba la salud de cada persona y explicaba las enfermedades que la gente padecía. O lo que es lo mismo, si había un equilibrio entre los cuatro humores la cosa marchaba bien, pero si había un desequilibrio y alguno de ellos se salía de los parámetros habituales o predominaba sobre los otros, la persona caía enferma. Así de simple: demasiada sangre, enfermo; demasiada bilis, enfermo; demasiadas flemas, enfermo... No me dirán que no eran imaginativos en aquella época.

Pues todos los griegos y sus descendientes se tragaron esta teoría durante siglos. ¿Y qué había que hacer para curarse?

Pues seguir una *dieta milagro* o un tratamiento que devolviera el equilibrio a los cuatro humores. Así de simple. Bueno, como se pueden imaginar, cualquier tratamiento era empírico, así que o funcionaba o no funcionaba. Y por supuesto daba igual que tuvieras un tumor cerebral, que te hubieran amputado una pierna o que fueras obsesivo compulsivo; el tema era mantener los humores en equilibrio como fuera. También se relacionó el clima con ciertas enfermedades: por ejemplo, si vivías en un sitio húmedo tenías más tendencia a los catarros y si vivías en un sitio seco, a las enfermedades respiratorias, etc.

Por si fuera poco, a los griegos les gustaba cuidar el cuerpo —inventaron los juegos olímpicos—; solo hay que ver las estatuas tan perfectas que esculpían —como más tarde los romanos—, así que haciendo deporte se mantenían sanos, porque para hacer deporte en condiciones hay que comer bien y dormir mucho, y bueno, si hacían deporte era también de esperar que se ducharan a menudo, lo cual era una buena medida de higiene.

Pero claro, con tanto culto a los cuerpos no estaba muy bien visto el diseccionarlos —tampoco cadáveres—, ni siquiera para estudiar un poquito de anatomía, por lo que los griegos no avanzaron mucho en fisiología, medicina y otros campos de las ciencias. Si no conocían bien el cuerpo humano, pues, tampoco tenían grandes posibilidades de curar enfermedades.

Tras Hipócrates llegó Aristóteles (384 a. C.-322 a. C.), que comenzó a ser partidario de la idea de que las enfermedades se podían transmitir de un enfermo a otro. Escribió él solito unos cuantos libros sobre epidemias. Para él, la peste se transmitía por la respiración.

En cuanto a las culturas china e india, tampoco es que se preocuparan mucho por descuartizar cuerpos más allá de los campos de batalla —ni siquiera el islam, donde estaba totalmente prohibido cualquier tipo de disección anatómica—.

Los romanos eran más de actuar que de leer y escribir. Con ellos llegaron muchos avances en medicina, por ejemplo, con Galeno. Este consideraba la tuberculosis como una enfermedad contagiosa, por lo que los romanos comprendieron que viajar y llevar una vida tranquila en lugares cálidos y secos era positivo para resistir mejor a esta enfermedad, así que enviaban a sus enfermos a ciudades costeras en Italia o a Egipto.

Con el cristianismo la cosa no mejoró mucho. Cuando comenzaron las grandes plagas a castigar Asia y Europa, daba igual los consejos que te ofrecían los sumos sacerdotes, sabios, curanderos, hechiceros, magos, médicos, religiosos, sanadores o incluso los enterradores; lo mejor era alejarse lo máximo posible de los enfermos. Y si no te podías alejar de los enfermos, había que mantener a estos alejados, y hacer como Moisés, que tiempo atrás ya había introducido la cuarentena para los enfermos de lepra.

En el siglo x tuvo mucho éxito el médico persa Ibn Sina, más conocido como Avicena. Escribió un montón de libros. Uno en especial, que se conoce como *Canon de Avicena*, destacó sobre todos. En él se dice que podía haber transmisión directa de enfermedades entre personas. Quitando algunas *pequeñeces* como que las úlceras se transmitían desde una casa a la del vecino, o de que la lepra era hereditaria, el libro estaba bastante adelantado a su época. El problema es que en aquella época no leía mucha gente —menos que ahora incluso—.

Epidemia: Enfermedad que ataca a un gran número de personas o de animales en un mismo lugar y durante un mismo período de tiempo.

El peligro que tienen las enfermedades infecciosas no se ha ido. Está empeorando. Aunque no sabemos dónde aparecerá el nuevo virus o la nueva bacteria, es seguro que habrá nuevos brotes.

ROBERT SHOPE, EPIDEMIÓLOGO. 1992

La intrigante imagen de los «médicos de la peste» acompaña nuestro imaginario de las grandes pandemias [Channarong Pherngjanda].

LA PESTE

Conocer con exactitud el tipo de enfermedades que asolaba nuestro planeta hace más de 2.000 años a partir de las descripciones que se han conservado de aquellos tiempos no es cosa fácil, así que hay que asumir que algunas enfermedades antiguas como el tifus o la peste —u otras— se corresponden con el tifus o la peste actual. No queda otro remedio.

Algunos patógenos como la bacteria *Mycobacterium tuberculosis* —causante de la tuberculosis— o *M. leprae* —causante de la lepra— dejan rastros de sus *hazañas patológicas* en los huesos humanos, pero algunas enfermedades como la peste no.

El ADN de las bacterias hay que buscarlo en un sitio en el que, si una persona está severamente infectada por esta bacteria, lo podemos detectar e identificar con técnicas moleculares modernas. Ese sitio son los tejidos del interior de los dientes, que una vez que el individuo muere pueden permanecer bastante bien conservados durante miles de años. Es ahí donde, aunque solo haya unas pocas moléculas de ADN de la bacteria, las podemos amplificar y estudiar, para conocer con bastante precisión qué bacteria era y en qué momento infectó a ese individuo.

Recientemente se han encontrado restos de un esqueleto femenino de unos 4.900 años de antigüedad en cuyos dientes se ha encontrado ADN de *Yersinia pestis*. En concreto, esta persona joven pertenecía a uno de los primeros asentamientos de granjeros que se aclimataron a vivir en Escandinavia.

La peste es una enfermedad infectocontagiosa causada por *Y. pestis*, que puede producir la muerte en algunos animales y en los humanos. Una vez que te infecta esta bacteria puedes experimentar alguna de las tres formas de la enfermedad: la peste bubónica, la peste septicémica y la peste neumónica, que iremos conociendo en las siguientes páginas.

Se estima que esta bacteria ya debía estar en contacto con humanos desde la Edad de Bronce, pero, debido a la facilidad que tiene para modificar su genoma, la bacteria adquirió dos propiedades muy importantes para realizar su maldad: primero, consiguió adquirir genes que le permitieron ser transmitida por pulgas que infectaban a roedores y pequeños mamíferos; posteriormente, adquirió nuevos genes que le permitieron extenderse por los distintos órganos del cuerpo cuando infectaba a los humanos, lo que la hizo más letal.

El término *buba* o *bubón* procede del griego y significa «tumor en la ingle», denominado así por los antiguos, porque su característica es la inflamación de los nódulos linfáticos, y algunos de ellos están situados en las ingles. Y efectivamente, después de infectar a un humano, las bacterias de la peste son transportadas por los vasos linfáticos a los ganglios linfáticos, y con su llegada se inicia una reacción inflamatoria muy intensa y se forman en estos ganglios lo que conocemos como bubón o bulto. De ahí el nombre de peste bubónica.

Cuando se adaptó al sabor de la sangre humana, *Y. pestis* solo tuvo que esperar a que los humanos sintieran atracción por el capitalismo —creando las rutas de comercio— y por el turismo —migraciones— para extenderse por toda Asia y Europa.

La primera epidemia de lo que podríamos considerar peste bubónica podría datar de hace unos 1.160 años antes de Jesucristo. En el primer libro de Samuel —de la Biblia cristiana— se relata cómo los filisteos —que se llevaban bastante mal con los israelitas— robaron el Arca de la Alianza a estos últimos. Esta caja rectangular parece que guardaba las tablas que contenían los diez mandamientos que Dios había entregado a Moisés, y que da título a la magnífica película del director de cine Steven Spielberg titulada *Indiana Jones y el arca perdida*. Evidentemente, unas tablas de piedra o madera entregadas por un Dios a un pobre mortal debían ser bastante valiosas en aquella época, así que el Dios de los israelitas castigó con una plaga a los filisteos. Desesperados por tal enfermedad, los filisteos devolvieron el arca y además entregaron a los israelitas unas estatuas de oro en forma de esferas y roedores. Como el vector de la peste es la rata y un signo claro de infección es la hinchazón de los ganglios linfáticos a modo de verdaderos bultos, cabe inferir que lo que sufrieron los filisteos fue una epidemia de peste, ya que esos bultos o bulbos son característicos de la peste bubónica.

Mucho más tarde, Tucídides de Atenas (460 a. C.-~396 a. C.), escribió un conjunto de libros titulados *Historia de la guerra del Peloponeso*, donde narraba la guerra entre las ciudades griegas lideradas por Esparta y las ciudades lideradas por Atenas, y que tuvo lugar entre los años 431 y 404 a. C. —entre 2.240 y 2.213 años antes de Darwin—.

De los escritos de Tucídides podemos inferir que la epidemia de peste —no está 100 % claro el tipo de enfermedad— comenzó en Etiopía y luego pasó a Egipto y Libia. La creación en aquella época de rutas de comercio que conectaban las florecientes ciudades con pueblos de agricultores y granjeros también había creado autopistas para la dispersión de las enfermedades infecciosas. Según Tucídides, solo en Atenas mató a un tercio de la población, junto con la totalidad de las mascotas de los ciudadanos, y junto a un montón de aves a las que no se le ocurrió otra cosa que picotear los cadáveres de las personas muertas y a los de sus mascotas también muertas. La plaga mataba a cualquier cosa viva antes de diez días tras la aparición de los primeros síntomas.

La primera gran epidemia de peste que asoló muchos años después Europa y Oriente Medio fue la denominada *peste de Justiniano*. Parece ser que tuvo su origen en Egipto en el año 532 y que se extendió durante los años siguientes a Constantinopla, Grecia, Italia y Turquía. Llegó incluso a Francia y Alemania en el año 546 —tan solo 14 años después—.

Sabemos más o menos como fue aquello de horrible gracias a un tal Procopio de Cesarea (500-560), que vivió lo suficiente para viajar y escribir unos cuantos libros durante la época de

Justiniano, emperador romano. Procopio relató la epidemia brutal que asoló Constantinopla en su libro *La bella Persia*. Aquella epidemia de peste mató aproximadamente a entre el 40 % y el 50 % de la población. Evidentemente no hay datos precisos sobre el número de muertos, pero al extenderse por Alejandría, Antioquía y Constantinopla y prácticamente todo el Mediterráneo, posiblemente la tasa de mortalidad fuese la más alta de toda la historia de la humanidad. Procopio describió la cantidad y la envergadura de los apilamientos de cadáveres y dejó algunas perlas como: «*La gente moría ahogada en su propia sangre, que intentaba vomitar...*».

Pero más brutal que la peste de Justiniano fue la segunda pandemia, conocida como *la peste negra*, sobre la que podemos leer en numerosas fuentes escritas y que alcanzó su punto más terrorífico entre 1346 y 1361.

Sabemos dónde se cree que comenzó por Gabriel de Mussis (1280-1356), un notario de la ciudad de Piacenza, al norte de Génova, cuya narración ha llegado hasta nuestros días. Al parecer, los tártaros, de origen mongol, habían sitiado la ciudad de Cafa —o Caffa—, que en la actualidad se llama Feodosia, situada en Ucrania. Caffa había sido fundada por los genoveses en 1266 y era utilizada por sus comerciantes como puesto de acceso del comercio con el territorio asiático, pero había estado siempre bajo la influencia del Imperio mongol. Cuando había paz, ningún problema, pero en esa época la gente era de gatillo fácil —bueno, más bien de flecha fácil—, así que en el periodo que nos interesa los mongoles querían conquistar esta ciudad a los comerciantes genoveses. Como Caffa era una ciudad muy bien fortificada, los mongoles la sitiaron y la asediaron durante mucho tiempo. Una tropa de refuerzo enviada desde Italia diezmó al ejército tártaro, pero el asedio se repitió un tiempo después con tropas más numerosas. Durante este nuevo asedio, las tropas tártaras sufrieron una epidemia de peste. Según el artículo de Mark Wheelis publicado en la revista *Emerging Infectious Diseases*, Gabriel de Mussis relata que los tártaros que rodeaban la ciudad sufrieron una terrible epidemia:

Entonces, todo el ejército tártaro se vio afectado por una enfermedad que mató a miles y miles cada día. Todo consejo y atención médica era inútil; los tártaros morían tan pronto como aparecían los signos de la enfermedad en sus cuerpos: hinchazones en la axila o la ingle causadas por humores coagulantes, seguidos de una fiebre pútrida. Los tártaros moribundos, atónitos y estupefactos por la inmensidad del desastre provocado por la enfermedad, y al darse cuenta de que no tenían esperanza de escapar, perdieron el interés en el asedio. Pero ordenaron que los cadáveres fueran colocados en catapultas y se lanzaran a la ciudad con la esperanza de que el hedor intolerable matara a todos adentro. Lo que parecían montañas de muertos fueron arrojados a la ciudad… La magnitud de la mortalidad y la forma que tomó persuadió a chinos, indios, persas, medos, kurdos, armenios, cilicios, georgianos, mesopotámicos, nubios, etíopes, turcos, egipcios, árabes, sarracenos y griegos de que el juicio final había llegado. Entre los que escaparon de Caffa en barco se encontraban algunos marineros que habían sido infectados con la enfermedad venenosa. Algunos barcos se dirigían a Génova, otros fueron a Venecia y a otras áreas cristianas. Cuando los marineros llegaron a estos lugares y se mezclaron con la gente de allí, fue como si hubieran traído espíritus malignos: cada ciudad, cada asentamiento, cada lugar fue envenenado por la peste contagiosa.

Así habría llegado la peste a Europa, aunque Caffa fue solo una de las muchas ciudades inicialmente afectadas por aquella epidemia de peste, por lo que no se descarta que este fuera solo uno de sus posibles orígenes.

Los síntomas que había descrito Procopio ocho siglos antes se repetían ahora en la obra titulada *Decamerón* de Giovanni Boccaccio (1313-1375), escritor y humanista italiano. Este autor fue testigo de la plaga de peste que llegó a la ciudad de Florencia en 1348. En su libro, tres hombres y siete mujeres se reúnen en la iglesia de Santa Isabel María Novella con la intención de abandonar la ciudad para escapar de la peste. Estas personas comienzan a relatarse cuentos los unos a los otros durante diez días —de ahí el título del libro—. La versión de bolsillo que encontré en una antigua librería de Madrid —Ambigú— consta de 511 páginas que contienen 100 relatos.

En sus páginas iniciales, Boccaccio comienza relatando cómo la «ira de Dios» había comenzado a castigar a los mortales algunos años atrás, en regiones donde había arrebatado innumerables vidas y desde donde prosiguió hasta Occidente. De nada servían contra ella los rezos a Dios, ni las procesiones, tampoco limpiar la ciudad mediante numerosos operarios nombrados al efecto o prohibir que personas enfermas entraran en las ciudades. En el caso de la peste que asoló Florencia, Boccaccio describe que no era igual que la que había ocurrido en Oriente, donde «verter sangre por la nariz era signo seguro de muerte inevitable». En este caso, a los enfermos «nacíanles en las ingles o en los sobacos unas hinchazones, que a veces alcanzaban a ser como una manzana común, y otras como un huevo, y otras menores y otras mayores». La gente llamaba a estos bultos «bubas». Al poco tiempo de enfermar estas «mortíferas inflamaciones empezaban a aparecer indistintamente en todas las partes del cuerpo; y enseguida los síntomas de la enfermedad se trocaron en manchas negras que en brazos, muslos y demás partes del cuerpo sobrevenían en muchos, ora grandes y diseminadas, ora apretadas y pequeñas…». Las manchas negras y los hematomas también fueron el origen del apodo de esa epidemia de peste, la peste *negra*, término muy utilizado durante las epidemias de la forma septicémica de la enfermedad —cuando la bacteria llegaba a la sangre y podría ir a parar a cualquier parte del cuerpo—. Básicamente, lo que pasaba era que, tras la diseminación de la bacteria por el cuerpo, se producía un bloqueo de los vasos sanguíneos, principalmente de los dedos de pies y manos o incluso en las orejas y en la nariz, lo que daba lugar a una gangrena en esos sitios, que quedaban literalmente negros.

Los enfermos de peste negra morían en su mayoría entre el segundo y el cuarto día de la infección, sin remedio. Solo en Europa murieron más de 25 millones de personas en aquella epidemia de peste.

Boccaccio escribió también que «no solo el hablar o tratar a los enfermos producía a los sanos enfermedad y comúnmente muerte, sino que el tocar las ropas o cualquier objeto sobado o manipulado por los enfermos transmitía la dolencia al tocante».

Guy de Chauliac (1298-1368), respetado cirujano de la Edad Media, llegó a decir que podías contagiarte de la peste negra «solo con mirar a un enfermo», y que una buena solución contra el contagio era llevar un cinturón hecho con piel de león. También las mascotas sufrían la enfermedad, como relata Boccaccio:

> Y digo que de tanto poder fue la naturaleza de la sobredicha pestilencia, en materia de pasar de uno a otro, que no solamente lo hacía de persona a persona, sino que las cosas del enfermo o muerto de la enfermedad, si eran tocadas por animales ajenos a la especie humana, los contagiaba y aún los hacía morir en término brevísimo.

Evidentemente Boccaccio había presenciado escenas terribles, pero quizás en algunos de sus pasajes se le fue la mano al describir la fiereza de la enfermedad:

> Por mis propios ojos presencié, entre otras veces, esta experiencia un día: yacían en la vía pública los harapos de un pobre hombre muerto algo antes, y dos puercos, llegándose a ellos, oliéronlos y asiéronlos con los dientes, según su costumbre, y a poco, tras algunas convulsiones como si hubieran tomado veneno, ambos cayeron muertos en tierra sobre los mal compuestos andrajos.

En su libro *La Peste Negra*, Ángel Blanco Rebollo nos cuenta cómo en el zoco de Almería —durante un brote de la peste

LA PESTE DI FIRENZE

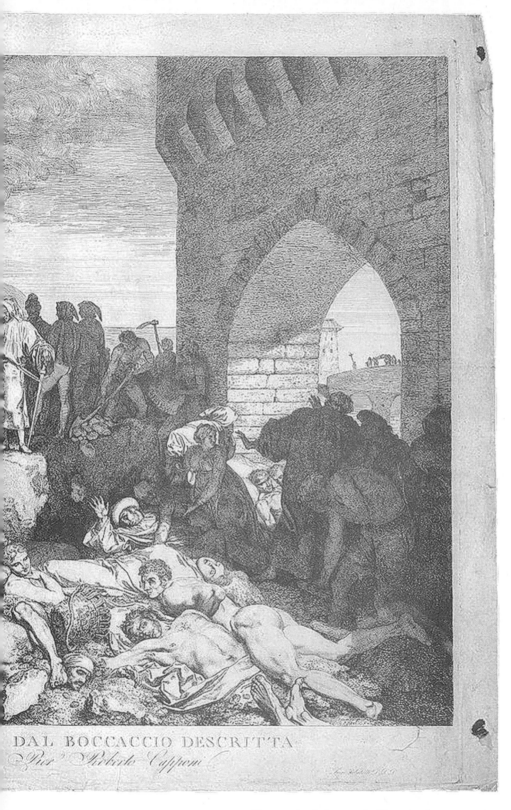

DAL BOCCACCIO DESCRITTA

Per Roberto Capponi

Ilustración de la peste de Florencia de 1348, según
se describe en la obra *El Decamerón*.

en la península ibérica— había una gran actividad de compra-venta de ropas usadas, con lo que la infección se propagó a un ritmo frenético.

La peste llegó a Inglaterra en 1348. Según el historiador noruego Ole Benedictow, avanzó por la isla a una velocidad de un kilómetro al día, así que en menos de dos años ya había arrasado a su paso con pueblos que distaban ente sí más de quinientos kilómetros.

Inicialmente, para la mayoría de los europeos aquella pesadilla era un castigo divino, encarnado en los *miasmas* o vapores putrefactos que emanaban de los enfermos y de los ya cadáveres.

La tradición católica dice que san Roque, cuando viajaba a principios del siglo XIV como peregrino por Italia, se detuvo en Acquapendente, que estaba siendo atacada por la peste. Durante esta parada en el camino se dedicó a curar a los enfermos haciéndoles la señal de la cruz en la frente con el dedo pulgar. Luego visitó otras ciudades realizando este *complicado* protocolo curativo contra la peste bubónica.

Cuando las gentes temerosas del castigo divino se congregaban en las iglesias por toda Europa, la cosa se ponía aún peor, porque esto no hacía más que aumentar el número de contagios entre los feligreses. La gente dejó de ir a los funerales, por lo que estos perdieron parte de su sentido espiritual y religioso; se enterraban dos o tres cadáveres en el mismo ataúd. Cuando los ataúdes escaseaban se colocaba a los muertos en tablas. Los encargados del orden público y los jueces también morían o escapaban de la ciudad en cuanto podían, así que reinaba el caos y la anarquía. Algunos se encerraban en sus casas con sus familias y no salían a la calle a por alimentos en días. Los que se encerraban en sus casas para escapar de la peste, pero ya tenían algún familiar enfermo, no salían nunca. Había cientos o miles de fallecidos cada día, así que cuando los cementerios se quedaban pequeños, se recurría a la apertura de fosas comunes, que enseguida se llenaban.

Moría tanta gente que el papa Clemente VI concedió la absolución general a todas las personas que morían de peste. Una de estas fosas comunes fue descubierta en 1986 cerca de la Torre de Londres. Es el cementerio descubierto más grande de Inglaterra de los que se utilizaron apresuradamente en aquella época.

Muchos comenzaron a pasearse con flores en las manos para no tener que oler la pestilencia de los cadáveres por las calles, y por supuesto, las soluciones que proponían los pocos médicos que se quedaban en la ciudad —preocupados por sus infinitos pacientes— no surtían efecto. Se probó de todo, desde la cauterización de los bubones con hierro candente hasta los baños en la orina del propio enfermo. Los hematomas y manchas negras que aparecían en el cuerpo hacían pensar que la sangre estaba de alguna manera *enferma* y que había que extraerla, así que las sangrías parecían fundamentales, sobre todo porque al extraer gran cantidad de sangre del enfermo, al menos este moría de una forma bastante «relajada»... En realidad, las sangrías se aplicaron durante toda la Edad Media y hasta bien entrado el siglo XIX, pues la idea de que servían para cualquier enfermedad se transmitió de generación en generación. Paradójicamente incluso se utilizaron para casos en los que había «pérdidas de sangre». Aquí las mujeres lo tenían un poco mejor, porque la menstruación *supuestamente* las libraba de muchos males.

Si nadie tenía idea de cómo curar la enfermedad, menos idea aún tenían de cómo se había producido, y algunos echaban la culpa a los miasmas, a los terremotos, a los gitanos, a los musulmanes, a los judíos. Solo en la ciudad alemana de Mainz se quemaron vivos a más de 12.000 judíos acusándolos de haber provocado la peste. Pero de nuevo el papa Clemente VI, en un momento de lucidez, se dio cuenta de que tanto los cristianos, como los gitanos, como los musulmanes o los judíos morían todos por igual, así que ni unos ni otros podían ser los causantes de la peste, y prohibió que se persiguiera a esas minorías.

Y cuando estalla la histeria colectiva aparecen los alucinados y los extremistas. Durante los años de la peste resurgió un movimiento en Europa que llegó a tener decenas de miles de seguidores: eran los flagelantes, que habían surgido primeramente en Italia y que promovían que cada persona podía conseguir su propia salvación mediante penitencias de todo tipo —principalmente físicas—. Los flagelantes se implicaron de nuevo en dar ejemplo a la maltrecha población europea infectada de peste, recorriendo las calles flagelándose con látigos, para purgar sus pecados. A ellos se unió una masa enorme de personas desesperadas que habían perdido familias enteras. Pero el tema se fue de las manos y otra vez Clemente VI, temiendo perder el monopolio de la fe, comenzó a prohibir este movimiento y a pasar poco a poco a los más fanáticos por la hoguera.

Cuando la epidemia pasó de largo eliminando a un porcentaje importante de la población—solo en Inglaterra se estima que murió entre un tercio y la mitad de sus habitantes—, la inutilidad de las plegarias y de los remedios propuestos por la Iglesia y por los médicos hicieron que el prestigio de estos disminuyera en toda Europa.

¿CÓMO SURGIÓ LA ENFERMEDAD?

Los reservorios naturales de la bacteria *Yersinia pestis* eran en un principio roedores silvestres, que eran *chupeteados* por pulgas específicas.

Pero por probabilidad, alguno de los 2.500 tipos de pulgas que existen en el mundo tenía que terminar por picarnos a nosotros. Así que, se estima que hace unos 10.000 años, las pulgas que infectaban a roedores asiáticos comenzaron a variar su dieta, y consiguieron adaptarse para conseguir sangre también de los humanos.

La pulga de la rata común —*Xenopsylla cheopis*— se alimenta de su sangre, pero si la pulga es infectada por la bacteria, esta se multiplica masivamente en su esófago, lo que produce un bloqueo de su aparato digestivo. Este fenómeno adaptativo es fascinante. La bacteria se adaptó para crear este tapón en el tubo digestivo de la pulga y así poder aumentar su transmisión.

Las pulgas infectadas solo viven unos pocos días, pero durante ese tiempo, con el esófago bloqueado —y el estómago vacío— siguen teniendo hambre y desesperadas intentan repetidas veces obtener más sangre de la rata. Durante las picaduras, muchas bacterias salen a través de su aparato chupador-picador e infectan la herida de su víctima, que a partir de ese momento tiene los días contados, porque las ratas mueren de peste muy rápido. Al morir de peste, la sangre de la rata se enfría, coagula y deja de ser fluida, lo que no gusta nada a las pulgas ya que no la pueden *aspirar*. Así que las pulgas, que también estarían infectadas, se buscan rápidamente otra rata a la que picar, porque sus esófagos siguen bloqueados —y sus estómagos vacíos—.

El problema que se encontraban las pulgas es que, al picar a las ratas las estaban sentenciando a muerte y, claro, al final, las pulgas hambrientas acababan exterminando a todas las ratas. Cuando todas las ratas morían, las pobres pulgas —que seguían teniendo hambre— buscaban nuevas víctimas. Y aquí es donde se dieron cuenta de que la piel de los humanos era fácil de atravesar y su sangre era tan jugosa como la sangre de las ratas. Así que, como no dejaban ninguna rata con vida, fijaban su atención en los humanos. Y su picadura conducía a la infección anteriormente descrita. Lo malo para los humanos —y bueno para las pulgas— es que antiguamente las malas condiciones de higiene y hacinamiento en los barrios facilitaban mucho el *salto* de las pulgas de unas personas a otras.

Después de leer algunos libros sobre el tema, creo que puedo redactar un pequeño párrafo describiendo —a mi manera— un día cualquiera de la Edad Media europea:

> En las zonas más oscuras de las ciudades cada habitante era acompañado en sus quehaceres diarios por una nube de moscas. Estas nubes de moscas eran de mayor tamaño cerca de mercados de pescado o carne, y de gran tamaño en la proximidades de mataderos. Otros *animales de compañía* eran las pulgas, que disfrutaban saltando entre mascotas.

Como la gente no se cambiaba a menudo de ropa o de gorro/sombrero, los ciclos de vida de los piojos —tanto los de la cabeza como los del cuerpo— comenzaban y terminaban en un mismo individuo, casi no tenían necesidad de saltar de unas cabezas a otras.

Tras la jornada laboral, al llegar a casa les esperaban *otras mascotas*: las ratas y los ratones. En el campo, en las casas vivían no solo las personas, sino también estos animales de compañía citados anteriormente, y el propio ganado. Las casas eran pequeñas y de un solo piso, aunque también había *dúplex*, donde el ganado ocupaba el piso inferior para proporcionar calor a la familia, gracias no solo a su temperatura corporal, sino también a los gases y excrementos que producían. No había casi ventanas y la ventilación era escasa, porque tener la puerta abierta hacía que el calor se escapara, o que el frío entrara.

Como no había alcantarillado útil, los productos del catabolismo humano iban a parar a una zanja central en medio de la calle. Pero esta canalización central no tenía ramificaciones en las casas, así que las inmundicias eran arrojadas desde las ventanas, y muchas no llegaban a su destino. En los pocos momentos en los que estas conducciones no se saturaban y rebosaban, la materia líquida y semisólida que transportaban alcanzaban las aguas del río más cercano, que servían a su vez para consumo, para regadío y como gran cloaca.

CURAS FANTÁSTICAS

El hombre ha saqueado los reinos animal, vegetal y mineral para encontrar remedios contra sus enfermedades. Quizás la más temida fue la peste, así que esta enfermedad estimuló de manera extraordinaria la búsqueda de remedios para combatirla.

Entre los siglos XIV y XV numerosas epidemias de peste atacaron Europa cada cierto tiempo. Así que los gobiernos de algunos países fueron tomando buena nota de ellas. Estos países, a los que yo denomino «serios», fueron creando una legislación que reforzara cada vez más a los gremios sanitarios para que estuvieran preparados contra una nueva pandemia que afectara a toda Europa. Así, durante el siglo XVI había una ley en Alemania que obligaba a todos los farmacéuticos a tener en *stock* distintos productos para luchar eficazmente contra la enfermedad. Según el autor alemán Helmuth Böttcher, entre estos productos se encontraban animalillos de uso médico como sanguijuelas, cochinillas —bichos-bola—, lombrices de tierra, hormigas, escorpiones, cangrejos, un cráneo humano, el corazón de un ciervo, los cerebros de gorriones y conejos, dientes de jabalí, piel de un elefante, corazones de ranas, pulmones de zorro, entrañas de lobo y grasa humana.

De igual manera, en 1533, el Consejo de la Ciudad Libre de Núremberg reguló el tratamiento de las erupciones cutáneas que aparecían en los enfermos de peste. Bajo el título *Medidas para aplicar durante un brote de peste* dictó una orden oficial que decía:

> … después de sangrar al paciente... coger un gallo joven y arrancarle todas las plumas de la parte posterior; sujetando al ave por el pico, aplique el trasero desnudo del gallo sobre la pústula. Si el gallo muere por el veneno que extrae, repita el proceso con otros gallos hasta que finalmente uno sobreviva. Este es el método más simple para extraer el veneno del paciente.

Cincuenta años más tarde, en Berlín, las autoridades revisaron esta orden de la Ciudad de Núremberg y decidieron que era demasiado estricta, así que permitieron que se utilizaran gallinas como alternativa a los gallos.

A
JOURNAL
OF THE
𝔓𝔩𝔞𝔤𝔲𝔢 𝔜𝔢𝔞𝔯:
BEING
Observations or Memorials,
Of the most Remarkable
OCCURRENCES,
As well
PUBLICK *as* PRIVATE,
Which happened in
LONDON
During the last
GREAT VISITATION
In 1665.

Written by a CITIZEN who continued all the while in *London*. Never made publick before

LONDON:
Printed for *E. Nutt* at the *Royal-Exchange*; *J. Roberts* in *Warwick-Lane*; *A. Dodd* without *Temple-Bar*; and *J. Graves* in St. *James's-street.* 1722.

Portada de la primera edición del año 1722 de *Diario del año de la peste*.

LA PESTE DE LONDRES

Trescientos años después de la peste negra, Europa seguía sufriendo epidemias de diferentes magnitudes. El continente crecía a un ritmo vertiginoso, sobre todo cuando no había guerras, y claro, el aumento de la población y de su hacinamiento en las ciudades no era concomitante con el incremento de las medidas de higiene y control de enfermedades. Londres —como otras muchas ciudades europeas— había experimentado un espectacular aumento de su población, e incluso sus regidores habían implementado leyes, dictado normas e implantado prohibiciones para que la enorme ciudad funcionara correctamente. Bueno, algunas de estas leyes como la que decía «Está prohibido jugar en las calles» tampoco es que sirvieran para mucho contra las epidemias.

La Gran Peste (1665-1666) duró poco, pero lo suficiente para matar a un porcentaje respetable de londinenses.

Se cree que barcos holandeses que llegaron desde Ámsterdam trajeron un montón de mercancías y de ratas infectadas que enseguida desembarcaron a lo largo de las riberas del Támesis. Desde el puerto, que no era ni de lejos el más higiénico del mundo, las ratas escaparon a las zonas más pobres de la ciudad, que tampoco eran el paradigma de salubridad. Desde ahí, toda la ciudad quedó al alcance de las pulgas.

El prototipo de descripción de una epidemia de las que asolaron Europa en la Edad media y en los siglos posteriores nos ha sido regalada por Daniel Foe, más conocido por su seudónimo Daniel Defoe (~1660-1731), mundialmente conocido por su novela *Robinson Crusoe*. Daniel solo tenía 5 años cuando la peste asoló Inglaterra, pero amasó una gran cantidad de artículos y libros contemporáneos que integró magistralmente en su obra: *Diario del año de la peste*. La edición original se publicó en 1722, cincuenta y siete años después de la epidemia. El libro nos ilustra con precisión quirúrgica sobre la epidemia de peste, pero también sobre la vida y las peripecias de la gente que habitaba Londres en aquella época. Dejó huella. De hecho, el escritor francés Albert Camus (1913-1960) comenzó su libro

La Peste con una cita de Daniel Defoe. Si leemos ambos libros parece claro que Camus se inspiró totalmente en las descripciones de Defoe, aunque su novela estaba ambientada en la ciudad argelina de Orán —que a su vez había sido azotada por una brutal epidemia de cólera en 1849—.

También conocemos lo que pasó en Londres gracias al impresionante y extenso diario de Samuel Pepys (1633-1703), quien llegaría a ser presidente de la Royal Society inglesa. Gran admirador de Robert Hook —autor del libro *Micrographia*, que veremos más adelante—, describió cómo en las puertas de las casas donde había anidado la peste se pintaba una gran cruz roja y las palabras: *«Que Dios se apiade de nosotros»*. Otros autores indican que las puertas podían ser marcadas con la letra griega tau o con la cruz de San Antonio.

Esta epidemia de peste reclamó de manera extraordinaria la búsqueda de una cura eficaz, así que, de nuevo, las soluciones brotaron de cualquier persona o entidad que propusiera algo para combatirla.

El consejo del Colegio Real de Médicos de Inglaterra llegó a recomendar que se frotaran los bubones con cebollas asadas rellenas de hojaldre e higos. Las cebollas permitían también mantener el aire de la casa purificado al menos durante una semana. Llevar ajo en la boca o fumar tabaco también prometían ser buenas defensas contra la peste —incluso se ofrecía tabaco a niños pequeños—. Los sapos fueron también muy populares: había que secarlos al fuego y presionar con ellos los bubones. También era común llevar amuletos formados por un recipiente de cristal en miniatura que contenía veneno de sapo o un renacuajo seco. El uso del vinagre fue muy extendido; al principio se estilaba llevar un pañuelo empapado en la boca, pero más tarde las gentes desesperadas salían a la calle con su ropa totalmente empapada en vinagre. Algunos incluso metían la cabeza en calderos de vinagre como medida preventiva.

Muchos médicos huyeron al campo, y los pocos que quedaban con vida se esforzaban por hacer combinaciones de todos sus recursos farmacéuticos para conseguir fórmulas a cada cual más inútil o peligrosa para la propia salud de los enfermos. Cuando salían a la calle iban vestidos con la máscara conocida como *cabeza de pájaro*, cuyo pico se llenaba de especias o perfumes para evitar respirar la pestilencia de los cadáveres. El traje se completaba con un palo, para golpear a los enfermos que desobedecían las órdenes o a los que se acercaban demasiado.

Los londinenses adinerados trataban de adquirir perfumes y preparaciones de boticarios, y a los londinenses pobres las pocas ideas que podían funcionar eran del tipo «dejar las ventanas abiertas» o quemar pólvora dentro de las casas —a veces mucha pólvora —. Según Daniel Defoe, en más de una ocasión el tejado entero de alguna casa volaba por los aires.

El ejercicio físico, dormir durante el día o bañarse, podían incluso ser actividades peligrosas, así que la recomendación era evitarlas a toda costa. En el libro *Las curiosas curas de la antigua Inglaterra*, el autor Nigel Cawthorne nos habla incluso de que en aquella época un buen remedio contra la peste podía ser contagiarse de sífilis. Yo no sé cómo, a pesar de todos estos remedios, la gente se empeñaba en morir de peste…

Así que, cuando las autoridades que quedaban vivas entraron definitivamente en pánico, se prohibió a los enfermos —o a familias enteras con alguno de sus miembros enfermos— salir de sus casas, delante de cuyas puertas se colocaba un vigilante o *watchmen*. Los médicos también estaban autorizados a golpear con sus palos a los que intentaban salir de sus casas quebrantando la prohibición.

Eduardo III, rey de Inglaterra, ordenó purificar Londres de la pestilencia, por lo que se quemaban distintos productos en grandes hogueras en medio de las calles. El contraolor era producido principalmente por nitrato de potasio, ámbar y azufre. A pesar de estas técnicas *avanzadas* de política sanitaria, el contagio y el número de muertes era tremendo. Dafoe escribió que solo el aliento de un enfermo podía matar directamente a una gallina, por lo que la mejor medicina era escapar de la ciudad.

Los enfermos experimentaban rápidamente fiebres severas, vómitos, dolores insoportables de cabeza y de espalda. Otros desarrollaban «tumores» —los bultos o bubones— en el cuello o las axilas, que frecuentemente reventaban, aumentando el dolor de los desafortunados pacientes. En algunas personas la infección era menos estridente, pero la muerte, aunque sin tanto sufrimiento, llegaba de todos modos a los pocos días.

Se conservan algunos documentos sobre el recuento de muertos que tuvo lugar en algunos momentos de la epidemia. Se barajaban cifras de entre 3.000 y 7.000 muertos a la semana debidos principalmente a la peste —unos 1.000 al día—. Quizás el récord fue de 12.000 fallecidos en una semana, 4.000 en una sola noche. Pero los números son bastante inciertos, porque como los médicos y cirujanos también morían, no quedaba nadie para realizar rigurosamente los macabros recuentos.

Cuando la epidemia se escapó definitivamente a todo control, la búsqueda de culpables se aceleró. El pecado fue el primer acusado, así que se cerraron los teatros y las actuaciones públicas.

Los londinenses eran ciudadanos a los que les gustaban las mascotas, así que, en aquella época, perros y gatos campaban a sus anchas por los barrios, entrando en casa de cualquier vecino en busca de caricias o alimento. Estas pobres criaturas fueron acusadas rápidamente de transportar lo que se denominó «efluvios infecciosos» en sus cuerpos y de diseminarlos de casa en casa al pasear por las calles. Por orden del *lord mayor* de la ciudad, un número prodigioso de mascotas fueron exterminadas en poco tiempo —unos 100.000 gatos y 40.000 perros—. A pesar de que las ratas aparecían muertas a montones fuera de sus escondites —notablemente dentro de las casas, en las calles o en graneros—, la asustada gente estaba demasiado ocupada compitiendo por a quién se le ocurría el remedio más inútil contra la enfermedad, que nadie se paró a pensar en la conexión con el contagio de la peste. Pero contra los pocos roedores que quedaban vivos también se utilizaron todos los venenos disponibles en aquella época.

La historia del descubrimiento de *Yersinia pestis*, el agente causal de la peste es fabulosa. Es una historia de competición.

En 1894 estalló un brote grave de peste bubónica en Hong Kong. Inmediatamente, la mitad de la población escapó despavorida de la ciudad y las muertes comenzaron a contarse por cientos cada día. El Instituto Pasteur de París, dirigido por Louis Pasteur y el Instituto de Enfermedades Infecciosas de Berlín, dirigido por Robert Koch, competían por la hegemonía mundial en microbiología. La escuela pasteuriana abarcaba muchas técnicas en microbiología y sus investigadores eran denominados microbiólogos, mientras que la escuela de Koch dominaba la bacteriología, por lo tanto, sus investigadores eran denominados bacteriólogos.

Shibasaburo Kitasato (1852-1931) por la parte alemana y Alexander Yersin (1863-1943) por la parte francesa fueron enviados por sus respectivos jefes, institutos y gobiernos a Hong Kong. Llegaron a la ciudad con una diferencia de días. Kitasato llegó primero y tuvo la ayuda inmediata de las autoridades, pero Yersin, que llegó más tarde, no fue tan bien acogido. Yersin obtuvo ayuda de una pequeña comunidad católica, cuyos miembros le ayudaron a construir —literalmente— su propio laboratorio en una choza.

Kitasato creía que el microbio se escondía en el suelo, como las esporas de ántrax, y que pasaba a las personas por contacto, pero Yersin se percató de algo de lo que nadie en 1.500 años se había percatado: montones de ratas muertas durante la epidemia.

Ambos aislaron el bacilo rápidamente de los cadáveres frescos de las víctimas y probaron los cuatro postulados de Koch en animales. Cuando estuvieron seguros de haber encontrado la bacteria enviaron sus respectivos artículos: Yersin a la revista del Instituto Pasteur, *Annales de l'Institut Pasteur*, y Kitasato a *The Lancet*. El artículo de Yersin se titulaba «La Peste bubónica en Hong Kong» y el de Kitasato, «El bacilo de la peste bubónica». El artículo de Yersin se publicó en julio, junto con una nota en la revista *Comptes-rendus de l'Académie des Sciences* titulada: «Sobre la peste de Hong-Kong», que se publicó el día 2 de julio de 1894. El artículo de Kitasato se publicó a finales de agosto de ese mismo año.

El primer nombre de la bacteria fue *Bacterium pestis* —bacteria de la peste—, luego pasó a llamarse *Bacillus pestis* —bacilo de la peste—, y después *Pasteurella pestis* —género *Pasteur*—. Aquí los franceses comieron terreno a los alemanes al nombrar a la bacteria con el nombre de su propio jefe y mentor. En 1954 se acabaría llamando *Yersinia pestis*, en honor a Yersin, con lo que la fama fue para el Instituto Pasteur y no para el Instituto de Enfermedades Infecciosas de Berlín.

Fue uno de sus colaboradores de Yersin, Paul-Louis Simond (1858-1947) el que propuso en 1898 el ciclo de vida de la bacteria, y que eran las pulgas de las ratas —*Xenopsylla cheopis*— las que llevaban al asesino hasta la piel de los humanos. Pero la confirmación vino a través de Constantin Gauthier y A. Raybaud en 1902, cuando realizaron unos experimentos en los que comprobaron que una rata infectada podía transmitir la peste a otra rata sana a través de un contacto indirecto. Colocaron a las ratas en jaulas separadas con una fina malla que solo podían atravesar las pulgas; así de fácil y elegante. Como era de esperar, en cuanto los científicos aceptaron por unanimidad este hecho, y corrió la noticia, la cacería de ratas en el mundo alcanzó proporciones bíblicas.

Según la Organización Mundial de la Salud, la peste negra sigue siendo endémica en zonas de algunos países como Madagascar, la República Democrática del Congo y Perú.

*De esto podemos estar seguros, que la ciencia,
al obedecer la ley de la humanidad, siempre
trabajará para ampliar las fronteras de la vida.*

<small>Louis Pasteur en su discurso de inauguración
del Instituto Pasteur, en 1888</small>

*Cada vez somos menos capaces de
llevar cualquier cosa a una conclusión
exitosa sin la colaboración de otros.*

<small>Alexander Fleming</small>

El que desea ser cirujano debería ir a la guerra.

<small>Hipócrates</small>

«As old as creation Syphilis is now curable: Consult your physician» (Tan antigua como la creación...). Póster de Town of Hempstead, W.H. Runcie M.D. Health Officer.

LA SÍFILIS

Según los textos y gravados de la parte final de la Edad Media, la sífilis era una enfermedad que causaba unos signos bastante desagradables a la vista: llenaba el cuerpo de pústulas y manchas rojas, principalmente en los genitales, pero también en la cara. Los pacientes podían sufrir parálisis, ceguera, demencia e incluso una destrucción del tabique nasal. Podía causar la muerte en pocos días —tal vez pocas semanas— y la peor forma de la enfermedad atacaba al cerebro. Causaba tanto estupor que ni los leprosos querían ser atendidos junto a los enfermos de sífilis.

Hoy sabemos que la sífilis se transmite principalmente por contacto sexual y que el agente infeccioso es un tipo de bacteria denominado *Treponema pallidum*, que tiene la singular forma de un muelle —en espiral—. Curiosamente este bicho fue clasificado al principio como un parásito, y no como una bacteria.

Desde la antigüedad, las enfermedades de transmisión sexual —así como también los embarazos— se intentaban controlar con artilugios de lo más variopinto. La tripa de oveja gozó durante siglos de gran popularidad como preservativo, pero en épocas antiguas los controles de calidad escaseaban, y el aquí te pillo aquí te mato estaba a la orden del día.

Así que la primera gran epidemia de sífilis ocurrió en 1495, cuando el rey francés Carlos VIII se decidió a ocupar el reino de Nápoles. Con un ejército creado principalmente a base de mercenarios suizos, alemanes y franceses, llegó a Nápoles con más de 25.000 soldados. Según distintas fuentes e historiadores, algunos de los hombres que se habían alistado en la expedición de Colón al nuevo mundo y que habían regresado, se enrolaron también en el bando de Carlos VIII como mercenarios, con lo que esta podría haber sido una vía de entrada de la enfermedad en Europa. Al terminar la campaña, muchos de los mercenarios regresaron a sus países y expandieron la sífilis por Europa.

A pesar del potencial origen americano de la sífilis, en el intercambio de enfermedades que los europeos realizamos con los pueblos indígenas salimos claramente beneficiados. Además, desde América llegaron también un montón de plantas medicinales y compuestos para elaborar medicinas y drogas.

En 1498 el médico español nacido en Valderas (León) Francisco López de Villalobos (1473-1549) describe la enfermedad en uno de sus textos y la califica como: «pestilente, perversa y cruel, contagiosa, sucia y bellaca».

Girolamo Fracastoro (1478-1553), médico y nacido en Verona, le puso nombre a esta enfermedad: sífilis —también conocida como enfermedad francesa o más popularmente *beso francés*—. Publicó en el año 1530 su obra titulada *Syphilis sive morbus Gallicus* en la que, a modo de poema, describía el brote de la enfermedad que había llegado a Europa y algunas de las curas que se aplicaban —sin mucho éxito— en aquel tiempo. En realidad, la enfermedad recibió numerosos nombres, básicamente en cada país se llamó de una manera, dependiendo de sus enemistades contemporáneas. Así, cuando tu país se llevaba mal con los franceses llamabas a la sífilis *el beso francés*; si tu país se llevaba mal con los españoles, la llamabas el *beso español*; los musulmanes la llamaban *la enfermedad de los cristianos*; los polacos, *el beso ruso*; y los rusos, *enfermedad de Siberia...*

Años más tarde, Fracastoro seguía interesado en la enfermedad y en 1546 publicó otro texto titulado *De contagione et contagiosis morbis*. En él, incidía en que la sífilis estaba ligada a la presencia de cuerpos extraños y nocivos, elementos corruptos en el aire o corpúsculos de enfermedad, también conocidos como *seminaria* o *seminaria contagionis*. En *De contagione et contagiosis morbis*, Fracastoro dice que, al contrario que en la peste —donde mediaba el aire putrefacto—, en la sífilis los corpúsculos de la enfermedad —o seminaria— se transmiten de una persona infectada a otra, por «contacto directo». Esto era bastante novedoso para la época y para el conocimiento de las enfermedades infecciosas, por lo que Fracastoro fue posiblemente el primer hombre de ciencia de la historia en manejar la idea de que unos «microorganismos» eran los causantes de las enfermedades, y que no solo se transmitían por el aire, sino también de persona a persona. Además, los seminaria podían vivir entre 2 y 3 años, por lo que había que «tener cuidado» durante ese tiempo con las personas contagiadas.

Si no te mataba rápidamente, la sífilis podía tener tres etapas principales. Durante la primera —que aparece a las pocas semanas—, surgen llagas indoloras, principalmente en los genitales. A los pocos meses, aparecen erupciones por todo el cuerpo del enfermo. Posteriormente, la enfermedad parece desaparecer y la persona infectada no tiene signos ni síntomas de la enfermedad. Pero es una trampa. La bacteria comienza a infectar distintos órganos internos, especialmente el corazón o el hígado, pero particularmente el cerebro. Cuando aparecen los síntomas de este daño (la tercera etapa de la sífilis), una década o más después de la infección, generalmente es demasiado tarde para cambiar de rumbo de la enfermedad hacia la muerte de la persona infectada.

Lo peor de esta enfermedad de transmisión sexual es que puede ser transmitida al feto en mujeres embarazadas, ya que *Treponema pallidum* puede atravesar la placenta y dar lugar a lo que se denomina sífilis congénita.

El tratamiento de la sífilis comenzó a realizarse con mezclas que contenían mercurio, ya que este compuesto se había utilizado desde la antigüedad para tratar enfermedades de la piel, que se parecían a las lesiones de la sífilis. Tragarse mercurio no debía ser algo muy agradable. En alusión a este tratamiento, se popularizó el refrán «una noche con Venus y toda la vida con Mercurio», en referencia a la transmisión sexual y al tratamiento con este metal líquido que debían seguir de por vida los «pecadores».

Pero si el lector cree que la sífilis es una enfermedad de otra época, hay un personaje no tan antiguo que sufrió sífilis. El enemigo público número uno: Alphonse Gabriel Capone (1899-1947), conocido como Al Capone, el gánster. El primer trabajo de Al Capone en Chicago antes de que tuviera su banda propia fue como portero de un burdel, cuyo dueño era uno de los gánsteres más peligrosos de Chicago, Giacomo Colosimo (1878-1920), más conocido como James Big Jim Colosimo. Seguramente dejó desatendida la entrada del burdel en algún momento y contrajo sífilis. Como la enfermedad puede ir destruyendo muy lentamente los órganos internos del enfermo, Al Capone tuvo mucho tiempo para ejercer de mafioso antes de que en 1931 fuera condenado a prisión por evasión de impuestos. Tres años más tarde fue trasladado desde la prisión federal de Atlanta hasta la isla de Alcatraz, la famosa prisión en el centro de la bahía de San Francisco. Durante el tiempo que estuvo en prisión la enfermedad atacó su cerebro de forma severa y en 1938 se le diagnosticó neurosífilis. Al año siguiente se le concedió la libertad debido a su deterioro físico y mental. Murió a los 48 años.

Si el lector sigue creyendo que la sífilis es una enfermedad de tiempos pasados, le recomiendo que lea el último informe del Centro Europeo para la Prevención y el Control de Enfermedades titulado «Sífilis y sífilis congénita en Europa. Revisión de las tendencias epidemiológicas entre 2007 y 2018». Bueno, se lo resumo yo brevemente. En 30 países europeos se han confirmado 260.000 casos de sífilis entre 2007 y 2017. Ahí lo dejo.

*Toda mi ambición es llegar a un
conocimiento de las causas de las
enfermedades putrefactas y contagiosas.*

Louis Pasteur, 1863. Palabras dirigidas a
Napoleón III cuando este visitó su laboratorio

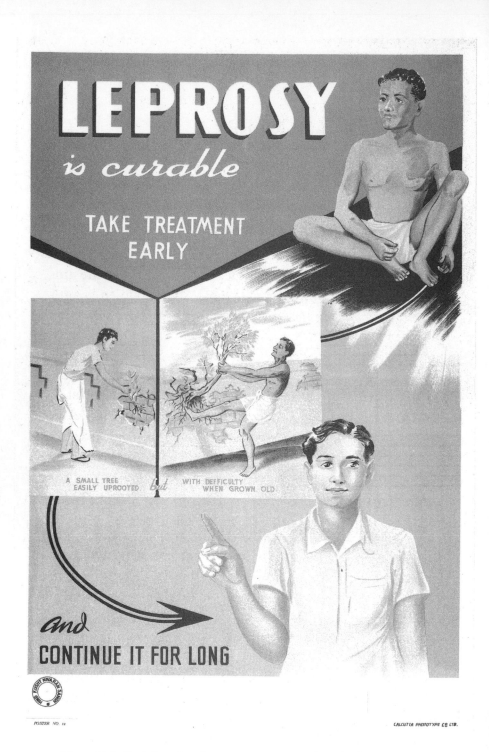

Litografía india de los años cincuenta que muestra alegorías de un paciente no curado y un paciente curado de lepra: un árbol pequeño se arranca fácilmente; pero con dificultad cuando crece [Hind Kusht Nivaran Sangh].

LA LEPRA

Algunas infecciones bacterianas causan peores signos y síntomas que la lepra, y dejan a las personas en condiciones mucho más horribles que esta antigua enfermedad; pero creo que ninguna ha sido tan temida como la lepra, sobre todo en la antigüedad y en la Edad Media, cuando fue un problema de salud en todo el mundo.

En escritos anteriores a la época cristiana hay alusiones a que las personas con enfermedades «de este tipo» eran «apartadas» de las otras, una señal clara de discriminación social.

La enfermedad puede llegar a desfigurar el rostro y otras partes del cuerpo, destruyendo fácilmente los tejidos y nervios, por lo que la apariencia de los enfermos con lepra avanzada no debía ser muy agradable en las ciudades medievales.

Esta enfermedad tampoco ha desaparecido, y hoy en día sigue estando en la lista de la Organización Mundial de la Salud, que enumera las «enfermedades tropicales desatendidas», un grupo de enfermedades que permanecen ocultas en las zonas más pobres del planeta, en África, Asia y América, y que pueden estar causadas no solo por bacterias, sino también por parásitos o virus.

La lepra —al igual que la tuberculosis— está causada por una bacteria del género *Mycobacterium*, la *M. leprae*, y comparte muchas similitudes con *M. tuberculosis*. Por ejemplo, sabemos que la lepra se puede prevenir en un porcentaje alto de individuos si a estos se les inmuniza con la vacuna BGC —hecha con *M. bovis*—, que también es muy similar a *M. tuberculosis*.

Gracias a las técnicas moleculares con las que estudiamos el ADN antiguo, hemos podido conocer cómo y cuándo aproximadamente apareció esta bacteria, sobre todo gracias a la utilización de huesos y dientes de esqueletos enterrados en cementerios de toda Europa entre los siglos V y XVI. Así, hemos podido comprobar que ha mantenido intacta a lo largo de los siglos su capacidad de infectar a los humanos. Por lo tanto, también sabemos que la disminución de las epidemias en Europa se debió principalmente no a una pérdida de virulencia de esta bacteria, sino a la mejora de las condiciones sociales de la población y al aumento de las medidas de higiene de los ciudadanos en los últimos tiempos.

La bacteria que causa la lepra crece muy lentamente, por lo que es muy difícil de detectar e incluso de cultivar en el laboratorio. En los años 60 del siglo pasado se consiguió cultivar en las almohadillas plantares de ratones inmunodeprimidos. Es una bacteria que afecta principalmente al hombre y a los armadillos, esas criaturas que tienen el cuerpo cubierto por una especie de caparazón de placas, y que cuando se estresan forman una bola con su cuerpo.

Guerison des dix Lepreux par Jesus-Christ.
D'après le Tableau de Ierosme Genga, qui est chez M. Crozat ; peint sur bois et de la même grandeur que l'estampe.
Gravée par Louis Surugue.

Grabado bíblico de Jesucristo sanando a los leprosos
[Obra de Louis Surugue a partir de obra de G. Genga].

Hay datos que indican que la enfermedad llegó a lo que es hoy el continente europeo hace unos 40.000 años, procedente de Asia, y se estima que tanto los últimos neandertales como los primeros *Homo sapiens* ya estuvieron en contacto con esta enfermedad.

Se han encontrado restos humanos de 2.000 años de antigüedad que presentan signos de lepra, y momias que datan del año 500 antes de Jesucristo cuyos esqueletos también contienen daños óseos producidos por esta enfermedad.

En la Biblia hay algunas referencias muy conocidas que hablan directamente del contacto de Jesucristo con personas que tenían lepra. Jesús se acercó a ellos sin problema, lo que choca con la repulsión posterior que sentía la gente por los leprosos, incluidas las personas más religiosas.

La lepra era muy conocida en el Imperio romano. Durante los primeros 1.000 años de nuestra época, y sobre todo en la Edad Media, numerosas regiones de Europa padecieron epidemias de lepra. Una cosa que tenemos clara de la antigüedad es que el contacto con enfermos no era nada aconsejable, así que se estableció un periodo de más o menos 40 días en el que las personas —o animales— sospechosos de portar la enfermedad se aislaban del resto para evitar que se extendiera a los demás individuos. Aunque encontramos el número mágico de 40 días de aislamiento ya en la Biblia cristiana, el origen de la palabra cuarentena deriva de la palabra italiana *quaranta giorni*, lo que significa «cuarenta días», y parece tener su origen en el siglo XVI, cuando la peste negra asolaba Europa.

Previamente, a final del siglo XIV, los barcos que llegaban al puerto de Ragusa, en lo que es la actual Dubrovnik —en Croacia—, debían esperar 40 días antes de entrar en la ciudad. Y nada más empezar el Siglo XV se fundó en una isla cerca de Venecia uno de los primeros lazaretos conocidos —en honor a san Lázaro—. En Europa llegaron a coexistir más de 1.000, y más de 200 solo en Inglaterra.

La bacteria causante de la lepra o mal de Hansen, *M. leprae*, fue descubierta en 1873 por el médico noruego Gerhard Henrik Armauer Hansen (1841-1912), que estudió esta enfermedad durante toda su vida profesional. Después de descubrir la bacteria ayudó a redactar leyes que establecían medidas preventivas para aislar a los pacientes contagiados.

Aunque hoy la lepra es una enfermedad curable con antibióticos —que esperemos que sigan funcionando mucho tiempo—, la Organización Mundial de la Salud detectó casi 250.000 casos en 2014 y 210.000 casos en 2017.

Esta bacteria se acantona en los tejidos de tal forma que en un gramo de la zona infectada los enfermos pueden contener hasta 7 mil millones de bacterias. Por lo tanto, las personas infectadas son reservorios de la enfermedad. Además, las personas enfermas pueden llegar a expulsar diariamente a través de sus secreciones nasales 10 millones de bacterias en un solo día, por lo que la vía de transmisión es por contacto directo o por vía aérea, aunque las bacterias no sobreviven fuera del cuerpo ni 2 días.

No existe una vacuna específica contra la lepra, por lo que los enfermos tienen que tomar un tratamiento con distintos fármacos y antibióticos durante mucho tiempo. Al igual que para tratar la tuberculosis, hay que tomar unos cuantos cientos de pastillas durante un periodo que va normalmente desde los 6 a los 12 meses.

*El hombre está impotente contra un
enemigo desconocido e invisible.*

Louis Pasteur, 1880. En una carta
dirigida a Joseph Lister

Un piojo le estrecha la mano a la muerte en esta
litografía de O. Grin. Moscú, 1919.

TIFUS Y GUERRAS

En los roedores la infección causada por la bacteria *Rickettsia typhi* se transmite por pulgas. Este tifus murino apareció en nuestro planeta antes que el tifus humano. Muy posiblemente, durante el contacto entre ratas, ratones y humanos, *R. typhi* evolucionó a *Rickettsia prowazekii*, y esta nueva especie de bacteria pasó a ser transmitida por los piojos humanos *Pediculus humanus*, con lo que la bacteria pudo saltar de persona a persona a lomos de estos bichos y contagiar la enfermedad que conocemos como tifus, entre nosotros.

El nombre de *Rickettsia prowazekii* es curioso. En biología, las especies se nombran con un género y una especie. *Rickettsia* es el género y *prowazekii* es la especie. Pues bien, su nomenclatura procede de los nombres de los investigadores Howard Taylor Ricketts (1871-1910) y Stanislaus Josef Mathias von Prowazek (1875-1915). Ambos murieron de tifus buscando al responsable de la enfermedad. En su honor, el amigo y colaborador de Prowazek, el brasileño Henrique da Rocha Lima (1879-1956), concluyó los trabajos científicos que identificaban definitivamente a la bacteria como agente causal del tifus transmitido por los piojos a los humanos, y puso este nombre al patógeno.

En realidad, hay varias subespecies de *Pediculus humanus*: está el *Pediculus humanus capitis* o piojo de la cabeza —que aparece en las cabezas de nuestros hijos de vez en cuando en el colegio— y el *Pediculus humanus corporis*, también conocido como piojo del cuerpo o piojo de la ropa —y que prefiere el calor corpo-

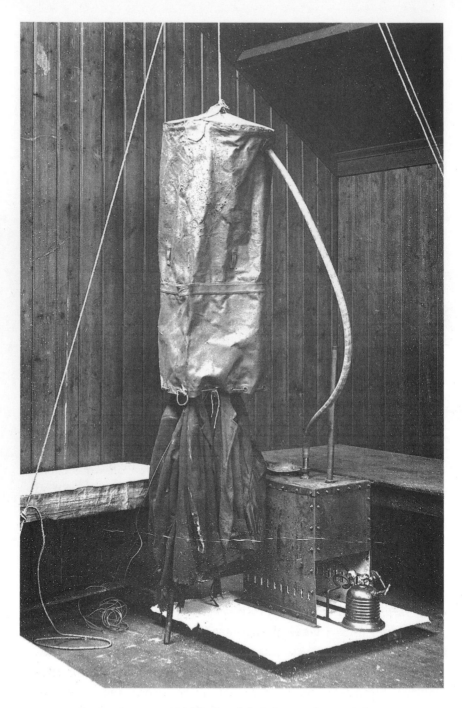

Equipo de prevención del tifus: el desinfectante de ropa Lelean
para matar los piojos portadores del tifus [1900/1920].

ral manteniéndose escondido en nuestras prendas—. Mientras que los piojos de la cabeza y el cuerpo tienen un aspecto similar, el tercer tipo, el *Phthirus pubis* —que prefiere el vello púbico— es más conocido como piojo del pubis o ladilla.

Así que una de las peores cosas que le podía suceder a las civilizaciones antiguas, cuyas ciudades carecían de suficiente higiene, era la proliferación de los piojos.

Estos tres tipos de piojos se expanden especialmente entre los grupos de gente hacinada que vive con condiciones de higiene pobres. En ese mal escenario, una población de piojos puede aumentar un 10 % al día. Es decir, si en un grupo de 10.000 personas hay 100 piojos en cada una, al cabo de 10 días habrá casi 3 millones. Imagine la cantidad en un mes o en seis meses. Además, aunque podría parecer que estos bichos son bastante lentos debido a su tamaño, se mueven por la cabeza a una velocidad de 23 centímetros por minuto, así que en una hora podrían dar unas 30 vueltas recorriendo la cabeza de una persona. Los piojos del cuerpo que viven en las ropas, por suerte, son más lentos.

La transmisión de la bacteria al hombre desde el piojo no ocurre de manera directa. La bacteria que infecta el piojo pasa a multiplicarse rápidamente y a acumularse en su intestino, y es expulsada cuando el piojo defeca —deben ser unas cacas diminutas por cierto—, por lo que la bacteria sale del cuerpo en las heces y se deposita en la piel humana, por donde pasea y pace el piojo. Sabemos que la bacteria puede sobrevivir en las heces del piojo durante 100 días, así que es difícil no eliminarlas con una buena ducha. Pero antiguamente lo de ducharse todos los días como que no.

La picadura de estos parásitos es muy molesta, y como suelen comer unas 5 veces al día, pues inevitablemente tendemos a rascarnos en la zona de picadura. Al rascarnos, nos producimos escarificaciones en la piel y provocamos que la bacteria penetre por los capilares sanguíneos. El resto ya nos lo podemos imaginar.

En un alto porcentaje de casos la bacteria es capaz de invadir el cerebro, por lo que puede provocar convulsiones, espasmos e incluso delirios antes de causar la muerte.

W.L. Walton, lith.

THE LAST MOMENTS OF

H.R.H. THE PRINCE CONSORT.

Alberto, príncipe consorte, en su lecho de muerte tras sufrir fiebre tifoidea en el castillo de Windsor, con la presencia de miembros de la familia real y de la casa real, 14 de diciembre de 1861. Litografía de WL Walton según Oakley, c.1865.

¿Dónde imagina el lector que podría haber grupos de gente hacinada, con desnutrición o condiciones de higiene desatendidas? Pues en los asentamientos de personas sin recursos a las afueras de las ciudades, en las prisiones antiguas, oscuras, húmedas y con un desinterés total por los prisioneros, en los barcos que recorrían grandes distancias con travesías que duraban meses y también en los campamentos donde en las guerras se hacinaban ejércitos de decenas o centenas de miles de soldados. Por estos motivos se llamó al tifus también la fiebre de las prisiones, la fiebre de los barcos o la fiebre de los pobres.

El tifus —como otras plagas— posiblemente sacudió duramente a las civilizaciones antiguas, pero los síntomas descritos por muchos a veces se confunden con lo que podrían haber sido otras enfermedades.

Quizás la primera epidemia importante de tifus tuvo lugar a finales del siglo xv en el sur de la península ibérica, en una época en la que los monarcas españoles Fernando e Isabel ya no se llevaban tan bien con los moriscos que habían entrado desde África un tiempo atrás. La corona contrató mercenarios procedentes de Chipre para conquistar la ciudad de Granada. Pero las tropas chipriotas que habían estado combatiendo a los turcos en el Medio Oriente trajeron consigo la enfermedad entre sus ropas o debajo de sus cascos, lo que hizo enfermar rápidamente a las tropas católicas que les recibieron con entusiasmo. En la conquista de Granada murieron alrededor de 20.000 soldados leales a la corona de Castilla, 17.000 de ellos de tifus.

Desde el sur de lo que hoy es España, la plaga de piojos portadora de la bacteria responsable del tifus se extendió hacia el norte, también sobre las cabezas de aguerridos soldados y mercenarios.

Unos años más tarde, en 1528, los descendientes de esos mismos piojos ayudarían a las tropas leales a Carlos I de España y V de Alemania durante el acoso que Nápoles estaba sufriendo por parte de las tropas francesas. El ejército francés, muy diezmado por la enfermedad, perdió la batalla. Gracias a esto, Carlos I mantuvo el poder en Italia y obligó al papa Clemente VII —aliado de los franceses— a no firmar la sentencia de divorcio del rey inglés Enrique VIII con su esposa Catalina de Aragón —tía del monarca español—. Enrique VIII de Inglaterra quería casarse con Ana Bolena, por lo que ansiaba el divorcio de Catalina. Pero como el papa no se lo concedió, comenzó la reforma y los religiosos ingleses pasaron a estar fuera de la influencia de la Iglesia romana. Si esto es correcto, el tifus habría realizado una pequeña aportación a la separación de la Iglesia católica matando a 14.000 soldados franceses en un solo mes —algunos hablan de una cifra muy superior—, durante el asedio a Nápoles.

Nuestro amigo el médico italiano Girolamo Fracastoro describió la enfermedad —como también había hecho con la sífilis— en un compendio de tres libros titulado *De contagione et contagiosis morbis et eorum curatione*, publicado en 1546. Estos textos son de enorme importancia e interés para la historia de la medicina, no solo por la descripción sobre el tifus, la sífilis y otras enfermedades, sino porque por primera vez proponía una teoría sobre el origen del contagio de las enfermedades infecciosas, más de 300 años antes de que lo hicieran Louis Pasteur y Robert Koch.

La campaña de Napoleón en Rusia es una de las mejor estudiadas de la historia. A pesar de que el francés llegó a entrar en Moscú, los rusos forzaron su retirada quemando buena parte de la ciudad, víveres incluidos, y durante la retirada el ejército ruso machacó a los franceses.

Rusia violaba incesantemente el sistema continental de comercio con Inglaterra, que era controlado por Napoleón, así que con esa excusa Bonaparte le declaró la guerra.

En 1812 las tropas de Napoleón estaban formadas por unos 400.000 hombres y «unos cuantos más» de reserva —aunque las cifras son muy variadas dependiendo de la fuente consultada—. Al cruzar la frontera polaca casi no había habido combates, pero las tropas francesas estaban cansadas de tanto andar, y tampoco es que hubieran previsto muy bien lo de la intendencia para disfrutar todo el tiempo de agua y víveres. Algún error tenían que cometer Napoleón y sus subordinados.

Los soldados franceses se vieron obligados a buscar comida por los campos, saqueando casas y las granjas de los campesinos que encontraban a su paso. Pero según algunas fuentes, los campesinos de la zona cercana a la frontera entre Polonia y Rusia estaban infestados de piojos y la higiene de sus propiedades se alejada bastante de la exquisitez de los châteaux franceses. A los pocos días algunos soldados comenzaron a tener fiebre alta y luego les aparecieron erupciones en la piel del torso, en las manos, en los pies y en la cara. El tifus polaco se había alistado a la Grande Armée.

La disentería apareció como aliada del tifus, así que en el primer mes de campaña, Napoleón perdió 80.000 soldados. De camino a Moscú los franceses ganaron la batalla de Valutino. Pero dos semanas después el ejército de Napoleón ya solo contaba con 130.000 soldados. En la batalla encarnizada de Borodino los franceses perdieron unos 30.000 soldados, solo quedaban entre 95.000 y 100.000. Napoleón entró en Moscú, pero los rusos, a base de piromanía, no habían dejado nada en pie para refugiarse, ni nada vivo para comer. Después de un mes en Moscú mirando para las paredes, Napoleón ordenó a su ejército la retirada. Lo peor es que había llegado noviembre y la primera nevada.

Las tropas de Napoleón hubieran podido conquistar Moscú totalmente de no ser por el frío y el tifus. De los soldados que cruzaron la frontera rusa de camino a Moscú solo regresaron entre 30.000 y 50.000 soldados, muchos de ellos en un estado bastante lamentable incluso para aquella época.

En Vilna —la actual capital de Lituania— se ha descubierto una fosa común con más de 700 soldados de Napoleón. Se han identificado fragmentos de piojos que llevaban los soldados en sus ropas y se ha podido constatar que *R. prowazekii* estaba implicada en el asunto.

La fortuna favorece a la mente preparada.

LOUIS PASTEUR

El Dr. John Snow en 1856.

EL CÓLERA Y JOHN SNOW

Para prevenir las epidemias de enfermedades infecciosas causadas por bacterias debemos prestar atención a cómo se transmiten de un humano a otro, de un animal a un humano o del ambiente a un humano. Las enfermedades infecciosas rara vez suelen aparecer de la nada en el cuerpo de una persona, así que debemos prestar atención a lo que sucede a nuestro alrededor, en el ambiente, en nuestra casa, en nuestra calle o en nuestra ciudad. Eso es lo que hizo John Snow (1813-1858).

En 1854 una epidemia de cólera comenzó a matar a gente en pleno Londres. El cólera es una enfermedad muy virulenta que puede causar una grave diarrea acuosa aguda.

En esa época, la gente aún seguía con la cantinela de que las enfermedades provenían de los miasmas o «vapores», procedentes de enfermos o de cadáveres, ya fueran estos de personas, animales, gatos, pájaros, etc., y que por lo tanto se transmitían por el aire.

John Snow, después de realizar numerosas autopsias de aquella incontrolable epidemia, notó que las paredes del intestino de aquellas víctimas estaban seriamente dañadas. Pensó que, si los intestinos estaban dañados, de ellos podrían haber salido «los causantes» del brote epidémico. Primera pista.

Posteriormente decidió anotar meticulosamente en un cuaderno los datos de todas las víctimas de la epidemia a las que tuvo acceso.

Resulta que el abastecimiento del agua potable de la ciudad era gestionado y realizado principalmente por dos compañías.

CHOLERA MORBUS.

The Following Prescription

FOR

THE CURE OF THE CHOLERA MORBUS,

Has proved greatly beneficial in numerous instances in FRANKFORT, and is strongly recommended by those who have had opportunity of witnessing its efficacious tendency.

One Pint of Strong Spirits of Wine.
One Pint of good White Wine Vinegar.
One Ounce of Powdered Camphor.
One Ounce of Flour of Mustard, or bruised Mustard Seed.
Quarter of an Ounce of Ground Pepper.
One full Tea-spoonful of Bruised Garlic.
Half an Ounce of Powdered Cartharides.

Mix the above well together in a Bottle, and expose it twelve hours to the sun, or in some warm place, taking care to shake it repeatedly.

Let the patient be instantly put to bed, under warm Coverlids, and let his Hands and Feet be rubbed powerfully and uninterruptedly with the Mixture warmed. During this operation let the Patient take a Tumbler full of strong drink, composed of two parts of Camomile Flowers, and one part of Balm Mint. Persevere in this course, and at the end of Fifteen Minutes, at the utmost, the Patient will break out into a profuse perspiration, his Head and Body being well covered beneath the Bed-clothes. The Patient must be kept in this state between Two and Three Hours; he must not fall asleep. After this, remove the extra covering from off the Bed, and the Patient will drop into a slumber, which will last Six or Eight Hours, accompanied by a gentle perspiration. When the Patient awakes, he will find himself weak, but the disease will have entirely left him; he will require nothing but rest and a moderate diet to restore him to perfect health.

After having been rubbed, the Bed-clothes must COMPLETELY cover the body and arms, as the slightest chill would occasion his death. When the Cramps in the Stomach come on, apply very hot dry Bandages of Bran and Ashes to the Pit of the Stomach, and when necessary, a Bladder of Hot Water to the region of the Navel.

The great object is to produce strong perspiration, and to restore the circulation of the blood.

In all cases where IMMEDIATE ATTENTION to the above Recipe has been had recourse to, the Patient has, under the Divine blessing, recovered.

The disease has been proved NOT TO BE CONTAGIOUS.

PRINTED BY A. E. BINNS, BATH.—PRICE ONE PENNY, OR FIVE SHILLINGS A HUNDRED.

Unos consejos para «curar» el cólera [s. xix].

116

Dichas compañías sacaban el agua del río Támesis, que atraviesa Londres. Esas compañías succionaban agua del río y la transportaban a la ciudad mediante tuberías. Al final de cada tubería había un pozo y una bomba de achique mediante la cual los vecinos se servían del agua para realizar sus quehaceres diarios.

John Snow siguió la pista de la red de tuberías gestionada por estas empresas y la cotejó con su lista de víctimas, realizando sobre un plano de la ciudad anotaciones con el lugar donde fallecía cada persona. Entonces se percató de que había un número mayor de enfermos de cólera en los barrios en los que el agua potable procedía de la compañía Southwark & Vauxhall Waterworks Company que en los barrios en los que el agua procedía de la Lambeth Waterworks Company. Segunda pista.

Por aquel entonces las aguas residuales de la ciudad de Londres —como en cualquier otra ciudad del mundo— iban a parar a su río principal, en este caso el Támesis. Pero ambas compañías succionaban agua en distintos puntos del río.

Una diferencia interesante entre ambas empresas era que Southwark & Vauxhall Waterworks succionaba el agua desde un punto del río justo por debajo del mayor foco de afluencia de aguas residuales de la ciudad, mientras que Lambeth Waterworks succionaba el agua desde un punto mucho más arriba de esta zona. Tercera pista.

Las tuberías de Southwark & Vauxhall Waterworks y la lista de víctimas le hizo llegar hasta una bomba de achique que había en el barrio del Soho londinense, concretamente a una situada en la calle Broad y que los vecinos utilizaban a diario. Incluso, vecinos de zonas más alejadas habían venido a recoger agua con botellas y garrafas. Inmediatamente convenció a los vecinos de que cogieran agua de otras zonas de la ciudad para realizar sus actividades diarias. Y dicho y hecho, los casos de cólera comenzaron a disminuir rápidamente, lo que llevó a John Snow a sugerir a las autoridades que tomaran otras medidas de higiene para proteger a los ciudadanos. John Snow no descubrió la bacteria causante del cólera, el *Vibrio cholerae*, pero gracias a él nació la epidemiología moderna.

Chut! Il souffre horriblement du cholera. Ilustración del siglo XIX de
H. Daurnier que muestra los efectos del cólera en las calles, personas
que se desplomaban en el suelo y agonizaban hasta morir.

Las aguas fecales difícilmente contenían entes etéreos o volátiles como los miasmas, así que este estudio epidemiológico animó a los seguidores de la teoría que decía que los gérmenes eran los causantes de las enfermedades, desbancando casi definitivamente a los miasmas como posibles asesinos públicos.

La epidemia de cólera de Londres coincidió con otra epidemia de cólera en Florencia. El investigador médico italiano Filippo Pacini (1812-1883) se interesó enseguida por la enfermedad. Realizó autopsias a los fallecidos por el cólera y examinó minuciosamente la mucosa intestinal de los difuntos. En ese momento, Pacini descubrió el mortal bacilo en forma de coma, que él mismo describió como una bacteria del género *Vibrio*. Publicó el artículo titulado: «Observaciones microscópicas y deducciones patológicas sobre el cólera». Algunas de aquellas preparaciones aún se conservan en el Instituto Anatómico de Florencia. Pero no sería hasta treinta años después cuando el propio Robert Koch volvería a identificar la bacteria y a aislarla en cultivo puro. Explicó además su modo de transmisión a los humanos, lo que había costado millones de vidas por todo el mundo en los siglos anteriores.

Era improbable que John Snow pudiera llegar a conocer el trabajo de Pacini en aquella época, ya que este pasó totalmente inadvertido ante la comunidad científica. Pacini, que también descubrió algunos de los receptores mediante los cuales podemos sentir pequeñas variaciones con la yema de los dedos —los corpúsculos de Pacini—, como muchos otros sabios a los que el mundo no reconoce su grandeza, murió en la indigencia.

Un año después de la epidemia de cólera de Londres hubo otra gran epidemia de esta enfermedad en España, lo que movilizó incluso a Santiago Ramón y Cajal, que decidió aparcar un tiempo las células y los tejidos nerviosos para dedicarse a la microbiología. Cajal redactó un informe de 103 páginas titulado «Estudios sobre el microbio vírgula del cólera y las inoculaciones profilácticas», que incluso contenía 8 ilustraciones hechas por el propio Cajal. Su nieto, Santiago Ramón y Cajal Junquera —fallecido hace un par de años— me regaló un *reprint* de ese informe que guardo con gran cariño.

Quiero destacar la figura 5 del informe: es el dibujo de las fases de crecimiento de los cultivos de la bacteria, al crecer en tubos de gelatina. Estas fases representan el aspecto de la difusión por la gelatina de los cultivos, después de ser inoculados con un asa recta, a modo de picadura. Es una técnica muy utilizada por los microbiólogos para estudiar la movilidad de las bacterias o la capacidad para licuar la gelatina.

Las medidas de higiene y la cloración del agua en Occidente han eliminado prácticamente el cólera de nuestras ciudades, pero en países del Medio Oriente y en Asía esta bacteria sigue siendo un problema de salud pública muy importante, agravado periódicamente por fenómenos meteorológicos extremos como inundaciones o huracanes, que desgraciadamente se incrementarán con el cambio climático.

En la actualidad, la calle Broad se denomina Broadwick Street, pero en ella podemos encontrar aún una réplica de la maligna bomba de achique, justo en la esquina de la calle donde hay un famoso pub denominado John Snow, en el que se reúne regularmente la sociedad John Snow. Además, cada año se celebra en él una charla sobre salud pública denominada The pumphandle lecture.

Un aspecto poco conocido de John Snow es que administró cloroformo como anestésico a la reina Victoria durante el parto en el que nació el príncipe Leopoldo en 1853, lo que le valió el título de sir y el reconocimiento de todos sus colegas médicos.

*Si yo tuviera tuberculosis ...Esta idea,
antes aterradora, ya no hace temblar a
nadie... Han aparecido los antibióticos,
han desaparecido los sanatorios. En lo
que concierne al público, el problema está
resuelto, la enfermedad ha sido vencida.*

Unión Internacional contra la Tuberculosis.
1962. Cita inicial del libro de Selman A.
Waksman The Conquest of Tuberculosis

*He estado enfermo como un perro
las últimas dos semanas.*

Frédéric Chopin, enfermo de tuberculosis.

Un cartel de la Cruz Roja Italiana pidiendo ayuda para
brindar asistencia a los tuberculosos, 1920.

LA TUBERCULOSIS

Esta enfermedad ha recibido numerosos nombres a lo largo de la historia de los humanos: tabes o enfermedad debilitante, bronquitis, escrófula, peste blanca, inflamación de los pulmones, fiebre héctica. Los griegos la llamaban tisis, porque los enfermos presentaban extrema delgadez, estaban tísicos. Posteriormente y hasta bien entrado el siglo XIX se denominó consunción, consumo o consumición, porque, al igual que con la tisis, los enfermos literalmente se consumían, mostrando un aspecto pálido, anoréxico y con un semblante desagradable. Cuando la enfermedad avanzaba rápidamente se hablaba incluso de «consumo galopante». Una o dos personas de cada 8 que contraían la enfermedad morían irremediablemente. Pero el problema no era ese 15-25 % de mortalidad fija irremediable, sino que había demasiados infectados, porque la tuberculosis se contagiaba muy rápidamente y los que conseguían curarse quedaban con secuelas, muchas veces de por vida.

Para Hipócrates, el gran médico de la Antigua Grecia, la tisis era la enfermedad más peligrosa de todas.

En el Antiguo Testamento de la Biblia cristiana podemos encontrar dos pasajes que hacen posiblemente referencia —entre otros males— a esta enfermedad. Según la edición o ejemplar de la Biblia que caiga en nuestras manos, podemos encontrar consunción, tisis o consumo en los siguientes pasajes. El primero aparece en el *Levítico*, 26: 16 y 25:

Yo me portaré con vosotros de la misma manera; haré venir sobre vosotros el espanto, la consumición y la fiebre, que debilitarán vuestros ojos y apagarán vuestra vida… Os refugiareis en vuestras ciudades, pero yo haré caer sobre vosotros la peste.

Y luego tenemos otros en el *Deuteronomio* 28:21,22:

Yavé hará que la peste se pegue a ti hasta que te consuma en la tierra en la que vas a entrar a poseer. Yavé te herirá de consumo, de fiebre, de inflamación, de ardor, de sequía, de herrumbre y de tizón, que te perseguirán hasta destruirte.

De esto podemos inferir que por aquel entonces la tuberculosis ya debía ser una enfermedad terrible y temida.

El Imperio romano contribuyó notablemente a la dispersión de la enfermedad por todo el mundo conocido. No solo por sus legiones, que estaban formadas por numerosas tropas de soldados que se apiñaban en enormes campamentos, sino porque facilitaron el transporte de mercancías construyendo interminables vías y calzadas que pusieron en contacto a todas las razas conocidas de aquella época.

Los remedios contra la tuberculosis de los romanos fueron muy variopintos. Plinio (23-79), el administrador del emperador romano Vespasiano, y que fue también un naturalista empedernido, creó su remedio contra la tisis, que consistía en coger un hígado de lobo y hervirlo en vino, junto con el tocino de un cerdo que había sido alimentado con hierbas, y tomarse la mezcla a modo de caldo. El tocino podía ser sustituido por carne de asno. Si esto no funcionaba, la alternativa era coger estiércol de vaca, secarlo y fumarlo mediante una caña. Otros remedios, como comer ratones hervidos con aceite y sal, o beber sangre de elefante, eran algo así como la medicina personalizada de la época.

Más adelante, en la Edad Media otra supuesta cura consistía tomar cada noche al acostarse una cucharada de agua bendecida con una pizca de las cenizas del fuego de san Juan. Otro remedio consistía en consumir mantequilla hecha con leche de vacas que pastaban en cementerios.

Un remedio muy popular a lo largo de los siglos fue beber leche materna humana. La Escuela Médica de Salerno (en italiano *Scuola Medica Salernitana*), la primera escuela médica medieval y quizás la mayor fuente de conocimiento médico de Europa en su tiempo, recomendaba la leche de burra como primera opción, frente a la leche humana o la de cabra, vaca u oveja. En esta escuela numerosos manuscritos sobre medicina de origen griego y árabe fueron traducidos al latín.

Otro remedio muy curioso era que el enfermo debía cavar un hoyo en el suelo y meterse dentro para respirar ahí parado durante unas cuantas horas.

En el siglo XVI un remedio muy extendido era hacer dieta. Otros recomendaban «montar a caballo» —como si cabalgar con la melena al viento te fuera a librar de una bacteria intracelular que estaba colapsando tus pulmones—. Algunos opinaban que si montabas a caballo podías incluso dejar de hacer dieta.

En el siglo XVII, según el autor Roy Porter, ante ciertas enfermedades el mejor remedio era hervir dos huevos de gallina en la orina del enfermo y luego enterrarlos: si las hormigas se los comían, entonces la enfermedad desaparecía.

Ya en el siglo XIX, en Estados Unidos se popularizó también otro remedio peculiar: para curarse de tuberculosis había que tomar aceite de oliva y viajar a Florida.

A principios del siglo XX, cuando Robert Koch mostró que algunas sales que contenían una suspensión de oro inhibían al bacilo de la tuberculosis, muchos se animaron a preparar *cócteles* que contenían oro. En 1924, el profesor de Fisiología del Colegio de Agricultura y Veterinaria de Copenhague, Holger Møllgaard (1885-1973), formuló una solución que contenía oro, a la que llamó sanocrisina, con la cual comenzó a inyectar a pacientes tuberculosos por vía intravenosa y por vía intramuscular. Además, publicó el libro titulado: *La quimioterapia de la tuberculosis: fundamentos experimentales y resultados clínicos preliminares.*

Un hombre feliz de volver a la fábrica después de curarse de tuberculosis. Litografía de W. Heaslip, 1931 [Asociación Nacional de Tuberculosis, Pensilvania].

Al parecer, esta solución era *ligeramente* tóxica para los humanos, pero mataba bastante bien a la bacteria que causaba la tuberculosis. Esto desató gran expectación entre los médicos —y entre los pacientes—, que veían un poco más cerca la cura para tan terrible enfermedad.

Debido a la gran cantidad de gente que padecía —y moría— de tuberculosis, el gigante farmacéutico Parke, Davis & Company se hizo con los derechos de producción y venta de la sanocrisina. Fundada en 1866, Parke-Davis —como se conocía a esta compañía— era el mayor fabricante de medicamentos de calidad del país, en cuya división de investigación y desarrollo invertía ingentes cantidades de dinero, además de poseer una reputación ética intachable.

En los años siguientes aparecieron —incluso en *The Lancet*— artículos que decían que la sanocrisina era de bastante ayuda para la cura de la tuberculosis. Pero la *Revista Americana de Salud Pública* no lo tenía muy claro y en una editorial escribió lo siguiente:

> No deseamos parecer excesivamente pesimistas ni juzgar prematuramente. Las afirmaciones hechas para esta nueva supuesta cura son, en algunos aspectos, extravagantes, y muy probablemente la interpretación de su acción en los riñones es incorrecta.

Entonces, George W. McCoy, el director del Laboratorio de Higiene del Servicio de Salud Pública de Estados Unidos, que inicialmente pensaba que la sanocrisina estaba lista para pasar a ensayos en humanos, revisó concienzudamente el libro de Møllgaard en el que proclamaba las virtudes de la sanocrisina. Encontró el libro «decepcionante, vago y carente de rigor científico». Le pareció más «un anuncio» que un texto científico, por lo que decidió consultar a distintos expertos en tuberculosis. Los expertos fueron más allá e incluso uno dijo que la conclusión más clara que había sacado del libro es que la sanocrisina era «extremadamente peligrosa».

Así que, después de muchas discrepancias entre los miembros del Servicio de Salud Pública de Estados Unidos, la empresa Parke-Davis y el propio Møllgaard sobre cómo había que hacer los ensayos incluso en animales, se procedió a realizar un ensayo con un grupo de 24 voluntarios: a 12 de los cuales se le administró la sanocrisina y a 12 se les administró un placebo. Y aquí nació el primer ensayo clínico en la historia de la medicina de Estados Unidos. De hecho, no solo fue el primer ensayo clínico de Estados Unidos, sino que también fue el primero en el que se utilizó el azar para dividir a los sujetos del estudio en grupos —tirando una moneda al aire—, y el primero en que se utilizó un placebo en un grupo control para superar el problema de lo que por aquel entonces se llamaba «la influencia psíquica de la respuesta a los medicamentos».

El experimento no fue bien: la sanocrisina hizo empeorar bastante a 11 de los 12 pacientes, y el número 12 falleció. Al parecer, la sanocrisina contenía casi un 40 % de oro y, claro, los riñones humanos pueden filtrar mucha porquería, pero no tanta. Y cuando los riñones no pueden más, otros órganos del cuerpo comienzan a sufrir graves desdichas. Así que la sanocrisina fue otra desilusión más para los enfermos de tuberculosis.

Hay varios descubrimientos que no jugaron un papel importante en la cura de la enfermedad, pero sí en su detección precoz, lo que a la larga fue muy útil para comenzar a tratar a los pacientes cuanto antes. El primero fue la percusión, que en medicina nada tiene que ver con los instrumentos de percusión. Se trata de una técnica de exploración física que consiste en dar pequeños golpes con los dedos sobre el pecho o la espalda de un enfermo. Sirve para delimitar zonas de distinta sonoridad. Si suena diferente, es que hay algo dentro del cuerpo que puede tener un origen patológico. Estos pequeños golpes podrían haberse realizado por primera vez por los médicos de las civilizaciones griegas o romanas, pero en la época moderna esta técnica se atribuye a un médico austríaco llamado Josef Leopold Auenbrugger (1722-1809), que lo dio a conocer mediante un pequeño panfleto que apareció en 1761 con el título: «Un nuevo descubrimiento de la percusión del tórax humano para detectar los signos de enfermedad oscura de la cavidad torácica». El reconocimiento y la popularidad del valor de esta técnica llegaría de la mano de Jean-Nicolas Corvisart (1755-1821), médico de Napoleón Bonaparte, y de nuestro siguiente invitado, René Théophile Hyacinthe Laënnec (1781-1826), también médico francés, e inventor del estetoscopio.

Muy interesado con todo lo relacionado con el diagnóstico de la tuberculosis, Laënnec publicó en 1819 su libro *Auscultación o tratado médico sobre el diagnóstico de enfermedades pulmonares y cardíacas*. Un gran libro, en el que unificaba las diferentes versiones de la tuberculosis que daban sus predecesores. Para él solo había una forma única de tisis pero en la cual los *tubérculos* podían aparecer principalmente en los pulmones, pero también en otras partes del cuerpo. Su único error fue creer, o mejor dicho no creer, que la tuberculosis era una enfermedad contagiosa.

En 1816 acudió a su consulta una mujer con algún tipo de enfermedad cardíaca. Debido a su robustez, no pudo realizar correctamente la técnica de percusión, y la edad y sexo de la paciente no le permitieron pegar el oído en su tórax para realizar una auscultación adecuada —no sabemos muy bien a qué se refería con esto de «la edad y sexo»—. Entonces, recordó un fenómeno acústico por el cual, si se colocaba el oído en el extremo de una viga de madera, el rasguño de un simple alfiler en el otro extremo se oía con mucha claridad. Así que, cogiendo tres hojas de papel, las dobló formando un cilindro muy apretado y en un extremo colocó el oído y el otro lo situó en la región precordial —a la altura del corazón—. Así que escuchó el corazón de aquella mujer mucho mejor que poniendo directamente el oído. El siguiente paso fue diseñar un cilindro un poco más resistente y de otro material. Probó vidrio y metales, pero finalmente se decantó por la madera.

Por desgracia, el propio Laënnec falleció de tuberculosis diez años después, al contaminarse accidentalmente cuando realizaba un autopsia.

Ya solo faltaban la microscopía y el examen microbiológico de los esputos de los posibles infectados de tuberculosis para

Retrato del doctor Alexander Fleming, 1948.

completar un diagnóstico preciso. El trabajo duro comenzó con Paul Ehrlich (1854-1915), que experimentó con distintos colorantes para teñir la bacteria *M. tuberculosis*, y posteriormente Franz Ziehl (1857-1926) —un microbiólogo— y Friedrich Carl Adolf Neelsen (1854-1894) —un patólogo— le darían el maquillaje final al crear la tinción Ziehl-Neelsen que lleva su nombre.

Y luego llegó Jean-Antoine Villemin (1827-1892), un médico francés que demostró en 1865 que la causa de la tuberculosis era un germen o «agente» que podía ser transferido desde el hombre a un conejo o a un cobaya. En su artículo publicado en las Actas de la Academia de Ciencias Francesa y titulado: «*Cause et nature de la tuberculose: son inoculation de l´homme au lapin* (Causa y naturaleza de la tuberculosis: inoculación del hombre al conejo») demostró que era posible *tuberculizar* a un animal si se le inyectaba esputo o sangre procedente de otro contaminado. Tres años más tarde publicaría su libro *Estudios sobre la tuberculosis*, donde enunciaba un conjunto de obviedades que nadie había conseguido interconectar en aquella época; por ejemplo, que en las montañas no aparecían tantos casos de tuberculosis o que esta enfermedad era más frecuente entre el personal sanitario y los soldados acampados durante mucho tiempo en barracones que entre los soldados que estaban en el campo. No es de extrañar que promulgara medidas de higiene y hábitos saludables para evitar la enfermedad. Unos años después, en 1889, el propio Villemin introdujo el término *antibiosis*, que significa básicamente que cuando hay dos microorganismos juntos —un hongo y una bacteria o dos bacterias, etc.— luchan entre sí y uno de ellos sale perjudicado. Este fenómeno tendría gran relevancia para el descubrimiento de las guerras entre microorganismos y llevaría al descubrimiento de la penicilina por el médico escocés Alexander Fleming.

Una alternativa a las pócimas inútiles contra la tuberculosis tuvo un desenlace más pacífico y vino de la mano de un estudiante de botánica alemán llamado Hermann Brehmer (1826-1889). Este estudiante contrajo la enfermedad y a su médico no se le ocurrió otra cosa que recomendarle que se fuera a tomar aire fresco a las montañas. Brehmer le hizo caso y, a pesar de que los Alpes suizos estaban bastante cerca, se fue a 6.500 kilómetros de distancia, a las montañas del Himalaya. Allí compaginó el estudio de las plantas con la búsqueda de algo que pudiera curar su enfermedad. No encontró ningún remedio, pero milagrosamente se curó de la tuberculosis. Así que cogió sus cosas y se volvió a Alemania para comenzar a estudiar Medicina. No solo esto, sino que realizó una tesis doctoral titulada *La tuberculosis es curable*. Acto seguido construyó una casa en medio de un bosque de pinos y se dedicó a acoger a enfermos de tuberculosis y a cuidarlos con esmero, buscando que corrieran la misma suerte que tuvo él.

Evidentemente la calidad de vida de los pacientes mejoró ostensiblemente, lo que dio lugar a la proliferación de sanatorios por toda Europa y posteriormente en Estados Unidos. Eran una medida simple y efectiva de cortar la cadena de transmisión de la enfermedad, ya que se solían situar alejados de las ciudades.

A pesar del descubrimiento y la utilización masiva de la estreptomicina, los sanatorios para tuberculosos continuaron floreciendo y funcionando en todo el mundo. Por ejemplo, el hospital Santa Cruz de Liencres en Cantabria, abrió sus puertas como sanatorio antituberculoso en los años 50 del siglo pasado.

FALLECIDOS FAMOSOS

A lo largo de la historia, numerosos personajes han sucumbido a esta enfermedad, que no respetó ni a ricos, ni a pobres, ni a nobles, ni a políticos, ni siquiera a médicos o científicos. Entre sus víctimas —por destacar unas pocas— tenemos músicos como Frédéric François Chopin (1810-1849), Niccolò Paganini (1782-1840); escritores como Franz Kafka (1883-1924), los rusos Antón Pávlovich Chéjov (1860-1904) y Fiódor Mijáilovich Dostoyevski (1821-1881), el español Leopoldo García-Alas Clarín (1852-1901), Jean-Baptiste Poquelin Molière (1622-1673), el alemán Johann Wolfgang von Goethe (1749-1832), Edgar Allan Poe (1809-1849), Jean-Jacques Rousseau (1712-1778); François-Marie Arouet, más conocido como Voltaire, (1694-1778), el inglés Samuel Johnson (1709-1784); científicos como el anatomista y fisiólogo francés Marie François Xavier Bichat (1771-1802); el romano Marco Tulio Cicerón (106 a. C.-43 a. C.); los artistas Amedeo Clemente Modigliani (1884-1920) y Eugène Henri Paul Gauguin (1848-1903); el reformador Juan Calvino (1509-1564); la pesadilla de los tres mosqueteros, Armand Jean du Plessis, cardenal de Richelieu (1585-1642); el sueco Anders Celsius, (1701-1744), conocido por idear la escala de temperatura centígrada en la que se basa el sistema que utilizamos en la actualidad; según algunos autores, el compositor de nombre complejo Johannes Chrysostomus Wolfgangus Theophilus Mozart (1756-1791), más conocido como Wolfgang Amadeus Mozart; el pintor renacentista Raffaello Sanzio (1483-1520) más conocido como Rafael; y el propio Paul Ehrlich, sobre el que leeremos más adelante en este libro.

Pero la tuberculosis sigue golpeando actualmente a millones de personas en todo el mundo. Por increíble que parezca, en Europa murieron en los 10 primeros años del presente siglo unas 70.000 personas por esta enfermedad. Esto gracias a que las medidas de higiene de nuestro continente son muy buenas. En 2014 murieron 1,5 millones de personas por la tuberculosis en todo el mundo.

En un microambiente favorable, algunas de las bacterias que conocemos pueden dividirse incluso cada 6 o 7 minutos, con lo que en pocas horas habrá miles de millones. En otras ocasiones, las bacterias pueden tardar en dividirse semanas, por lo que a veces el sistema inmunitario tiene tiempo de controlar la infección. Tiene tiempo si detecta a esas bacterias. Las células de nuestro sistema inmunitario están patrullando el cuerpo continuamente, pero algunas bacterias han evolucionado de tal manera que son capaces de esconderse en algunas partes de nuestro cuerpo en las que pasan desapercibidas, como en el interior de algunos tipos celulares —incluso en el interior de células del sistema inmunitario—. En el caso de *Mycobacterium tuberculosis* —la bacteria que causa la tuberculosis— ocurre esto. Incluso —no infrecuentemente— la bacteria hasta se esconde dentro de células del sistema nervioso central, un sitio donde no se les ocurre buscar demasiado bien a las células del sistema inmunitario. Y es así como, permaneciendo latente, puede esperar a que el cuerpo tenga alguna debilidad o sufra algún tipo de estrés para comenzar a proliferar sin control y causar una enfermedad grave.

En su forma pulmonar, esto es, cuando los órganos afectados principalmente por la acción de la bacteria son los pulmones, la bacteria puede encontrar fácilmente una vía para infectar a otras personas y así poder seguir multiplicándose. Como usted, querido lector, ya sabrá, la temperatura del interior de nuestro cuerpo se encuentra normalmente entre los 35 y los 37 grados centígrados. En una mañana fría de invierno, cuando salimos a la calle y exhalamos aire desde nuestros pulmones calientes, podemos contemplar una nube de vapor de agua que sale de nuestra boca cuando respiramos. Todo el mundo que no viva a todas horas en un desierto ha experimentado esto. Esa nube de vapor está formada por gotas microscópicas que unidas dan la sensación de que estamos expulsando algo similar al humo de tabaco. Si pensamos un poco, ese vapor de agua nos puede hacer comprender que con él salen de nuestro cuerpo también multitud de bacterias desde nuestro tracto respiratorio superior y desde nuestra boca. Cuando estornudamos ocurre lo mismo, también expulsamos bacterias que tenemos en la boca y el tracto respiratorio superior, que muchas veces proceden incluso de los propios pulmones. Pero al estornudar lo hacemos con mayor potencia y velocidad, por lo que, aplicando las leyes básicas de la física, tanto las microgotas de agua que expulsamos como las bacterias llegan más lejos. Tenga presente el lector que, en cualquier enfermedad infecciosa causada por un microorganismo, cuando estornudamos el radio de acción en el que expulsamos el agente infeccioso es mayor, y por lo tanto es más fácil que contagiemos a otra persona. Para evitar el contagio, no es buena idea utilizar la mano para frenar el estornudo, pues los gérmenes pasarán a nuestra mano y con la mano podemos pasarlos por ejemplo a lo que tocamos cuando vamos en un transporte público, o cuando le damos la mano a alguien. Lo mejor es toser o estornudar sobre la cara interna del codo. Los microbios se quedarán ahí un tiempo, pero no llegarán más lejos. En algunos países como Japón, con una cultura de protección al prójimo más avanzada, cuando alguien tiene una gripe o un catarro se pone una mascarilla, y no pasa nada; los japoneses van por la calle y hacen vida normal pero sin ir esparciendo los virus y las bacterias por ahí.

¿DE DÓNDE SALIÓ *MYCOBACTERIUM TUBERCULOSIS*?

Pues se estima que este género de bacterias se originó hace más de 150 millones de años, es decir, muuuuucho antes de que los homínidos aparecieran sobre la Tierra. Su relación con los humanos está ligada a su relación con los pinnípedos, unos mamíferos adaptados a la vida acuática, con cuerpo alargado y con extremidades cortas y palmeadas en forma de aleta que engloban a las focas, las morsas y a los osos, a los lobos y a los leones marinos; y también con bóvidos como las vacas. Así, *Mycobacterium pinnipedii* —que infecta a focas principalmente— y *M. bovis* —que infecta al ganado principalmente— compartirían un antecesor común, y de alguna de estas bacterias surgiría *M. tuberculosis* —que infecta a humanos—, por lo que, aunque los científicos no están cien por cien seguros, esta bacteria podría haber *saltado* al hombre desde alguno de estos otros tipos de animales, y haberse adaptado a causar esta enfermedad en él. Otra bacteria de esta familia, la *Mycobacterium ulcerans*, causa una enfermedad menos conocida pero que también deja unas graves secuelas en sus víctimas: la úlcera de Buruli.

La vacuna BCG (bacilo Calmette-Guérin) fabricada con una cepa de *M. bovis* funciona en el 60 %-80 % de los casos contra *M. tuberculosis.*

En 1901, el veterinario francés Edmond Isidore Étienne Nocard (1850-1903) les proporcionó a los investigadores franceses Calmette y Guérin del Instituto Pasteur un aislado virulento de *Mycobacterium bovis* que había aislado de una vaca con tuberculosis. A estos dos microbiólogos se les ocurrió comenzar a hacer muchos experimentos con esta cepa bacteriana, inoculando toda clase de animales, desde monos hasta vacas, pasando por cerdos, perros, conejos, gallinas, caballos, etc. La meticulosidad de estos investigadores los llevó a anotar año tras año los subcultivos que iban haciendo de la bacteria. Después de 13 años y 231 subcultivos, la bacteria estaba ya hasta las narices —o mejor dicho, hasta las proteínas— de infectar animales y perdió su virulencia. Quedó *extenuada* y *atenuada.* Con esta bacteria atenuada vacunaron satisfactoriamente por distintas vías —oral, subcutánea, intraperitoneal e intravenosa— a más de 660 niños desde 1922 a 1924.

El progreso en Occidente junto con la ayuda de la estreptomicina, ha eliminado la probabilidad de que ocurran brotes preocupantes de tuberculosis, pero algunos siguen ocurriendo en países pobres como la India, donde esta enfermedad es endémica.

En España la palabra *tuberculosis* es muy conocida, y no es de extrañar, ya que aún hay demasiados casos en nuestros hospitales. Solo hay que sentarse a la mesa con un grupo de neumólogos para hacerse una idea de la cantidad de casos que aún tenemos todos los años.

A la vieja vacuna BCG —tiene casi 100 años— le está saliendo una dura competidora *made in Spain* de la mano del Laboratorio de Genética de Microbacterias de la Universidad de Zaragoza, la conocida como MTBVAC, que esperemos que esté lista para prevenir infecciones por *M. tuberculosis* en esta década.

CÓMO LAS INFECCIONES CREARON
MONSTRUOS: VAMPIROS

Donar sangre es un proceso sencillo que no lleva más de 30 minutos. Increíblemente, solo una pequeña parte de la población que podría ceder un poco de su sangre para curar a personas que lo necesitan es donante, bien por desconocimiento, por ignorancia o simplemente por miedo a las agujas.

La sangre que se obtiene gracias a los donantes que acuden a los hospitales y a los puntos de donación —como las unidades móviles o autobuses— se destina al tratamiento de muchas enfermedades y a la realización de numerosos procedimientos médicos y quirúrgicos: desde la ayuda a los enfermos de cáncer —ya que muchos pacientes se debilitan con la quimioterapia— hasta las intervenciones quirúrgicas, en las que el paciente puede perder sangre constantemente, pasando por el trasplante de órganos, los accidentes de tráfico y el tratamiento de la anemia o de cualquier tipo de hemorragia.

Una de cada 10 personas admitidas en un hospital va a necesitar sangre durante su estancia. Pero usted y yo podemos ayudar a esos pacientes con tan solo 450 ml de sangre, es decir, con una de esas bolsas que seguramente habrá visto en alguna película cuando le hacen una transfusión de sangre a alguien.

Esa es la cantidad —y no otra— que se suele extraer normalmente durante una donación. Esa sangre se divide básicamente en tres componentes: glóbulos rojos o hematíes —las células con forma de dónut que dan el color rojo a la sangre, el plasma —la parte líquida de la sangre— y las plaquetas —unas células pequeñas que son cruciales, entre otras cosas, para el proceso de coagulación de las heridas—. Los pacientes pueden necesitar solo alguno de estos componentes, o los tres.

Quizás usted no lo sabe, o quizás nunca se ha parado a pensar en ello, pero en un parto complicado se pueden llegar a necesitar los hematíes de hasta 6 bolsas de sangre, en una operación de cadera los hematíes de hasta 8 bolsas de sangre, en un accidente de tráfico hasta 30 bolsas de sangre por persona, en un trasplante de hígado el plasma de hasta 40 bolsas y los

Póster de la película de 1931, *Drácula*.

enfermos de leucemia pueden necesitar las plaquetas de hasta 200 bolsas de sangre.

Durante una tragedia humanitaria o cualquier tipo de evento que afecta de repente a un gran número de personas es necesario hacer un llamamiento a la población para que acuda a los hospitales a donar, porque posiblemente las reservas de sangre de ese hospital se terminen rápido.

Los auténticos *vampiros* filántropos actuales son las hermandades de donantes. Sin ellas no se conseguiría la sangre necesaria para salvar tantas vidas.

Soy un firme promotor de la donación de sangre, así que he querido compartir con usted la tremenda importancia que tienen para nuestro sistema sanitario las donaciones. Pero hay otros vampiros *de ficción* que todos conocemos. ¿O no son de ficción?

DRÁCULA

Abraham Stoker (1847-1912), más conocido como Bram Stoker, fue un escritor irlandés. Escribió la novela *Drácula*, conocida por la mayoría de nosotros. Drácula atormentó a todos los jóvenes —y no tan jóvenes— que se atrevieron a ver alguna de las películas basadas en esa novela durante la juventud, o alguna otra de las más de 200 que existen sobre el tema del vampirismo. Bram Stoker escribió la novela en 1897. Para copar la imaginación de los lectores de la época, compitieron con ella ese mismo año por ejemplo *La guerra de los mundos* y *El hombre invisible* de Herbert George Wells.

Posiblemente usted y yo, querido lector, hemos visto alguna película de vampiros como *Nosferatu* —1922—; las películas protagonizadas por Christopher Lee como *Drácula*, del director Terence Fisher (Estados Unidos, 1958); la más reciente *Drácula de Bram Stoker* dirigida por Francis Ford Coppola y estrenada en 1992, protagonizada por actores como Gary Oldman, Winona Ryder, Keanu Reeves y Antony Hopkins; o algunas más recientes como la saga *Crepúsculo* —enfocada a adolescentes—.

A finales del siglo XIX, ¿qué es lo que pudo inspirar a Bram Stoker para escribir su novela sobre vampiros?

La historia es muy interesante. Al parecer, la gente ya creía y contaba historias de vampiros unos cuantos siglos antes de que Bram Stoker escribiera su novela, por lo que muy posiblemente los textos y la cultura popular sobre este mito fueron su inspiración. Como veremos a continuación, la ignorancia sobre la relación entre los microorganismos y las enfermedades infecciosas jugó un papel clave en la aparición de los supuestos vampiros.

¿CÓMO EMPEZÓ LA LEYENDA?

Durante la Edad Media y hasta bien entrado el siglo XIX, epidemias de todo tipo azotaron Europa, Asia y el continente americano. La ignorancia, la creencia en lo sobrenatural y el miedo a lo desconocido campaban a sus anchas, sobre todo entre unas comunidades prácticamente iletradas y pobres. Los vecinos intercambiaban unas palabras el lunes, y el martes alguno de ellos caía enfermo y poco después moría. Familias enteras fallecían en sus casas por epidemias y en muchas ciudades la muchedumbre buscaba refugio contra el mal en las iglesias, lo cual favorecía el contagio en masa y la expansión de las enfermedades. Pero la causa de las infecciones era desconocida, ya que la revolución microbiológica que desvelaría el origen transmisible de las infecciones no llegaría hasta finales de 1800; aunque se buscaba constantemente un responsable o culpable de las epidemias. A veces se señalaba a los pecadores, a los judíos, a alguna minoría o secta, al castigo de Dios, las clases más pobres echaban la culpa de las enfermedades a las clases ricas y las clases ricas a las pobres, etc.

En este contexto, el término *vampiro* posiblemente se originó a partir del término eslavo *vampir*. El núcleo de los pueblos eslavos se encontraba situado hasta el siglo VI al norte de los montes Cárpatos —situados en lo que hoy es Rumanía—. Pero no es un término que hiciera referencia a una persona con colmillos largos que dormía durante el día en su ataúd y se despertaba por la noche para morder a sus víctimas; más bien hacía referencia a una variedad de creencias mitológicas sobre un espíritu maligno —o *alma* atormentada de una persona—, que podría entrar en el cuerpo de un difunto ya enterrado para *reanimarlo* y devolverlo a la vida.

Las personas que fallecían y que eran susceptibles de ser *visitadas* por estos espíritus malignos que reanimaban sus cuerpos, habían sufrido una muerte cruel a manos de alguna enfermedad infecciosa —pero que ni ellos, ni sus familias, ni las autoridades conocían—. Otras veces, estas almas o espíritus malignos o atormentados se creía que procedían de otros fallecidos que habían sido marginados por la sociedad debido a diversas causas, como problemas mentales, deformaciones físicas o enfermedades incurables. A veces también, procedían de personas abiertamente ateas, acusadas de brujería, suicidas, o incluso asesinos. Como el espíritu de esos «desgraciados» era «maligno», pues no se podía esperar nada bueno del cadáver en el que «entraban» para «resucitarlo».

¿Cómo sabemos que esta creencia en los vampiros estaba realmente arraigada en los pueblos de esa zona de Europa del Este? Básicamente porque se han desenterrado numerosos cadáveres que presentaban unas características extraordinarias, que no están presentes en otros ritos mortuorios y enterramientos normales de esas zonas en aquella época. Es decir, cuando se sospechaba que un vampiro había entrado en un cadáver, las propias familias del difunto, las gentes del pueblo o incluso las autoridades tomaban cartas en el asunto y decidían desenterrar el cuerpo y realizar un segundo enterramiento totalmente distinto al primero, con la esperanza de que el cadáver no pudiera volver a ser *reanimado* por el espíritu maligno. Ese segundo enterramiento es el que ha llegado hasta nosotros, y en donde hemos descubierto que hay cosas muy raras en ellos, que indican que las personas que habían realizado ese segundo enterramiento estaban intentando evitar que el muerto *se levantara*.

Realmente la gente creía que estos cadáveres se levantaban para caminar y atormentar a los vivos. Y no solo eso, cuando estos cadáveres que habían muerto por una extraña y horrible enfermedad se levantaban por la noche para atormentar a los vivos, también comenzaban a quitarles poco a poco las fuerzas, la sangre y, finalmente, también la vida. Es decir, los vampiros hacían enfermar también a los vivos, que acababan muriéndose y convirtiéndose en nuevos vampiros —como en la novela de Drácula—.

Así que, para evitar que los muertos se levantaran y pudieran morder a los vivos —generalmente familiares— sus cadáveres se desenterraban y se volvían a enterrar de forma que esta vez no pudieran salir de sus tumbas. Algunos cuerpos, o incluso partes del cuerpo —como el corazón— se incineraban y esas cenizas se volvían a colocar en el ataúd original.

Los enterramientos que se han encontrado con signos de antivampirismo, es decir, para que los cadáveres no se volvieran a levantar, y que pertenecen desde la época medieval hasta el siglo xix, incluyen desde ataúdes con barrotes de hierro hasta decapitaciones, pasando por estacas clavadas en el cuerpo y piedras colocadas dentro de la boca o en el esófago. También se han encontrado cadáveres con una hoz o guadaña en la garganta, cuyo objetivo era decapitar o cortar el cuello al difunto vampiro que tratara de levantarse. Todo esto ocurrió más de dos siglos antes de que se publicara la novela *Drácula*.

Aparentemente, la primera *fake news* sobre vampirismo que se extendió por Europa se publicó en una revista literaria francesa llamada *Mercure galant*, en su número de mayo de 1693. No cabe lugar a duda que hoy en día esa noticia no la creería nadie, pero en aquella época cualquier cosa sobrenatural e incomprensible hacía volar la imaginación de la gente. El texto no tiene desperdicio y contiene fragmentos tan espectaculares como este:

> Es posible que ya hayan oído hablar de una cosa muy extraordinaria que se presenta en Polonia, y sobre todo en Rusia. Se dice que si se desentierran algunos cadáveres se encuentran con parte de su ropa en la boca. En los ataúdes, estos cuerpos se presentan frescos e hinchados, y no putrefactos ni secos al igual que otros cadáveres, algunos conservan estos rasgos semanas después de

enterrados. El demonio que domina al cadáver provoca gran malestar a los familiares del muerto mientras duermen. Los abraza, los pellizca, se presenta con la figura de sus padres o madres, y los debilita chupando su sangre para transportarla al cadáver. Cuando se despiertan piden auxilio. El diablo no saldrá del cuerpo del muerto, hasta que toda la familia muera uno tras otro. Hay dos tipos de estos espíritus o demonios. Algunos van a los hombres, y otros a las bestias… Sacerdotes fieles y otros testigos de estas ejecuciones atestiguan la verdad de lo que les digo, y que es común en la provincia de Rusia.

Varios años más tarde, el teólogo Philippus Rohr (¿-1686) publicó un texto en latín titulado «Disertación histórico-filosófica de la masticación de los muertos en sus tumbas», mientras que en otros diarios y panfletos de la época aparecían titulares como: *En los Balcanes, un hombre demacrado y horrible se aparece a las gentes de un pueblo.*

Así que las *fake news* sobre personas que regresaban de entre los muertos para atormentar a los vivos fueron creciendo, y los acontecimientos tan extraordinarios que narraban no pasaron desapercibidos para la Iglesia, ni para los médicos, ni para las autoridades. Alcanzaron su culmen cuando personajes como el monje Augustin Calmet (1672-1757) o el historiador y filósofo François-Marie Arouet (1694-1778) —más conocido como Voltaire—, escribieron textos sobre los vampiros. Calmet publicó en 1746 una obra enteramente dedicada a los espíritus sobrenaturales titulada *Disertaciones sobre las apariciones de ángeles, de demonios y de espíritus, y sobre los que regresan y los vampiros de Hungría, Bohemia, Moldavia y Silesia.* Nueve años más tarde, en 1755, el médico de origen neerlandés Gerard van Swieten (1700-1772) publicó la obra *Observaciones sobre el vampirismo.* Y Voltaire, en su diccionario filosófico *de bolsillo* publicado en 1764 escribió:

Estos vampiros eran cadáveres que salían de sus tumbas por la noche para chupar la sangre de los seres vivos,

Una mujer que personifica a Francia rescata a su hijo de los tentáculos de un pulpo que representa la tuberculosis. Litografía de L. Cappiello, ca. 1922.

ya sea en sus gargantas o en sus estómagos, después de lo cual regresaban a sus cementerios. Las personas mordidas se desvanecían, palidecían y se consumían, mientras que los cadáveres engoraban y se ponían rosados, pues disfrutaban de un excelente apetito. Esto fue en Polonia, Hungría, Silesia, Moldavia, Austria y Lorena.

Ciertamente este párrafo, que lo he traducido de la revista italiana *Le infezioni in medicina* (número 2 de 2016), despertó mi curiosidad por Voltaire, así que me hice con una edición de 1964 de su *Dictionnaire philosophique* (Garnier-Flammarion, París). En la página 340, en el capítulo dedicado a la resurrección, menciona a Augustin Calmet:

> El filósofo profundo Calmet encuentra en los vampiros una prueba mucho más concluyente. Vio a vampiros saliendo de los cementerios para chupar la sangre de personas dormidas; está claro que no podrían chupar la sangre de los vivos si todavía estuvieran muertos. Así que fueron resucitados: esto es perentorio.

No hay más preguntas, señoría: los vampiros existen. Eso es lo que debieron pensar muchos en esa época, sobre todo en lo que actualmente conocemos como Europa del Este.

¿QUÉ PASABA REALMENTE?

Hoy sabemos que durante la Edad Media y hasta el siglo XIX el origen de las enfermedades infecciosas era totalmente desconocido. También sabemos que, en las poblaciones en cuyo territorio se han desenterrado cadáveres con signos antivampirismo, la peste, la rabia y la tuberculosis causaron estragos. Muchos de los restos humanos enterrados en esas épocas y lugares presentan signos de haber padecido algunas de estas enfermedades. Textos de la época también hablan de ellas: la peste neumónica y bubónica, la rabia y el consumo. Estas tres enfermedades tienen un origen común, un microorganismo que causa una enfermedad infecciosa. En el caso de la peste, la bacteria *Yersinia pestis*; en el caso de la rabia, el virus que lleva el mismo nombre; y en el caso del consumo —o consumición, que hoy sabemos que era tuberculosis—, la bacteria *Mycobacterium tuberculosis*.

Las personas infectadas por la bacteria de la peste experimentaban un debilitamiento rápido y una sepsis que alcanza a los pulmones, lo que producía tos productiva con restos de sangre. Esta sangre contiene numerosas bacterias que pueden contagiar fácilmente a las personas que los enfermos tienen a su alrededor, que en aquella época eran normalmente familiares. Imagínese que usted es un habitante de una ciudad de la Alta Edad Media, encerrado en su casa con su familia, o en una iglesia con otros miembros de su comunidad, porque un porcentaje muy alto de la población está muriendo en pocos días y nadie sabe por qué. Cualquier persona marginada e infectada, posiblemente en un estado de salud deplorable, vagaría por la noche tosiendo sangre y asustando a cualquiera que se cruzara en su camino. Si en una casa había un infectado y moría a los pocos días, posiblemente a otros miembros de su familia les ocurriría lo mismo. Ante tal avalancha de cadáveres, los enterradores de la época posiblemente dejaban a muchos sin sepultar o solo enterrados parcialmente, con lo que eran desenterrados por perros o lobos hambrientos, y todo esto contribuía a aumentar los rumores y las habladurías. En las zonas más norteñas, el terreno frío y húmedo se encargaba de conservar los cuerpos un tiempo, con lo que si se procedía a desenterrarlos presentaban un aspecto poco deteriorado.

Con la rabia ocurría algo ligeramente diferente. Para empezar, los animales que transmiten la rabia son principalmente los perros, los lobos, las ratas y los murciélagos. Todos estos animales aparecen en *Drácula*. En las personas mordidas por alguno de estos animales rabiosos y que desarrollaban la enfermedad aumentaba la tendencia a morder, por lo que la posibilidad de transmisión de la enfermedad era alta entre los familiares que cuidaban al enfermo. Una persona con rabia puede morir en menos de dos semanas por asfixia o parada cardiorrespiratoria, con lo que la sangre puede permanecer líquida en algunos órganos un tiempo tras el enterramiento. Además, el pánico a las personas rabiosas era tal que a muchos enfermos se les disparaba con armas de fuego.

El neurólogo español Juan Gómez Alonso, que fue jefe del Servicio de Neurología del Hospital Xeral de Vigo, propuso una razonable explicación del mito del vampirismo, al encontrar curiosas similitudes entre los vampiros y algunas enfermedades como la rabia. No solo publicó un libro sobre el tema: *Los vampiros a la luz de la medicina*, sino que su tesis doctoral ya se había titulado previamente *Rabia y vampirismo en la Europa de los siglos XVIII y XIX*, defendida en la Universidad Complutense de Madrid en 1992.

Sin duda, otras enfermedades como la porfiria —una enfermedad genética— también contribuyeron a aumentar el mito del vampirismo, ya que entre sus síntomas y signos se encuentran algunos tan curiosos como que la piel y los ojos son sensibles a la luz. La anemia que acompaña a esta enfermedad también deteriora el cuerpo y puede reducir mucho el número de plaquetas —células encargadas de la coagulación—, lo que favorece que los enfermos sangren sobre todo por la nariz. Por si fuera poco, los dientes pueden presentar una coloración rojiza y la cara y el dorso pueden experimentar un exceso de vello corporal.

Pero quizás la explicación más plausible a la creencia en los vampiros se encuentra en la tuberculosis o consumo, que es como se denominaba a esta enfermedad en la antigüedad. Se llamaba así porque las personas literalmente se consumían, perdían mucho peso a pesar de mantener un buen apetito, y terminaban demacrados y con un aspecto bastante siniestro. No hay que ir muy atrás en el tiempo para observar los efectos de la tuberculosis en las personas. En algunos países donde esta enfermedad aún se cobra miles de muertos al año como en la India, no es raro observar enfermos de aspecto esquelético, como los que son infectados por una cepa de *M. tuberculosis* resistente a los antibióticos. El improductivo tratamiento termina con la muerte del enfermo.

La tuberculosis es una enfermedad altamente contagiosa, por lo que un individuo infectado podía transmitir la bacteria fácilmente a sus familiares, básicamente porque afecta al sistema respiratorio y los enfermos terminan por albergar en sus pulmones grandes cantidades de bacterias que salen rápidamente al ambiente cuando se tose. Esas bacterias entran en la boca y las fosas nasales de las personas que están alrededor y alguna de ellas, por simple probabilidad, va a ser infectada y desarrollará la enfermedad. Cuando a una persona le ocurría esto, al poco tiempo comenzaba a expulsar bacilos de tuberculosis por todas partes y comenzaba a contagiar a otras personas; pero estas no caían enfermas rápidamente, sino después del periodo de incubación, que en algunos casos puede ser bastante largo, incluso años. Una vez enferma, en varias semanas la persona degeneraba físicamente, desarrollando lesiones pulmonares que hacían que tosiera fuertemente y expulsara saliva con restos de sangre, que también contenían numerosas bacterias y que podían llegar de nuevo fácilmente a las personas con las que el enfermo convivía. Hay grabados antiguos que muestran incluso personas vomitando sangre. Pues bien, a las pocas semanas del inicio de la enfermedad esa persona fallecía. La enterraban, y ahí comenzaban las pesadillas de sus familiares, posiblemente debido al aspecto macabro con el que los enfermos terminaban sus vidas. Como alguna persona había sido contagiada antes del fallecimiento del primer enfermo, a las pocas semanas o meses del enterramiento comenzaba a mostrar los mismos síntomas que el difunto, lo que hacía pensar que el muerto se levantaba de la tumba para morder o transmitir el mismo mal al nuevo paciente. Esta nueva persona infectada y que comenzaba a desarrollar la enfermedad contagiaba a su vez a nuevos familiares y luego fallecía, con lo que nuevos familiares caían enfermos al cabo del tiempo, perpetuando así la creencia de que los muertos se levantaban para transmitir el mal a los vivos hasta que toda la familia falleciera. En algún momento, o bien los propios familiares o las autoridades competentes mandaban exhumar el cadáver previamente enterrado y realizar algún rito antivampirismo para que el muerto o los muertos no se levantaran más. Y para sorpresa de los asistentes a la exhumación, algunos cadáveres presentaban restos de sangre en la boca, lo cual era signo inequívoco de que el cadáver se había levantado en algún momento para chupar sangre a sus familiares. Lo que ocurría en realidad es que los pulmones de los enfermos de tuberculosis colapsaban, al ser enterrados en posición horizontal, con lo que mucha sangre pasaba a la cavidad oral, dando la impresión de que el muerto se alimentaba de sangre.

Uno de los casos más paradigmáticos de este tipo de vampirismo asociado a tuberculosis sucedió al otro lado del Atlántico, en el norte de la costa este de Estados Unidos, en las localidades de Vermont, Rhode Island, Massachusetts y Connecticut, entre 1780 y 1900. Estudiando documentación histórica, diarios de aquella época —como el *Norwich Courier* publicado en Connecticut— y datos bioarqueológicos encontrados en distintos enterramientos, los científicos han descubierto una gran cantidad de pruebas que evidencian la creencia real en vampiros por las gentes de aquella zona. La principal es que a los cuerpos se les había quitado el corazón, posiblemente para quemarlo, ya que esta parecía ser una buena forma de evitar que el muerto volviera a la vida en forma de vampiro. En aquella época, media docena de cuerpos habrían sido desenterrados entre los 2 y los 6 meses tras el fallecimiento, y otra media docena entre 6 meses y varios años. Muchos eran familiares, esto lo sabemos por los nombres escritos en las lápidas. En todos ellos la causa de la muerte había sido la degeneración física o consumo, pues en las costillas de los esqueletos se han encontrado lesiones típicas de una tuberculosis pulmonar, producidas por una tos muy severa y productiva. En algunos de los enterramientos incluso se encontraron los esqueletos de tal forma que los fémures se disponían en forma de cruz debajo del cráneo —como en la bandera pirata—.

Otro caso curioso es el del denominado Vampiro de Venecia, una mujer supuestamente enterrada con un ladrillo metido en la boca y cuya imagen puede observarse en el número 6 de 2010 de la revista *Journal of Forensic Science*. Este caso tuvo mucha fama en la prensa —porque además le faltaban los cuatro incisivos superiores, ¿supuestamente arrancados?—, pero en la misma revista y dos años después, se publicaron otras imágenes de diferentes esqueletos que parecen demostrar que la entrada de piedras e incluso huesos en la mandíbula de algunos cráneos podía deberse a que los cuerpos se enterraban en fosas comunes unos encima de otros o simplemente a que el terreno podría haber sido fuertemente removido en distintas épocas posteriores a los enterramientos.

Las gentes que narraban estos hechos en la época en la que sucedieron posiblemente se encargaban consciente o inconscientemente de añadir un poco de fantasía al asunto, por lo que el simple hecho de desenterrar un cuerpo podía convertirse en un acontecimiento sobrenatural, así que estas historias fueron creciendo como una bola de nieve, modificando y popularizando cada vez más las creencias en monstruos y fantasmas, hasta que la cosa se fue de las manos; justo cuando Bram Stoker decidió escribir su novela. Afortunadamente, el descubrimiento del origen microbiológico de las enfermedades infecciosas y la mejora en los métodos de diagnóstico comenzaron a dar explicación a todos esos fenómenos, que junto a las mejoras en la calidad de vida de las personas —mediante la higiene y la mejora de la sanidad pública— extinguieron casi definitivamente estos eventos *paranormales*.

En ciencia el crédito se lo lleva el hombre que convence al mundo, no el que tiene la idea.

SIR WILLIAM OSLER

PHILOSOPHICAL TRANSACTIONS:

GIVING SOME

ACCOMPT

OF THE PRESENT
Undertakings, Studies, and Labours

OF THE

INGENIOUS

IN MANY
CONSIDERABLE PARTS
OF THE

WORLD.

Vol I.
For *Anno* 1665, and 1666.

In the *SAVOY*,
Printed by *T. N.* for *John Martyn* at the Bell, a little with-
out *Temple-Bar*, and *James Allestry* in *Duck-Lane*,
Printers to the *Royal Society*.

Presented by the Author May. 30.th 1667.

Frontis del primer volumen de *Philosophical Transactions of the Royal Society.*

ANTONI VAN LEEUWENHOEK

En todas las épocas de la historia de la humanidad ha habido hombres y mujeres inquietos que no podían dejar de acosar a la naturaleza para intentar que les desvelase sus secretos. Algunas de estas personas se reunían en Londres a mediados del siglo XVII y mantenían animadas tertulias, principalmente sobre diferentes fenómenos físicos y sobre matemáticas. A finales de 1660 ya eran unos cuantos y decidieron formar una sociedad, que se llamaría Real Sociedad de Londres para el Avance de la Ciencia Natural —más conocida como la Royal Society—. Este increíble grupo de gente estaba absolutamente entusiasmado con la idea de comunicarse con cualquier persona, de cualquier lugar, que tuviera interés por conocer más cosas sobre la naturaleza. Así que pronto crearon una revista denominada *Philosophical Transactions of the Royal Society of London*, la primera revista enteramente científica de Europa. Como cualquier revista científica actual, la *Philosophical Transactions* comenzó a recibir correspondencia desde distintas partes del mundo. En ella cada autor podía exponer sus descubrimientos.

En 1632 nació en Delft (Países Bajos) un autodidacta que se haría famoso por sus observaciones de organismos cuyo tamaño estaba fuera del alcance del ojo humano: Antoni van Leeuwenhoek (1632-1723).

Leeuwenhoek trabajó en el negocio familiar de las telas, también como administrador, y como encargado —funcionario público— del control de vinos que entraban en la ciudad. Pero en sus ratos libres se dedicaba a fabricar lentes de vidrio con gran maestría. Con esas lentes de vidrio biconvexas comenzó a fabricar una especie de lupas cuya ingeniería nunca divulgó, y a observar cosas pequeñas, insectos, fluidos, etc., que si eran sólidos los fijaba, y si eran líquidos los colocaba en un pequeño platillo para que no se movieran. Se estima que con sus lentes Leeuwenhoek podía conseguir fácilmente entre 200 y 300 aumentos, lo que aumentaba casi 10 veces el límite de resolución de Robert Hooke.

En realidad, aquellos artilugios ópticos no se pueden considerar realmente microscopios, ya que no había un verdadero enfoque de la maquinaria sobre el objeto que se iba a observar, sino que era el objeto, una vez fijado, el que se acercaba a la lente para ser enfocado. Los primeros microscopios habían sido inventados a principios del siglo XVII en Italia y Holanda. Incluso el propio Robert Hooke —que participó en la creación de la Royal Society— ya había utilizado un verdadero microscopio antes de que Leeuwenhoek enviara su primera carta a La Sociedad.

Las lentes de Leeuwenhoek eran más potentes que las que se conocían hasta el momento —ideadas y utilizadas sobre todo por italianos como Eustachio Divini (1610-1685)—, así que enseguida sus descubrimientos llamaron la atención de los curiosos. Entre algunos de ellos estaba el médico alemán Regnier de Graaf (1641-1673), amigo de Leeuwenhoek, quien posiblemente animó a este a que compartiese sus observaciones con la Royal Society a través de correspondencia escrita. Y así fue: Antoni escribió en 1673 una modesta carta en latín que fue presentada a la revista por su amigo de Graaf y que, traducida al inglés, fue publicada en el número 94 del volumen VIII de la revista. Este histórico documento, cuyo original conserva la Royal Society, consistía en descripciones —realizadas con las lentes— de hongos, del aguijón y parte de la boca y del ojo de una abeja, y de piojos. Dirigiéndose al editor de la revista —Henry Oldenburg— pedía perdón por su falta de soltura al escribir sobre temas científicos y admitía que los dibujos que acompañaban la carta no los había hecho el, ya que era un pésimo dibujante.

El contenido de esta carta llamó tanto la atención que desde la Royal Society le pidieron que siguiera con sus observaciones y que les enviara nuevas cartas. Dicho y hecho: Leeuwenhoek envió cartas con descripciones —algunas muy minuciosas— de sus observaciones durante el resto de su vida. Nunca escribió ningún libro ni siquiera un verdadero artículo científico, pero escribió muchas cartas. Vivió 90 años, 10 meses y 2 días, así que durante su madurez remitió 165 cartas a la Royal Society. Estas cartas contienen estudios sobre materias tan diversas como anatomía, fisiología, embriología, botánica, química, física, cristalografía, histología, zoología y, por supuesto, microbiología. Observó partículas que flotaban por el aire, gotas de agua, granos de arena, los capilares sanguíneos, los espermatozoides humanos, las células muertas —escamas— de la piel humana, rotíferos, pulgones, partes de peces, de esponjas marinas, de anfibios, partes de plantas —como la piel de las frutas—, etc. Entre algunas de sus observaciones también destacan el intestino de un tábano, los protozoos intestinales de las ranas, la fisión de ciliados acuáticos, y la bilis y los parásitos de distintos animales.

La más famosa de sus cartas es la que se conoce como La Carta 18, publicada en 1677. Bueno, carta, lo que se dice carta… En realidad, son 17 folios y medio escritos en alemán, que fueron traducidos al inglés por el propio editor de la revista Henry Oldenburg (1619-1677). Lo que tiene de especial esta carta es que se describen en ella, por primera vez, las bacterias. Ocultas al ojo humano durante milenios, este sencillo personaje las divisó por primera vez, e incluso se atrevió a dibujarlas —ya hemos dicho que se valía de artistas para ello, pues era algo lego en las artes gráficas—.

En esta carta cuenta con amplio detalle cómo se paró a observar a través de sus lentes de aumento gotas de agua de lluvia acumuladas durante varios días. Describe las bacterias que nadaban en su interior como «animálculos» más pequeños que las pulgas de agua descritas por Jan Swammerdam (1637-1680) en su libro *Biblia naturae*. Habla de cuatro tipos de bacterias y algunos protozoos de mayor tamaño. Tras estas fantásticas observaciones en agua de lluvia, hizo lo propio con agua de río y agua de mar, observando gran variación en la microfauna correspondiente. Llegó a estimar incluso, mediante unos simples cálculos matemáticos, que una gota de agua podría contener más de 273.000 de estos animálculos.

Su carta número 39 también es de las más famosas. En ella describe la presencia de numerosos animálculos en la boca de las personas. Esta carta deberían leerla todos los dentistas. Un día después de comer cogió un poco de sarro dental y lo puso en una de sus lentes.. Como era muy denso, lo diluyó con saliva y agua de lluvia pura —sin animálculos— y después de la observación dibujó las cinco formas de bacterias bucales, e incluso dibujó sus trayectorias al desplazarse. Las denominó: *Bacillus*, *Selenomonas sputigena*, *Micrococci*, *Leptothrix buccalis* y *Spirochaeta buccalis*. También cogió muestras de la lengua, donde volvió a observar estos tipos de bacterias.

Tal visión de nuestra microbiota bucal le dejó bastante impresionado, por lo que rápidamente cogió también saliva de varias damas —que supuestamente se lavaban la boca a diario—, de un niño de 8 años y de un viejo que bebía brandy por las mañanas y fumaba tabaco. Leeuwenhoek pensó que esos vicios fácilmente podrían matar a los animálculos. Ese hombre tenía la dentadura tan mal que posiblemente no se había lavado nunca la boca, así que era una comparación muy buena con las otras muestras. Leeuwenhoek comprobó que había animálculos en todas esas personas, independientemente de su edad, sexo, estatus social o condición física.

Más tarde él mismo se enjuagó la boca fuertemente con vinagre, pero las bacterias tampoco desaparecieron. Algunas mujeres que venían a su casa a contemplar el espectáculo de las bacterias que vivían en el vinagre sentían tanto asco que juraban no volver a utilizar vinagre nunca más.

En la carta número 34 describe como, en un verano en el que tuvo diarreas, no pudo resistir la tentación de observar sus propias heces al microscopio… Entonces se dio cuenta de que le faltaba un control en el experimento, y esperó a sentirse otra vez mejor para repetir tan curiosa observación. Por supuesto tuvo que diluir sus heces sólidas con un poco de agua. El resultado le sorprendió tanto que se aficionó a la escatología y comenzó a estudiar las cacas de todos los animales —vacas, caballos, gallinas— que se le cruzaban en el camino. Gracias a estas observaciones descubrió los parásitos intestinales.

En sus últimas cartas describió los corpúsculos sanguíneos y la estructura interior de los guisantes.

Durante sus últimos años de vida trabajó con su hija María en la construcción, a mano, de 13 lentes de aumento dobles —26 en total—, que fueron montadas sobre una base de plata y enviadas como regalo de despedida a la Royal Society. El estuche que contenía las lentes también llevaba una colección de preparaciones de bichos y estructuras muy dispares. No conocemos el número exacto de *microscopios* que construyó —cientos según algunas fuentes—, algunos de ellos incluso con tres lentes. Lo más parecido a sus *microscopios* que se ha fabricado lo hizo un tal Carlo Antonio Manzini (1600-1677) en 1660. En su libro *L'occhiale all'occhio. Dioptrica pratica* —digitalizado por la Biblioteca Nacional Central de Florencia— podemos intuir un par de esquemas para construirlos.

Quizás el único punto negativo de Leeuwenhoek —aparte de guardarse egoístamente el secreto de la fabricación de sus lentes— fue que no se molestó en buscar la conexión entre los parásitos y las bacterias con las infecciones de los animales. Aunque esto fue sugerido en una carta anónima que recibió la Royal Society tras la publicación de la carta número 18 de Leeuwenhoek, donde este describía por primera vez las bacterias. En esa carta sí que se sugería la conexión entre las observaciones de Leeuwenhoek, el aire y las enfermedades infecciosas de hombres y animales. Pero nadie hizo mucho caso de ese razonamiento.

El trabajo enorme de Leeuwenhoek pasaría totalmente desapercibido para la comunidad científica en general —como el de muchos otros genios por esas épocas—.

Un motín en una panadería de Dungarvan, Co. Waterford, Irlanda, durante la Gran Hambruna [*The Pictorial Times*, 10 de octubre de 1846].

LA GRAN HAMBRUNA

El hambre se cebó *aperiódicamente* con las sociedades europeas durante la Edad Media y hasta la revolución industrial. La población en esas épocas era mayoritariamente rural, por lo que cualquier factor que afectara a las cosechas —ya fuera el clima, los desastres naturales, las guerras o las plagas— causaba un efecto directo o indirecto en la cantidad de calorías que ingería el pueblo.

Mi sobrino Rodrigo está estudiando este año en Irlanda. Se me ocurrió dedicar una parte de este libro a contar una de las historias más asombrosas y terribles que ocurrió en la Europa del siglo XIX, y que aconteció precisamente en este país, Irlanda, especialmente entre los años 1845 y 1850 —algunos extienden esta desgracia hasta 1852—. El registro paleopatológico realizado por científicos en numerosas fosas comunes de aquella época con cientos de personas sepultadas no deja lugar a dudas. Los análisis de anomalías encontradas en las dentaduras y los huesos de los fallecidos —principalmente de niños enterrados junto con sus padres— indican que las muertes de aquel período se produjeron por la conjunción de una brutal desnutrición y una mezcla de enfermedades infecciosas causadas principalmente por bacterias. Como una gran parte de la población se alimentaba principalmente de patatas, y como por varios motivos se acabaron las patatas, la gente pasó hambre, mucha hambre.

No voy a escarbar en las relaciones sociopolíticas de Irlanda en los siglos XVIII y XIX. Simplemente me gustaría resumirlas de la siguiente manera: los ingleses ninguneaban a los irlandeses, los protestantes a los católicos y los ricos a los pobres. Punto.

Pero todo comenzó mucho antes.

La patata llegó a Europa en 1537, gracias a los españoles, que habían descubierto *oficialmente* el nuevo continente americano hacía unas pocas décadas atrás. En 1600, la patata ya estaba siendo cocinada de forma variopinta en diez países europeos distintos. A Irlanda llegó de la mano de un tal *sir* Walter Raleigh tras una expedición a Virginia, un estado americano que limita en el sur con Carolina del Norte y en la parte superior con Maryland. Al principio no fue un cultivo que causó excesivo entusiasmo entre los agricultores irlandeses, pero como estaba exento de impuestos —que sí debían pagar los que cultivaban lino, nabos o lúpulo entre otros— fue ganando fama entre los terratenientes. Estos pasaron pronto a decantarse por la ganadería, que requería menos mano de obra, por lo que miles de campesinos se desplazaron hacia las montañas y los valles para ocuparse de largos rebaños. Las tierras montañosas de Irlanda solo eran apropiadas para cultivos como la patata, que se adaptaba bien a esos terrenos difíciles, por lo que este tubérculo pasó a ser el alimento esencial de los pastores, que se encargaban del ganado de los señores. La ganadería pasó a requerir cada vez más mano de obra y los cereales que alimentaban a la población dejaron paso a la patata, más fácil de cultivar y con mejor rentabilidad por hectárea. Pero la patata no solo desplazó a los cereales, sino también a otros productos de la huerta por todo el país, y todos los irlandeses se acostumbraron a comer patatas.

La patata es evidentemente una gran fuente de hidratos de carbono, y si se come la piel podemos introducir en nuestro cuerpo también vitamina C, fibra y algunos minerales esenciales. Así que como la patata era también barata y fácil de cultivar, pasó a ser parte importante de la dieta de los irlandeses pobres, junto con los productos lácteos procedentes del ganado.

1720 fue un año de condiciones climáticas especialmente adversas. Las cosechas fueron malas o muy malas. El problema es que los siguientes dieciocho años tampoco fueron mucho mejores y doce cosechas de patatas entre 1720 y 1728 se perdieron total o parcialmente. Tras el verano de 1739 la cosecha no fue tan mala, e incluso se guardaron grandes cantidades de patatas protegidas bajo capas de paja, en los graneros y almacenes. Pero en diciembre tocó *el gordo* de Navidad: tras semanas de frío intenso, llegó una helada tan brutal que congeló cualquier cosa que se pareciera a una patata, ya fuera dentro de la tierra o en los almacenes donde se guardaban, incluso las semillas para las siguientes cosechas. Según recogen algunos autores, los pájaros caían congelados de los árboles... Sin alimentos, llegaron la neumonía y otras enfermedades, el pillaje, los encarcelamientos masivos por pillaje y, para cerrar el círculo, las enfermedades por hacinamiento masivo de los presos encarcelados por pillaje. Se calcula que hacia 1740-1741 murieron entre 200.000 y 500.000 personas de frío, hambre y enfermedades infecciosas.

Pero las condiciones climáticas se apiadaron paulatinamente de las cosechas y el país se recuperó. La población aumentó considerablemente durante los siguientes 80 años, debido entre otras causas al entusiasmo de la Iglesia católica por que se engendraran —sin control— nuevos feligreses. Y la patata siguió desplazando a otros cultivos y afianzándose definitivamente como el sustento preferido por los irlandeses, sobre todo en las clases bajas —la mayoría—. En 100 años, desde 1700 a 1800, los estratos pobres de la sociedad irlandesa pasaron de comer una ración al día de patatas a tres raciones al día —desayuno, comida y cena—. Un adulto consumía 5-6 kilos de patatas al día y un niño, 2,2-2,3. A las patatas se añadía sal, repollo y muy de vez en cuando algún pescado. La patata también alimentaba a los cerdos, que eran bienes muy apreciados, pero no para la alimentación, sino para obtener dinero por su venta para pagar el alquiler de las tierras a los terratenientes.

Y llegó 1821, con una primavera y un verano especialmente lluviosos. Los cultivos —no solo las patatas— quedaron inundados. Bajo esas circunstancias de inmersión, las patatas se pudrieron debajo de la tierra y los campesinos se quedaron sin comer y sin semillas para la cosecha del año siguiente. Por si fuera poco, al año siguiente el tiempo no mejoró, por lo que el Gobierno ordenó el envío de 1.400 toneladas de patatas listas para sembrar desde Inglaterra y Escocia. Pero el hambre era tal que, cuando se plantaban estas patatas, eran inmediatamente robadas por la gente para poder llevarse algo a la boca, lo que empeoró notablemente la situación. Y comenzaron las epidemias bacterianas. El tifus y la disentería golpearon a la vez sobre los desnutridos cuerpos, con sus defensas inmunológicas por los suelos. Pero los pobres irlandeses también padecieron pelagra, escorbuto, queratoconjuntivitis, diarreas, tuberculosis y alguna que otra enfermedad vírica como el sarampión, en los más pequeños.

Leyendo las crónicas de la época, parece como si las condiciones feudales de la Edad Media no hubieran cambiado mucho, así que la receta para el desastre se cocinó rápidamente. En una habitación convivían la familia, los terneros, los cerdos, los pollos, los perros, los gatos; y también las patatas, que se colocaban a cierta altura de la estancia —sobre un tablón de madera, o un falso techo— para que se secaran.

En 1836 ya había más de 2 millones de personas pobres en Irlanda, por lo que el Gobierno implementó las «leyes para pobres» o *poor laws*, dividiendo Irlanda en 130 partes denominadas *poor law unions*. En cada una se construyó un edificio denominado *workhouse* —una especie de asilo— destinado a acoger a los pobres que ni siquiera tenían un techo. Algunas de estas *casas* tenían varios pabellones y hasta 6 pisos de altura, y muchas estaban destinadas a acoger hasta 800 personas. Al principio no gustaron a la mayoría de desfavorecidos y solo fueron ocupadas por ancianos y enfermos, pero más tarde terminarían abarrotadas de gente, lo que jugó un papel importante en la propagación de enfermedades.

No hubo mucho tiempo de recuperación desde 1822, y no hay dos sin tres. Así que a la tercera fue la vencida. La hambruna que comenzó en 1845 fue la más devastadora de toda la historia y afectó a todo el país.

Esta vez no fue el frío, ni la lluvia, ni siquiera una bacteria. Fue un microorganismo parecido a un hongo, un oomiceto, algo así como una planta microscópica que se reproduce por esporas y crece con forma filamentosa. En realidad, se parece mucho a un hongo —y durante mucho tiempo así se la consideró—, pero tiene más que ver con las plantas verdes o con microalgas. Y es uno de los patógenos de plantas más devastadores, el *Phytophthora infestans*, amante embrutecido de las patatas y también de los buenos tomates. Sus esporas viajan con el viento y cuando aterrizan en una hoja son llevadas al suelo por la lluvia, donde germinan produciendo largos filamentos rizoides que localizan los tubérculos bajo la tierra y los penetran hasta dejarlos putrefactos.

Llegó a Europa desde América —como la patata— en la primera mitad del siglo xix, así que muchos pueblos no habían visto nunca en sus cultivos de patatas algo tan devastador. Posiblemente su origen fue la importación norteamericana de guano —excrementos de ciertas aves marinas— procedente de Sudamérica —Perú—. Una vez aclimatado a temperaturas más suaves, el *Phytophthora infestans* ya estaba listo para jugar en las ligas europeas. Estudios moleculares actuales sitúan su origen posiblemente en México. Independientemente de su pasaporte, atacó primero en Flandes, durante el verano, y después llegó hasta Francia, Suiza, Alemania y finalmente Irlanda, donde *echó raíces*.

En 1845 *P. infestans* arrasó con el 40 % de las cosechas, pero lo peor llegó al año siguiente, donde prácticamente no sobrevivió ninguna planta de patata en todo el país. Terrible. Para colmo de males el invierno de 1846 vino de la mano de una neumonía brutal que diezmó aún más a los pobres irlandeses.

En 1847 la población estaba tan hambrienta que las patatas que se guardaban para sembrar la cosecha del año siguiente fueron inmediatamente ingeridas por la masa. *P. infestans* regresó nuevamente en 1848 y arrasó otra vez los ya masacrados campos. Al no tener patatas para comer, los campesinos devoraron rápidamente los cerdos que engordaban con ellas para venderlos, por lo que no pudieron pagar sus rentas y fueron desahuciados a la fuerza. Miles de personas se quedaron sin casa. Esto fue aprovechado por muchos terratenientes, que vieron la oportunidad de deshacerse de ellos y aprovechar las tierras para otros fines más lucrativos, como la cría de ganado. Toda esa gente fue a parar a los asilos — las *workhouses*—, que llegaron casi a triplicar su capacidad.

Sin culpar a nadie del error, parece claro que, si solo dependes de un cultivo para comer, el año que no hay cultivo, no comes. Si eres pobre y con 6 hijos —un número no poco común para aquella época— y sin trabajo porque las cosechas no existen, solo te queda esperar el duro invierno y morir o de hambre, o de frío, o de enfermedad. La muerte por alguna de estas tres desgracias llamó a la puerta de las casas oscuras, húmedas y sin ventanas de medio millón de irlandeses. En los *asilos* la cosa no fue mejor. La mortalidad en las *workhouses* en 1848 era ya del 2,5 %. Entonces llegó una epidemia de cólera, que se extendió por gran parte del país. Al año siguiente la mortalidad alcanzó casi el 13 %. Hablando más claro, cada semana morían 2.500 personas. Pero la gente no solo moría en las *workhouses*, sino también en las ciudades, en los campos y hasta en los puertos, donde comenzaban a hacinarse candidatos a emigrantes.

En cuanto a las enfermedades infecciosas, los *miasmas* seguían siendo los principales culpables, ya que nadie tenía ni idea de la causa —otra que no fuera el hambre— por la que enfermaban sus vecinos. El tifus, que como hemos visto antes está causado por un tipo primitivo de bacteria llamado *Rickettsia*—, campó a sus anchas, junto con el cólera, causado por la bacteria *Vibrio cholerae*. Ambos se aprovecharon de las malas condiciones sanitarias y de la mala calidad del agua para matar.

Pero sí quiero destacar algo muy interesante desde el punto de vista microbiológico. Un pionero en el estudio de los hongos, Miles Joseph Berkeley (1803-1889) junto con varios colaboradores extranjeros amantes de las plantas acusaron a «una especie de hongo microscópico» de ser la responsable de la putrefacción de las patatas. Así que la teoría de que los gérmenes causaban enfermedades —desplazando a la teoría de la generación espontánea— se reafirmó justo a mediados del siglo XIX, aunque Pasteur le asentaría el golpe definitivo bastantes años después. Todo esto quedó reflejado en un artículo de 26 páginas del propio Berkley, publicado en el *Journal of the Horticultural Society of London* titulado «Observaciones, botánicas y fisiológicas, de la patata de la variedad Murrain», que se publicó en 1846.

Se calcula que más de la mitad de la población irlandesa pasó hambre, y como en otras ocasiones de la historia, las oraciones no ayudaron mucho, así que una salida a aquel calvario fue la emigración —o migración como se dice ahora—. 1.300.000 de personas se las apañaron como pudieron para llegar hasta algún puerto. Incesantemente zarpaban barcos desde los distintos puertos irlandeses como Cork, Galway o Dublín; pero la ruta más común era realizar un pequeño transbordo en barco hasta Liverpool, desde donde salían los barcos más grandes hacia el nuevo continente. También hubo numerosos barcos o *famine ships* que se dirigieron hacia Canadá y hacia Australia, que eran destinos más lejanos, pero más baratos. Desde Canadá la gente se las apañaba para cruzar la frontera hasta Estados Unidos. Se realizaron más de 5.000 viajes en barco. Solo a Nueva York llegaron una media de 300 personas al día, ¡durante 6 años! En 1850 esta ciudad ya tenía más irlandeses que Dublín.

Pero las penurias no acababan al subir a un barco. El récord en cruzar el Atlántico estaba en poco más de 3 semanas, pero para la inmensa mayoría de barcos el viaje se alargaba dos o tres meses, dependiendo del tipo de barco y de las condiciones climáticas. No sé si el lector se puede imaginar las penurias que se pueden sufrir durante un viaje de 3 meses en un barco de velas del siglo xix. Voy a estimular su imaginación…

El telégrafo de Morse (1791-1872) —que se utilizaría para emitir la señal de socorro [··· — — — ···] (sos)— estaba recién inventado y los barcos de emigrantes irlandeses aún no disponían de él, por lo que cualquier accidente en alta mar tenía grandes posibilidades de terminar en tragedia; de hecho, más de 50 barcos se quemaron, se hundieron o se destrozaron contra rocas o contra icebergs sin apenas poder recibir ayuda.

En muchas ocasiones, a los barcos subían más pasajeros de los permitidos. Como en los muelles de embarque se hacinaban muchedumbres con la idea de mejorar su penosa existencia, las revisiones médicas encargadas de *detectar* a los enfermos eran de chiste. Por ejemplo, para pasar revista al mayor número posible de pasajeros, básicamente había que sacar la lengua y contestar sí cuando te preguntara el inspector médico si te encontrabas bien. La gente, debilitada por el hambre, subía a bordo también con polizones —piojos— entre su pelo o en su ropa, y las condiciones del viaje no hacían más que despertar el hambre en estos succionadores, con lo que el tifus campó a sus anchas en nume-

Despidiendo a los emigrantes que salen de Irlanda, extraído de *An Illustrated History of Ireland from AD 400 to 1800*, de Mary Frances Cusack, 1868.

rosos barcos. Por supuesto, no era obligatorio llevar un médico a bordo, y si por alguna causa —como la falta de viento o las tormentas— el viaje se alargaba más de tres meses, la comida se terminaba y los pasajeros —y la tripulación— comenzaban a morir de hambre. La malnutrición los acompañaba en el viaje y los que no morían por el camino al llegar a puerto eran inspeccionados por si traían algún parásito o enfermedad, y a muchos se les dejaba en cuarentena. Como en Staten Island, que servía de isla cuarentena para los enfermos que llegaban con destino a Nueva York.

La increíble capacidad del cuerpo humano para sobrevivir a estas penurias la relató un tal G. M. Douglas, superintendente médico de la isla Grosse, durante los informes relativos a la inmigración que debía rellenar todos los días al revisar a los pasajeros que llegaban a la isla. Los barcos procedentes de Liverpool que querían llegar hasta Quebec debían hacer también una parada obligatoria en esta isla, a modo de cuarentena. El señor Douglas escribió en su informe:

Nunca he visto pasajeros en peores condiciones que los del barco Virginia: 158 de los 476 pasajeros han muerto durante el viaje; los demás, excepto 6 u 8, tienen fiebres. En el siguiente barco, que zarpó de Liverpool con 392 pasajeros, han fallecido 45 personas y 40 están heridas. Entre 150 y 180 necesitan ser hospitalizadas; 25 o 30 más morirán, aunque coman algo de pan fresco o carne.

Para terminar el informe, escribió sobre un tercer barco, el Naomi, también procedente de Liverpool:

De los 331 pasajeros 78 han muerto y 104 están enfermos. Las inmundicias y la suciedad en este barco han creado tales efluvios que me ha resultado difícil incluso respirar.

A finales de 1847 había en la isla Grosse más de 5.000 enfermos de tifus. Poco después, la capacidad de la isla quedó desbordada y el tifus se extendió al continente.

Y la aventura no terminaba muchas veces al bajar del barco. En barrios superpoblados y con malas condiciones higiénicas iguales o a veces peores que en su Irlanda natal, centenares de miles de inmigrantes irlandeses volvieron a cohabitar con enfermedades como la tuberculosis, la fiebre tifoidea causada por *Salmonella*, de nuevo el tifus, y la disentería, cuyo agente causal podía perfectamente un día ser un virus y otro día la bacteria *Shigella*.

Eso sí, algunos emigrantes irlandeses dejaron buena huella en el continente americano, pues sus descendientes fueron bastante conocidos. Así, John y Thomasina Ford emigraron desde Irlanda en 1847. Aunque Thomasina murió —durante el viaje o nada más llegar a tierra—, John crio a unos cuantos hijos, entre los que se encontraba William, que sería a su vez padre de Henry Ford —fundador de la Ford Motor Company—.

También Patrick Kennedy emigró en 1849 y se casó en Boston. Él y su hijo John murieron de cólera, pero otro de sus hijos, Patrick J. Kennedy tuvo 9 nietos, entre los cuales figuraba el que sería el trigesimoquinto presidente de los Estados Unidos, J. F. Kennedy.

Esta parte de la historia de Irlanda es brutalmente triste, como ha quedado reflejada en numerosos documentos escritos, cuadros y dibujos de la época. Pero piense el lector que, por increíble que parezca, hoy en día casi 800 millones de personas en el mundo no tienen suficientes alimentos para llevar una vida saludable.

Los humanos viven en un mar de microbios.
Algunos están alrededor y otros incluso dentro
de nosotros, principalmente en la boca.

Louis-Félix-Achille Kelsch (1841-1911). Citado
en: *The Laboratory Revolution in Medicine*

El banquero de Nueva York William Henry Warren.

PESADILLA EN LA COCINA

Miles de emigrantes continuaron dejando atrás Irlanda en busca de un futuro mejor en Estados Unidos durante las décadas posteriores a la gran hambruna. Ford y Kennedy son personajes muy conocidos, pero hubo otros que, por muy distintas razones, alcanzaron también fama mundial.

Corría el año 1906. El banquero de Nueva York William Henry Warren acostumbraba a alquilar una gran casa residencial en el tranquilo pueblo de Oyster Bay, en Long Island, para pasar las vacaciones de verano con su familia. Pero el 27 de agosto el verano terminó para ellos de repente. Una de las hijas comenzó a encontrarse mal y cayó enferma de fiebre tifoidea. La siguieron dos de las sirvientas del hogar, que también fueron diagnosticadas de fiebre tifoidea. A los pocos días, otra de las hijas del banquero y su mujer cayeron también enfermas. Acto seguido el jardinero también cayó enfermo con el mismo diagnóstico.

El banquero, desesperado, contrató los servicios de un ingeniero médico, el Dr. George A. Soper, conocido por haber puesto fin a numerosas epidemias en el estado de Nueva York. Su minuciosa investigación sobre el brote de fiebre tifoidea que atacó a la familia del *pobre* William Henry puede leerse con detalle en el número del 15 de junio de 1907, en la *Revista de la Asociación Médica Americana*, más conocida como JAMA (del inglés *Journal of the American Medical Association*). Esta investigación es digna de un episodio de la serie CSI, o de una película de Amenábar.

La infección podría haberse producido entre estas 6 personas, que tranquila e inadvertidamente se podían ir pasando la bacteria de unas a otras, pero la cuestión era ¿quién o qué había contaminado a la primera de ellas? Los médicos de la zona no habían observado ningún caso de fiebre tifoidea en el pueblo en aquellas fechas, así que George Soper comenzó a indagar sobre el terreno. Examinó las posibles fuentes de contaminación que se conocían en aquella época: los depósitos de agua, el pozo del jardín, los inodoros, etc. Envió muestras a distintos laboratorios y ninguna de ellas parecía una fuente de *Salmonella typhi*, la bacteria causante de la fiebre tifoidea, que había sido descubierta unos años antes por el patólogo y bacteriólogo alemán Carl Joseph Eberth (1835-1926). Las frutas y las verduras fueron descartadas como fuente de contaminación porque distintas personas habían comido lo mismo que las víctimas, pero no habían caído enfermas. George Soper interrogó a fondo a los miembros de la familia y comenzó a iluminarse una bombilla en su cabeza.

Al parecer, la cocinera que llevaba dos años trabajando para la familia había sido despedida. En su lugar, habían contratado a otra cocinera con excelentes recomendaciones de la oficina de empleo. Había que dar con ella e interrogarla, pues había llegado a la casa del banquero el día 4 de agosto, unas semanas antes del brote, y había dejado el lugar tras haber enfermado casi todos los habitantes de la casa.

Como buen investigador, George Soper acudió a la oficina de empleo que había tramitado el contrato de la cocinera. En esa oficina examinó el historial de la señora detalladamente y dedicó un par de meses a investigar lo que había hecho durante los años anteriores al brote de Oyster Bay. Luego, se dispuso a encontrar a la misteriosa cocinera.

Tras trabajar también como cocinera en el pueblo de Tuxedo, al noroeste de Nueva York, subiendo por el río Hudson, fue localizada en un caserón antiguo —cuatro meses después del brote en casa del banquero—, donde, curiosamente, también estaba trabajando de cocinera. Con ella había llegado la desgracia a esa casa, ya que la única hija de la familia había muerto recientemente de fiebre tifoidea, y la encargada de lavar la ropa de la familia acababa de ser ingresada en el hospital con la misma enfermedad.

George se dispuso a interrogarla. Imagínense la escena, relatada por el propio George Soper en un artículo publicado en 1939 en el Boletín de la Academia de Medicina de Nueva York:

> Traté de ser lo más diplomático posible, pero tenía que decir que sospechaba de que ella estaba contagiando a gente y que quería muestras de su orina, de sus heces y de su sangre… Ella cogió un tenedor y avanzó en mi dirección… Tuve bastante suerte de escapar…

Normal, llega un desconocido y te dice que necesita muestras de tu sangre, de tu orina y de tus heces…

La cocinera se llamaba Mary Mallon. Mary había emigrado en 1884 desde un pueblo situado en el centro de Irlanda del Norte, denominado Cookstown. George Soper había averiguado, tras su visita a la oficina de empleo, que Mary había trabajado de cocinera desde su llegada a Estados Unidos en diferentes localidades y para 8 familias diferentes. Posteriormente, averiguó que algunos de los miembros de 7 de esas 8 familias habían enfermado de fiebre tifoidea justo poco después de contratarla como cocinera. En 7 de las 8 familias…

Curiosamente, Mary Mallon nunca había contraído esta enfermedad.

Parece que realmente no había hecho ni falta obtener muestras de sangre, heces u orina de Mary. Allá donde cocinaba, la gente caía enferma. En total 26 enfermos y un fallecido, en un periodo aproximado de 5 años.

George Soper comunicó al Departamento de Salud de la ciudad de Nueva York que Mary Mallon era un auténtico peligro andante para la salud pública, y que debía procederse a un examen bacteriológico de sus heces, donde seguro encontrarían al microscópico cómplice. El Departamento de Salud envió a la Dra. Sara Josephine Baker para convencer a Mary Mallon de que necesitaban obtener unas muestras suyas para

Un bufón que representa al desinfectante Papier d'Arménie flagela figuras que representan las enfermedades infecciosas: cólera, fiebre tifoidea, difteria y viruela. Litografía en color de A. Van Geleyn, ca. 1890.

analizarlas, pero la cocinera se negó de nuevo. Al día siguiente, el Departamento de Salud no tuvo más remedio que enviar a tres policías para detener a Mallon. Rodearon la casa, pero ella consiguió escapar. Varias horas después fue localizada por el vecindario. Al negarse de nuevo a *donar* sus muestras, fue introducida en una ambulancia y llevada al hospital. Los bacteriólogos tomaron muestras microbiológicas de sus heces tres días a la semana y en casi todas ellas encontraron el —por aquel entonces— llamado *Bacillus typhosus*. Soper volvió a explicar a Mary la que había liado —aunque sin saberlo— durante tanto tiempo. Mary no era capaz de reconocer la importancia del problema, ya que nunca había estado enferma, ni sabía absolutamente nada de bacterias, solo sabía cocinar.

Soper le explicó tranquila y detalladamente cuál era el problema. De alguna manera, los *gérmenes* que crecían en su interior —pero que a ella no le causaban ningún mal— llegaban a sus ropas o a sus manos cuando iba al baño y hacía sus necesidades. Si no se lavaba bien las manos, estos gérmenes podían pasar a la comida que ella preparaba, con lo que sus comensales introducían los gérmenes en su cuerpo y caían enfermos. Simplemente, la solución era que se lavara minuciosamente las manos después de ir al baño. Así de sencillo.

Soper continuó diciendo que esos gérmenes probablemente crecían y vivían en su vesícula biliar, así que la mejor manera de deshacerse de una vez por todas de estos gérmenes era deshacerse de la vesícula biliar. Le dijo a Mary: «No necesitas una vesícula biliar, no es más que un apéndice. Hay mucha gente viviendo sin ella».

Mary se negó, así que Departamento de Salud decidió internarla en el hospital Riverside, situado en una pequeña isla al noroeste de Manhatan, donde fue alojada en un pequeño *bungalow* construido para la jefa de enfermeras del hospital.

Al cabo de dos años Mary reclamó a la justicia su libertad, ya que había sido encarcelada sin un verdadero juicio. De hecho, no se la había acusado de ningún crimen y no había podido contar con un abogado. Además, alegó que ella nunca había estado enferma de fiebre tifoidea y que nunca había contagiado a nadie con esa enfermedad. Pero los médicos que fueron consultados por el juez del caso mantuvieron que Mary era una amenaza para la sociedad, así que Mary siguió en prisión nueve meses más. Tras este tiempo, el Departamento de Salud, tras someterla a varios tratamientos infructuosos —menos la extirpación de la vesícula, a lo que ella nunca accedió—, se apiadó de ella, y procedió a liberarla bajo varias condiciones. Entre las obligaciones que debía cumplir estaba el no volver a cocinar o a manipular alimentos para nadie. Además, debía presentarse ante el departamento cada tres meses.

Nada más ser liberada se olvidó de sus promesas y obligaciones. Cambió varias veces de nombre y trabajó de cocinera en hospitales, restaurantes y hoteles. Pero la suerte no estaba de su parte. Ganaba poco dinero, y un corte en una mano le impidió poder cocinar durante meses, con lo que malvivió durante algunos meses.

Un tiempo después, el jefe de ginecología y obstetricia del hospital Sloan para mujeres, llamó a George Soper y le contó que estaban teniendo un brote de fiebre tifoidea que había afectado a más de 20 personas. Era culpa otra vez Mary Mallon.

Volvió a ser recluida en su *bungalow* del hospital Riverside en la isla North Brother, donde permanecería hasta su fallecimiento en 1938.

De manera incomprensible —o increíble— hasta el año de su muerte la Oficina de Salud de Nueva York había identificado a más de 400 portadores asintomáticos de *Salmonella*, pero ninguno de ellos fue condenado a reclusión perpetua. No sabemos si es porque accedieron a extirparse la vesícula…

George Soper escribió en el *Bulletin of the New York Academy of Medicine* que no hubo autopsia, pero otras fuentes afirman que se le practicó una autopsia durante la cual se le extrajo la vesícula biliar y se comprobó que era el sitio donde *Salmonella* proliferaba y desde donde pasaba a sus heces. Algunos dicen que esto último es una leyenda urbana que solo buscaba aplacar los ánimos de la gente que veía en su reclusión algo impropio de un país donde se defendían como en ningún otro los derechos humanos.

Esta historia fue —y sigue siendo— muy comentada y estudiada, sobre todo cuando hay por medio temas de higiene de alimentos, salud pública o lavado de manos. Estudios posteriores revelaron que, en Alemania, por ejemplo, había un porcentaje bajo pero significativo de portadores asintomáticos de *Salmonella*.

*Allá donde mejor se enseñe y más se investigue,
allá será donde mejor se trate a los enfermos
y se obtengan las mejores estadísticas.*

EDITORIAL, REVISTA MÉDICA DE BARCELONA. 1926.
CITADO EN EL LIBRO: *LA CASA DE SALUD VALDECILLA*

*El primer requisito de un hospital es
que no debe hacer daño a los enfermos.*

FLORENCE NIGHTINGALE

*Los verdaderos avances se hacen solo
después de años de trabajo, por parte de
hombres altamente entrenados que se
preocupaban poco por la fama y el dinero.*

OLIVER WENDELL HOLMES

Ilustración de Dhanwantari, dios de la medicina
ayurveda (medicina tradicional de la India).

HOSPITALES Y DISECCIONES

Hay indicios de que unos 500 años antes de Jesucristo ya había locales que hoy podríamos denominar hospitales —*nosoko-meia*—, en la antigua Grecia, e incluso en Egipto y en la India. Pero en ellos la curación estaba encomendada a los dioses, así que, cuando te curabas, era porque habías sacrificado unos cuantos pollos, o ganado; pero cuando no te curabas era por que los dioses no lo estimaban oportuno.

Aunque para los judíos todos los males eran enviados por su Dios, según el libro *Una corta historia de la medicina del Talmud*, Jacob Snowman describe cómo en este tratado judío —posterior a la Biblia cristiana— se habla de «prevenir» la infección causada por el aire y de que los cirujanos no deben tocar las heridas con sus manos. En el Talmud también se indica que las personas mordidas por un perro rabioso deben comerse el hígado del propio perro para curarse.

Pero poco más se sabe de los tratamientos que se impartían en los primeros hospitales creados por el hombre. Quizás los médicos aprendían algo sobre el cuerpo humano curando a gladiadores y a los soldados en combate, pero poco más, pues las causas de las enfermedades infecciosas eran totalmente desconocidas.

Más tarde, cuando la Iglesia cristiana comenzó a desperezarse, se opuso a la higiene corporal, ya que el alma debía recibir mucha más atención que el cuerpo. También comenzó teniendo cierto recelo hacia los *médicos*, ya que interferían en el monopolio de la muerte, así que cualquier subida de tono contra las normas de la Iglesia era clasificada como herejía o blasfemia, con las consecuencias que esto entrañaba. Por lo tanto, no es de extrañar que las condiciones higiénicas en los hospitales y los monasterios regidos por la Iglesia, en lugar de sanar, aceleraban la salida del alma de los pobres y sucios cuerpos de los enfermos. Por supuesto, la Iglesia en sus comienzos tampoco veía con buenos ojos la disección de personas o animales para generar conocimiento útil de anatomía humana.

Galeno de Pérgamo (129-216), más conocido como Galeno a secas, fue un médico y cirujano griego que ejerció en pleno apogeo del Imperio romano. En la época de Galeno tampoco es que estuviera muy bien visto realizar disecciones de cuerpos humanos, pero tuvo mucha fama la disección animal; de hecho, en aquella época se diseccionaron todo tipo de animales, desde monos hasta ratas, pasando por elefantes, etc. Esto indudablemente despertó la curiosidad de muchos y el ansia de conocimiento de algunos, con lo que la fisiología comenzó a nacer, pero muy tímidamente. Pero claro, un ratón no es una persona, un pollo no es una persona y un perro no es una persona, así que Galeno nunca llegó a ser un experto en anatomía humana. Lo que sí gustaba mucho a Galeno era purificar el aire. Respirar los productos de la combustión de aceites, especias —como la mirra— y otras hierbas variadas se consideraba imprescindible para mantener una buena salud.

En cuanto el emperador Constantino se convirtió al cristianismo, numerosas órdenes religiosas que se dedicaban al servicio de Dios pasaron a hacerlo también al servicio de los hombres. Conculcando dos de los principios con los que aparentemente el ser humano debería llegar a este mundo —la compasión y la caridad— y siguiendo las instrucciones del hijo de su CEO (*chief executive officer* o presidente ejecutivo), estas órdenes religiosas fueron creando miles de pequeños hospitales por toda Europa para encargarse de los enfermos, pobres y necesitados. Evidentemente, sin ninguna cultura médica, los religiosos y las religiosas se dedicaron inicialmente a confortar a los fieles en su lecho de muerte, liberándolos de todos los pecados terrenales para que no sufrieran el tormento eterno en el infierno. Sin duda, el poder llegar a la vida eterna era mucho más reconfortante que los remedios médicos que se aplicaban en aquella época, a cada cual más inútil.

A medida que la religión cristiana se fue apropiando de la cultura, de la política y de la educación, también sintió la necesidad de que algunos de sus santos fueran consagrados a proteger a sus feligreses contra algunas enfermedades. Así que, por ejemplo, san Vito protegía a la gente del cólera, san Antonio y san Cástulo de las erisipelas, san Roque protegía de la peste, san Policarpo de la disentería, san Blas de enfermedades respiratorias, san José de Veuster de la lepra, san Adelardo del tifus, san Matías de la viruela, etc. Y claro, con rezar unas cuantas —o muchas— oraciones la cura estaba casi asegurada.

Con la acumulación de enfermos y con la necesidad de atender a los peregrinos que viajaban por toda Europa siguiendo los caminos sagrados en busca de reliquias de santos, en el año 651 se fundó en París la Casa de Dios u Hostal de Dios (Hôtel-Dieu), que fue gobernado por distintas órdenes religiosas hasta la revolución francesa, a finales de 1700, que finalizó con el golpe de Estado de Napoleón Bonaparte (1769-1821). Precisamente, cuando Napoleón se dio cuenta de que los religiosos gozaban de la simpatía de los que podían donar sus fortunas a la beneficencia, volvió a permitir que las órdenes religiosas se ocuparan de los hospitales. Más adelante ocurriría, que esas personas que veían con buenos ojos aportar dinero a la caridad y a la construcción o mantenimiento de los hospitales, después de ver cómo los miasmas campaban a sus anchas en ellos, y de que salía más gente muerta que viva, preferían gastarse su dinero en ser atendidos en casa.

Los ingleses iban con retraso a la hora de crear grandes hospitales. Pero en cuanto empezaron, construyeron verdaderos templos de curación —y de muerte, como veremos en breve—. En 1123 se fundó en Londres el hospital San Bartolomé —St Bartholomew's Hospital—, y en 1215 el Santo Tomás —St Thomas' Hospital—; un siglo más tarde ya habría más de 500 hospitales por toda Inglaterra. En esa época también se fundaron de alguna manera las universidades europeas. La más antigua es la de Bolonia, fundada en el año 1088. Le siguen la de Oxford (1096), París (1150-1200), Montpellier (1180), Palencia (1208-1212), Cambridge (1209), Salamanca (1218), Padua (1222), Nápoles (1224), Siena (1240), Valladolid (1241) y Murcia (1272). Aunque estas fechas pueden variar dependiendo de lo que algunos consideren cómo eran los grupos de profesores y alumnos que formaban la semilla de una universidad.

Durante el primer cuarto del siglo XIII la lepra estaba tan a la orden del día en Europa que llegaron a coexistir más de 10.000 leproserías. Así, cuando la peste llegó en el siglo XIV muchas de ellas sirvieron para acoger a los enfermos y a los moribundos.

La Iglesia seguía manteniendo que abrir cuerpos de personas o animales para generar conocimiento útil era pecado, aunque a veces hacía la vista gorda si posteriormente a los fragmentos del difundo diseccionado se les daba una sepultura cristiana. En Italia, cuna de papas, surgieron los díscolos más activos contra el veto de la Iglesia de diseccionar cuerpos, pues los primeros registros de la realización de disecciones sistemáticas provienen posiblemente de Bolonia en el siglo XIV. Destacó Mondino de Luzzi (1270-1326), fiel seguidor de Galeno y de su obra con animales, pero dio un salto cualitativo inventando la «disección pública de cadáveres humanos». Además, escribió uno de los textos de anatomía con más adeptos a partir de entonces: *Anatomia corporis humani*.

La época medieval era abundante en guerras. En las guerras hay heridos y muere gente. Pero claro, en 1300 se seguía aún cierta corriente heredada de Hipócrates que decía que las heridas debían supurar, es decir, expulsar la mayor cantidad de pus posible. No es de extrañar que las amputaciones estuvieran a la orden del día, lo que daba trabajo a herreros y carpinteros que fabricaban prótesis de madera o de metal —patas de palo, garfios, manos de madera…— para los muñones de los pobres soldados. Como hemos visto en muchas películas, la cauterización con hierros al rojo vivo o empapar de aceite hirviendo las heridas eran las principales técnicas para controlas las hemorragias.

Un gran contrincante de la doctrina que dejaba supurar a las heridas fue Guy de Chauliac (1298-1368), uno de los cirujanos más importantes en la Edad Media, que contribuyó con su libro *Chirurgia Magna* a recopilar todos los conocimientos de cirugía de la época. Prefería la limpieza de las heridas antes que dejarlas secretar pus indefinidamente.

A partir de 1450 las guerras fueron cambiando, y con la fabricación en masa de pólvora y las balas y las bolas de cañón, las heridas dejaron de ser solo por cortes de espada, heridas de lanzas o de flechas, aplastamiento con catapultas o quemaduras por aceite hirviendo. Las hojas afiladas producían cortes limpios pero las balas introducían trozos de tela en la carne, lo que muchas veces terminaba en gangrena, lo que incrementaba notablemente el número de mutilados en las guerras. Con un poco de suerte, si la bala entraba atravesando el pantalón o la camisa, solo te amputaban la pierna o en el brazo y solo te quedabas cojo o manco. Pero una herida en el vientre o el pecho era mortal.

Así que, si las heridas de los soldados cambiaban, también lo hacían las infecciones y por consiguiente había que cambiar los métodos para intentar curarlas. Y por lo tanto era también imperiosamente necesario avanzar en el conocimiento de la anatomía humana.

En Italia apareció Leonardo da Vinci (1452-1519), que es imposible creer que no diseccionara unos cuantos cadáveres para realizar sus perfectas obras. A este le siguió Andrea Vesalio (1514-1564). En 1543, Vesalio publicó su obra *Andreae Vesalii bruxellensis, scholae medicorum patauinae professoris, de humani corporis fabrica Libri septem*, que en español viene a ser algo así como «Andreas Vesalius de Bruselas, profesor de la escuela de Medicina de Padua, de la estructura del cuerpo humano en siete libros», y que popularmente se conoce como *De Humani Corporis Fabrica*. Es un libro de casi 700 páginas lleno de ilustraciones impresionantes sobre músculos, huesos, órganos, vasos sanguíneos y nervios, por lo que no es difícil pensar que fue el libro de cabecera de los que siguieron sus enseñanzas en los diferentes campos de la medicina.

Se desterró definitivamente la historia de los humores, heredada durante generaciones a partir de los griegos, y comenzó la carrera hacia el verdadero conocimiento del cuerpo humano y de sus enfermedades. Se descubrió el funcionamiento de los órganos genitales, del corazón, del aparato respiratorio, etc.

Un compañero de disecciones de Andrea Vesalio fue Miguel Servet (1509 o 1511-1553), un multitareas español —se dedicó entre otras cosas a la medicina, la teología, la anatomía, la matemáticas, la física, etc.—. Descubrió la circulación pulmonar y posiblemente esto no gustó nada a los amigos del reformador Calvino, que lo detuvieron cuando estaba de paso por Ginebra y lo quemaron en la hoguera. Por eso o por criticar a la Iglesia, o por su defensa del bautismo a la edad adulta, a saber...

Miguel Servet (1511 - 1553).

Pero donde había que hacer verdadera cirugía era en batalla. En el siglo XVI la cosa no había mejorado mucho para los heridos en combate, ya que se popularizaron los barberos-cirujanos, expertos en amputaciones. Pero hacia 1550 la suerte de los soldados que pateaban los campos de batalla comenzó a cambiar ligeramente, ya que el cirujano francés Ambroise Paré (1510-1590) —al que algunos consideran el padre de la cirugía militar— escribió textos tan curiosos como: *El método de tratamiento de las heridas hechas por arcabuces y otras armas como flechas, dardos y similares, especialmente las hechas por la pólvora de cañón*. También escribió su famoso texto militar *Método para tratar heridas* en 1545 y posteriormente —basándose bastante en la obra de Vesalio— su *Anatomía universal del cuerpo humano* en 1561, que sirvieron de ayuda para cambiar de mentalidad respecto al tratamiento de las heridas —sobre todo en los soldados—. Básicamente, Paré eliminaba el material muerto de las heridas y aplicaba vendajes limpios, por lo que solía decir: «Dios se encarga más tarde de curar la herida limpia y vendada».

En el libro de 1575 *Las obras de M. Ambroise Paré, asesor y primer cirujano del Rey, con figuras y retratos relacionados con la anatomía, así como con instrumentos quirúrgicos*, se habla de que a Ambroise Paré, estando un día en el campo de batalla atendiendo a soldados, se le terminó el aceite que aplicaba para cubrir las heridas. Entonces se le ocurrió aplicar ungüentos hechos a base de yema de huevo, aceite de rosa y trementina —una especie de resina—, por ese orden. En ese libro podemos observar también ilustraciones de las herramientas que había que utilizar para extraer las puntas de flecha o de lanza clavadas en el cuerpo, o incluso cómo separar la madera y las astillas de las propias flechas o lanzas de la carne de una pierna o de un brazo.

Curiosamente —y perdone el lector la intromisión— en el capítulo 7 de la segunda temporada de *Juego de tronos*, la serie de inspiración *medieval*, una enfermera —Talisa Maegyr— que atendía a soldados heridos en el campo de batalla le cuenta al rey —Robb Stark— que algunos suministros para curar se estaban acabando, aunque otros como la yema de huevo, el aceite de rosa y la trementina se reponían fácilmente. Qué curioso, ¿no?

La religión hizo muchas cosas mal, pero muchas otras bien. En el siglo XVII, Vicente de Paul —que luego sería santo— creó la orden de las Hermanas de la Caridad, que jugarían un papel clave y desinteresado en el cuidado de los enfermos más abandonados por la sociedad.

Pero la enfermedades infecciosas seguían siendo un misterio. Solo cuando la experimentación con animales y la disección de humanos llegó a su culmen en el siglo XVIII comenzó a atisbarse una relación entre una enfermedad y los cambios patológicos que producía en un cuerpo, sobre todo cuando estos cambios podían estudiarse durante las autopsias de los cadáveres. Entonces llegó otro italiano, Giovanni Battista Morgagni (1682-1771) que en 1761 publicó su libro *De sedibus et causis morborum per anatomen indagatis*, que traducido vendría a ser algo así como: «Sobre las localizaciones y las causas de las enfermedades, investigadas desde el punto de vista anatómico». Una obra maestra que sentó las bases de la anatomía patológica moderna. Se cree que diseccionó más de 700 cadáveres.

Estos adelantos no se veían notablemente reflejados en los hospitales, donde se amontonaban grandes cantidades de pacientes, lo que favorecía la transmisión de enfermedades. Lo mejor que se les ocurría a los antiguos *gerentes* de los hospitales era proporcionar a las inmensas salas de los oscuros edificios la mejor ventilación posible para *preservar la pureza del aire*, pues el aire viciado seguía siendo para muchos el origen de las enfermedades. Pobres enfermos.

En los hospitales de campaña de los ejércitos y en los barracones la cosa no pintaba mucho mejor; ni siquiera a finales del siglo XIX. En un artículo titulado: «Consumo pulmonar en la Armada británica» que apareció en 1876 en la revista *Revisión médico-quirúrgica británica y extranjera*, se describía cómo en la atmósfera de un barracón de la época se podía encontrar una mezcla de humedad, pestilencia, calor, exhalaciones pulmonares y cutáneas, productos de la combustión de fuego y tabaco, emanaciones orgánicas de las comidas, partículas de material de la ropa, muebles, materia inorgánica de la limpieza de equipos, polvo, etc. Pobres soldados.

Saber cómo se pasó de la *magia* de los humores y los miasmas a la disección de animales y luego de humanos es interesante para conocer a nuestros siguientes personajes.

Un avance clave fue la aparición de los microscopios. Su inventor es escurridizo, pero sabemos muy bien quiénes los utilizaron por primera vez. Hay varias fuentes escritas que hablan del posible origen del microscopio compuesto. Por una parte, está el fabricante de lentes holandés Zacharias Janssen (1580/88-1632) —ayudado por su padre Hans—; y el fabricante de lentes alemán Hans Lippershey (1570-1619) que aportó sus conocimientos para optimizar el microscopio de los Janssen. Sus microscopios conseguían inicialmente 10 magníficos aumentos, pero fueron utilizados de manera muy habilidosa por Marcello Malpighi (1628-1694), quien estudiaría la estructura de distintos órganos como el hígado, el bazo, el cerebro, o los pulmones, y descubriría definitivamente los capilares sanguíneos, que habían sido intuidos por el médico inglés William Harvey (1578-1657). Malpighi, que era contemporáneo de van Leeuwenhoek, descubrió también los alveolos pulmonares y estudió una cantidad enorme de seres vivos al microscopio. Descubrió la estructura celular en las plantas, el sistema respiratorio de invertebrados o incluso las bacterias fijadoras de nitrógeno en los nódulos de algunas plantas.

Posteriormente, en el siglo XVIII, ya hay indicios claros de que algunas mentes curiosas comenzaban a cuestionar el cuento de los *miasmas* y otras fuerzas oscuras que obraban su maldad solo para castigar a los hombres. En 1720, el médico inglés Benjamín Marten (1690-1752) publicaba su libro *Una nueva teoría de los consumos: más especialmente de la tisis o consumo de los pulmones* con la editorial T. Knaplock de Londres. Marten escribía en sus páginas que «*la causa principal, esencial y hasta ahora inexplicable de esa enfermedad —la tuberculosis— era, de hecho, un minúsculo animal que infectaba los pulmones*». La teoría de Marten, —pues no presentaba evidencias experimentales— fue demostrada por Robert Koch 163 años después. El problema que tuvo Marten para atraer el interés de científicos o médicos lo había tenido Leeuwenhoek 40 años antes, tras enviar sus cartas a la Royal Society. Básicamente, estas aportaciones teóricas tenían que competir con los anuncios de soluciones mágicas contra enfermedades como la peste, la sífilis o la gonorrea —entre otras— que prometían curanderos y charlatanes de aquella época. Bueno, charlatanes y no tan charlatanes: el Colegio Real de Médicos había publicado en Inglaterra en 1618 una enciclopedia enorme en latín que contenía más de 2100 remedios contra todo tipo de enfermedades. Se denominó *Farmacopea Londinensis*. En 1649, Nicholas Culpeper (1616-1654), una mezcla de herborista, médico y astrólogo, tradujo esta enciclopedia al inglés. Probablemente algunos de estos remedios aliviaban el dolor o el sufrimiento, sobre todo si eran alucinógenos, pero al carecer de principios activos útiles y purificados producían más un efecto placebo que otra cosa. Un placebo es una sustancia —hierba, bebida, ungüento, etc.— que carece de cualquier acción curativa pero que puede producir —o produce— un cierto efecto terapéutico si el enfermo la toma convencido de que es un remedio realmente eficaz. Es decir, que el propio enfermo puede autoinfluenciarse ante la esperanza o la promesa de la curación, y como resultado puede sentirse mejor; incluso esa sensación —más mental que física— puede facilitar en ciertos casos la recuperación.

Esta enciclopedia fue la primera lista estándar en Inglaterra que contenía los medicamentos y sus ingredientes. Entre las utilidades que tuvo destacó el enfrentamiento entre los que se decantaban por las plantas y los que preferían otro tipo de medicinas, así que se creó la profesión de boticario o apotecario, que luego pasaría a ser farmacéutico. Según Richard Gordon, autor del libro *The Alarming History of Medicine,* entre sus fórmulas curativas no solo se incluyen plantas, sino también criaturas vivas o partes de ellas como pulmones de zorro, aceite de lobo, ojos de cangrejo, orina y placenta humanas, nidos de golondrinas, el cráneo de un hombre ahorcado, pastillas hechas con víbora seca, o incluso *whiskey* irlandés. En su sexta edición parece que eliminaron de ella algunos productos como las telarañas o la grasa humana, pero introdujeron otros como el aceite de castor.

Pero sigamos un poco más con los hospitales, donde también entraron los microscopios.

Poco a poco estos establecimientos se fueron abriendo a la docencia práctica y a las clases de Medicina. Desde finales del siglo XVIII se pasó de un hospital meramente caritativo donde los religiosos *veían* a los enfermos, a un hospital activo, donde los médicos *trataban* a los pacientes. La ciencia se abrió paso rápidamente gracias a la anatomía y al entusiasmo de los médicos y de los cirujanos por las autopsias. Además, los hospitales pasaron a tener una morgue o depósito de cadáveres donde se podía correlacionar una patología con los órganos a los que afectaba. El francés Marie François Xavier Bichat (1771-1802) consiguió un salto cualitativo: pasó de fijarse solo en los órganos a estudiar también los tejidos.

En ese tiempo también, a partir de 1750, aparecieron en Escocia una serie de personajes que jugarían un papel muy importante en la mejora de las condiciones en los hospitales y en la lucha contra las enfermedades que se transmitían en ellos, conocidas hoy en día con el término *enfermedades nosocomiales*. El término latino *nosocomialis* deriva de las palabras griegas que significan «enfermedad» y «cuidar», con lo que enfermedad nosocomial podría venir a ser algo así como «enfermedad originada en el sitio donde se cuida a la gente/hospital».

En 1752 por ejemplo, el médico escocés John Pringle (1707-1782) publicó su libro *Observaciones sobre las enfermedades del Ejército*, donde describe por primera vez las sustancias conocidas como antisépticos. De hecho, se cree que este hombre fue el primero en realizar una prueba de laboratorio con distintos compuestos para evitar la putrefacción de la carne, de la leche o de la yema de huevo, después de infectar estas sustancias con material putrefacto procedente de heridas o pústulas. En la cuarta edición de este libro, publicada 12 años más tarde, Pringle favorece la idea de que la transmisión de la disentería en los soldados es causada por un «*contagium animatum*» (contagio animado), en lugar de por un *miasma*. Sin duda un adelanto hacia la teoría microbiana de la enfermedad, teoría germinal o teoría del germen.

John Hunter (1728-1793), también nacido en Escocia, pero que vivió y curó a personas principalmente en Inglaterra, publicó en 1794 su *Tratado sobre la sangre, la inflamación y las heridas de bala*, que alcanzó numerosas ediciones y que fueron seguidas por cirujanos de todo el mundo. Esta obra cerraba el círculo en lo referente al manejo de los vasos sanguíneos en heridas y operaciones quirúrgicas, que había comenzado con la ligadura de vasos por Ambroise Paré y la comprensión de la circulación arterial por Miguel Servet. A John Hunter también le debemos el que cuidara de su pupilo Edward Jenner (1749-1823), al que encumbró como *fellowship* de la Royal Society de Londres. Todo el mundo le debe algo a Jenner y al descubrimiento de su vacuna, que tuvo una gran importancia para combatir la enfermedad vírica denominada viruela. Jenner no lo tuvo fácil —como muchos otros cazadores de microbios—, y su trabajo *Una investigación sobre las causas y los efectos de la viruela de la vaca, una enfermedad descubierta en algunos de los condados occidentales de Inglaterra, particularmente en Gloucestershire* fue rechazado —*rejected*— por la Royal Society con estas duras palabras: «No debe arruinar su reputación presentando algo que parezca tan en desacuerdo con el conocimiento actual establecido y que resulte tan increíble».

Los amigos de Jenner le aconsejaron que lo publicara de forma privada y así fue. Jenner pagó la publicación de su bolsillo y en cuanto salió a los quioscos y librerías tuvo gran difusión mundial.

Otros médicos escoceses como Edward Alanson (1747-1823), realizaron contribuciones importantes a la mejora de las condiciones en las que se ejercía la cirugía en los hospitales —básicamente amputaciones—.

Pero a finales de 1700 aún podías conseguir en tu visita al hospital alguna de las más de diez enfermedades frecuentes en aquella época. Tampoco te escapabas si estabas embarazada y debían tratarte con especial delicadeza.

En esa época hubo un cambio de mentalidad respecto a los nacimientos. Antes, los niños nacían en casa, pero en las masificadas y sucias ciudades los partos en casa se fueron complicando y fueron sustituidos por servicios de maternidad en los hospitales, y las comadronas pasaron a ser sustituidas poco a poco por médicos que atendían el parto. La bacteria más mortífera para las embarazadas —y para sus bebés— era el estreptococo —*Streptococcus pyogenes*—, que causaba la enfermedad llamada fiebre puerperal —también conocida como fiebre del parto—, una infección que aparecía justo tras el parto. La suerte no favoreció a ninguno de los primeros médicos que opinaron sobre la naturaleza y origen de esta enfermedad.

A finales de 1700 hubo algunos brotes de estreptococo muy sonados en Edimburgo y Aberdeen. Algunos visionarios tomaron buena nota y sacaron algunas conclusiones valiosas. En concreto, Alexander Gordon estableció la naturaleza contagiosa de la fiebre puerperal. Dejó un escrito en el que hacía especial mención a la transmisión de la enfermedad por las manos y las ropas de las personas que atendían a las embarazadas en los partos. Desafortunadamente, al acusar a los médicos que atendían en los partos de ser ellos los causantes de la enfermedad, fue relegado al ostracismo y obligado a abandonar Aberdeen para terminar sus días como cirujano naval. Su escrito *Tratado sobre la epidemia de fiebre puerperal de Aberdeen* no fue conocido por casi nadie.

Posteriormente, Oliver Wendell Holmes, formado en París y en Harvard, escribió un artículo en la modesta revista científica *New England Quarterly Journal of Medicine and Surgery* titulado «El contagio de la fiebre puerperal», en el que reafirmaba las observaciones de Alexander Gordon: que la fiebre puerperal era causada por algún agente infeccioso que se trasmitiría a las embarazadas por el personal sanitario que las atendía durante el parto. Este artículo también fue olvidado durante una década hasta que fue reimpreso en otra revista.

Oliver Wendell Holmes tuvo tiempo también de despacharse a gusto con la homeopatía, inventada en Alemania en 1801, y que, como otras supercherías de la época, se extendió rápidamente entre las gentes ignorantes y ávidas de curación —de cualquier enfermedad que las afligiera en ese momento—. Cuando la homeopatía arribó a Estados Unidos,

Oliver Wendell Holmes le dedicó a esta pseudociencia un libro entero, *Homoeopathy and its kindred delusions*, que viene a ser algo así como «La homeopatía y sus delirios afines». ¿Lo más bonito que dijo sobre la homeopatía? Pues que era «*una masa mezclada de ingenio perverso, de oropel, de credibilidad imbécil y de ingeniosa tergiversación*», lo que evidentemente no le acarreó muchos amigos entre los homeópatas. Eso sí, el inventor de este engaño murió multimillonario en París.

En 1847, cuatro años después de la publicación de Holmes, el médico de obstetricia —especialidad médica que se ocupa del embarazo, el parto y el puerperio— Ignaz Semmelweis se dio cuenta también de que el personal sanitario podía transmitir enfermedades a los pacientes. Esta historia, que ya describí brevemente para mi anterior libro, es fundamental para conocer lo que vino después.

El hospital materno-infantil de Viena se había reformado en 1840 y se había dividido en dos clínicas. En la primera, las mujeres embarazadas estaban al cuidado de los propios médicos y de sus estudiantes de Medicina. En la segunda estaban solo a cargo de comadronas experimentadas. Semmelweis, que repartía su trabajo entre ambos hospitales, observó que la mortalidad por fiebre puerperal de las parturientas era mayor en la primera clínica —cuando estaban al cuidado de médicos y estudiantes— que en la segunda —cuando estaban a cargo de comadronas—. En realidad, no fue el único que se dio cuenta del peligro inherente a la primera clínica, ya que las parturientas hacían cola para ser atendidas en la segunda, e incluso algunas preferían parir en plena calle antes de que las atendiesen los *profesionales* de la primera clínica. El número de muertes en la primera clínica llegó a ser incluso cuatro veces superior al de la segunda.

Semmelweis decidió estudiar personalmente distintos aspectos de ambas clínicas, como la organización, la limpieza, la dieta utilizada, la ventilación y el mantenimiento; recorrió una y otra vez ambos establecimientos y tomó nota de todo lo que podía ser relevante para el asunto. Realizó un censo exhaustivo de altas y bajas, fallecimientos y causas de muerte, y descartó teorías como las que pretendían explicar las muertes basándose en si las parturientas estaban solteras o casadas, si el parto era prematuro o no, la alineación de los astros durante el parto, etc. Como dato desconcertante incluso llegó a verificar que el número de muertes entre las parturientas que no llegaban a tiempo a parir en el hospital era menor que el de la primera clínica. Decidió cambiar incluso la postura del parto —en posición dorsal o lateral—, dependiendo de la clínica en la que tenía lugar.

Jakob Kolletschka (1803-1847), profesor de la Escuela de Medicina de Viena y gran amigo de Semmelweis, ofreció la primera pista. Bueno, la primera pista y su vida. Realizando una autopsia durante una clase de Medicina Forense, a uno de sus alumnos se le escapó el cuchillo ligeramente y realizó un corte en uno de los dedos del profesor. Así de simple. Kolletschka falleció poco después a causa de una infección.

Semmelweis comenzó a darle vueltas al asunto, ya que los signos y síntomas de la infección que acabó con la vida de su amigo eran idénticos a los de la fiebre puerperal que acababa con las parturientas en la primera clínica, y llegó a la conclusión de que el cuchillo estaba infectado con «partículas cadavéricas» que habían entrado en la herida producida por el cuchillo durante la autopsia y habían alcanzado el torrente sanguíneo de su amigo. Eran partículas cadavéricas porque procedían del cadáver de la autopsia.

No tardó en unir todas las piezas del puzle. Resulta que los estudiantes de Obstetricia que atendían a las parturientas en la primera clínica también estudiaban Medicina Forense —y autopsias— en salas cercanas al paritorio, por lo que no era de extrañar que después de sesiones de anatomía *post mortem* ayudaran también en los partos.

Después de observar cómo se le realizaba una autopsia a una mujer que había muerto por fiebre puerperal, Semmelweis se dio cuenta de que las manos del médico que había practicado la autopsia podían transmitir «lo que causaba esa misma fiebre puerperal» a otras pacientes sanas a las que atendía posteriormente durante el parto. Las comadronas nunca realizaban autopsias, así que inmediatamente propuso lavar las manos de los médicos y de sus estudiantes de Medicina de la primera clínica con agua clorada. De esta manera, Semmelweis consiguió un aumento espectacular en la supervivencia de las parturientas de la primera clínica.

Madre, niño y salvador, de Alajos Strobl (1906). Conjunto escultórico que representa Ignac Semmelweis frente al Hospital Rokus, Budapest, Hungría [Nenad Nedomacki].

Estas observaciones sobre la implicación del contacto directo entre el foco de infección y los futuros enfermos, junto con una observación detenida de las deplorables condiciones en las que se encontraban los hospitales de la época, fueron creando conciencia en los cirujanos de lo que se debía hacer para evitar las infecciones, sobre todo tras operaciones quirúrgicas complicadas como amputaciones, extracción de tumores, etc.

Pero este éxito trajo consigo un sentimiento de culpabilidad hacia los médicos y estudiantes que atendían en la primera clínica, lo que creó a Semmelweis grandes enemistades, entre las cuales también estuvo la de su jefe directo, un tal Johann Klein, que comenzó a bloquear su promoción interna favoreciendo a otros candidatos. Tras el hostigamiento —mobbing— por parte de su jefe y de bastantes de sus compañeros, Semmelweis tuvo que abandonar Viena y volver a su país natal, Hungría. En ese momento tuvo tiempo de concentrarse para escribir su extenso trabajo, que le llevaría 3 años, titulado *Etiología, concepto y profilaxis de la fiebre del parto*, de 300 a 500 páginas según la edición, que expresa una idea única e irrefutable: «La fiebre puerperal está causada por la transmisión de partículas diminutas a los órganos sexuales de las mujeres justo en el momento del parto». Muy deteriorado mentalmente, regresó a Viena, donde ingresó en una mezcla de asilo e institución para enfermos mentales. Lo más recalcitrante de aquellos últimos momentos de Semmelweis fue que sus propios colegas médicos le recomendaron como tratamiento para sus problemas mentales que le practicaran sangrías y se diera baños de agua fría.

Irónicamente, durante un chequeo médico rutinario se le detectó una herida en un dedo, posiblemente producto de su última operación de obstetricia, que finalmente se gangrenó y le causó la muerte en 1865.

Como el de muchos otros personajes que se atrevieron a cuestionar a los médicos de la época, su trabajo cayó en el ostracismo y fue incluso olvidado por sus propios compatriotas, y por lo tanto figuras como Lister, Pasteur o Koch no supieron prácticamente nada de sus investigaciones.

Durante el primer cuarto del siglo xix, la química, la física y la fisiología comenzaron a florecer enormemente en países como Inglaterra y Alemania. La fisiología, en concreto, atraía masivamente a los estudiantes de Medicina a las clases de disección y anatomía. Así, patología humoral, basada en la examinación de las secreciones y fluidos corporales, paso definitivamente a ser anatomía patológica, que buscaba identificar enfermedades por las lesiones que estas dejaban en el cuerpo, lo que abrió la veda a la realización de autopsias.

Durante el segundo cuarto del siglo xix la ciencia en general y la medicina en particular experimentaron un auge más que notable. Los médicos ingleses y alemanes comenzaron a desterrar a los curanderos, homeópatas y otros charlatanes de las zonas rurales, y comenzaron a realizar tareas más productivas, como acelerar la aplicación de la vacuna contra la viruela, llevar una contabilidad de los nacimientos y defunciones, y promover medidas de higiene. Tuvieron la ayuda de los Gobiernos, que poco a poco fueron decidiéndose a terminar con el secretismo que recubría a muchos tratamientos notablemente inútiles como la homeopatía, las terapias basadas en el agua o las pócimas ancestrales cuyas fórmulas solo eran conocidas por los que las vendían a precio de oro. Si uno de estos espabilados pretendía curar a alguien, debía mostrar exactamente cómo lo hacía y, por supuesto, el truco debía funcionar. Así que las purgas, los sangrados y otras prácticas cercanas a la magia que utilizaban los que mantenían el monopolio de la curación fueron desapareciendo.

En esa época también, las universidades y los institutos de investigación de los países germanos comenzaron a ofrecer clases prácticas de Fisiología utilizando microscopios, pues era ya muy difícil impartir lecciones de Fisiología sin experimentos ni demostraciones. Uno de los cursos más notables tenía lugar en la Universidad de Berlín: era el denominado curso Henle de Anatomía Microscópica. Lo curioso era que para todos los estudiantes solo había un microscopio, así que los estudiantes recurrían a microscopios con lentes curvadas acromáticas de bajo coste, que entonces eran producidos por la empresa Prössel de Viena y por la empresa Pistor and Scheik de Berlín.

Por si fuera poco, en 1831 se creó la Asociación Británica para el Avance de la Ciencia. En 1842 el fisiólogo, anatomista y zoólogo Rudolf Wagner creó el Instituto de Fisiología de Göttingen. En 1845 se creó la Sociedad de Física de Berlín y en 1851 se creó el Instituto de fisiología de Praga por Jan Evangelista Purkyně, más conocido como Johann Purkinje, fisiólogo, anatomista, biólogo, poeta y filósofo.

El segundo cuarto del siglo xix nos dejó también la figura de Johannes Peter Müller (1801-1858) quizás el más respectado anatomista y fisiólogo de aquella época. Su libro *Manual de fisiología humana* sería el principal libro de consulta para los médicos y fisiólogos que vendrían después. Estableció los métodos que transformarían las ciencias descriptivas y experimentales, y su herramienta principal fue el microscopio. Lo más impresionante de este profesor fue la ristra de alumnos brillantes que nos dejó: Friedrich Gustav Jakob Henle (1809-1885), que enseñaría anatomía al mismísimo Robert Koch; Friedrich Theodor Schwann (1810-1882), que mostró al mundo que estábamos hechos de células; Rudolf Virchow, que más adelante veremos cómo hizo la vida imposible a Koch, aunque también tuvo una enorme carrera científica estudiando la patología en la célula; Ernst Heinrich Philip August Haeckel (1834-1919), cuya controvertida teoría decía que la ontogenia recapitula la filogenia; y Robert Remak (1815-1865) que descubrió las capas de células que se remodelan durante el desarrollo de los embriones de mamíferos.

La segunda mitad del siglo xix comenzaría también muy fuerte. Se fueron creando hospitales especializados en distintos tipos de pacientes, por ejemplo para niños, en distintas capitales europeas —como el hospital Necker para niños enfermos de París, fundado nada más comenzar el siglo—, que luego llegarían a establecerse también en América y otros continentes —como el hospital canadiense para niños enfermos (The Hospital for Sick Children) fundado en 1875—. También se establecieron hospitales y enfermerías especializados en patologías, como el hospital oftálmico de San Marcos —para enfermedades de los ojos y oídos— de Dublín en 1844; el Royal

THE SOLDIER'S FRIEND

Florence Nightingale

'I have just heard such a pretty account from a soldier, describing the comfort it was to *see* even Florence pass; she would speak to one and another, and nod and smile to many more; but she couldn't do it to all, you know, for we lay there by hundreds; but we could kiss her shadow as it fell, and lay our heads on the pillow again content!'
Extract from a Letter to SIDNEY HERBERT Esq mentioned in his speech, as reported in the "Times" of Friday Nov30th 1855.

Ilustración de Florence Nightingale (1820-1910).

Chest Hospital —para enfermedades de pecho—, denominado inicialmente como «Enfermería para el asma, el consumo y otras enfermedades pulmonares», en 1814...

Al crearse hospitales especializados los médicos y los cirujanos necesitaban una herramienta fundamental para salvar vidas: la enfermera.

Aquí tuvo mucho que decir Florence Nightingale (1820-1910). Florence decidió a los 24 años que quería ser enfermera, quizás porque durante su infancia había estado enferma de brucelosis y tos ferina. Era una niña muy espabilada. A los 16 años había traducido las obras de Homero, por lo que a su familia no le gustó mucho aquella decisión, ya que en esa época la profesión de enfermera no es que fuera el trabajo más bonito del mundo. Después de estudiar en varias ciudades europeas, a los ingleses y franceses se les ocurrió meterse de lleno en la guerra de Crimea (1854). Las tropas británicas y francesas fueron enviadas a Crimea para apoyar a Turquía en su disputa con Rusia, donde batallaron principalmente en la península de Crimea. En octubre de ese año, las noticias que recogía la prensa inglesa sobre el estado lamentable de los soldados británicos heridos en el frente que eran llevados a la retaguardia hizo crear un clima de rechazo social a las políticas militares de sus gobernantes. Según Florence, la falta de ventilación, de limpieza y el hacinamiento conseguían que la mortalidad de los heridos debida a la sepsis, a la gangrena, al cólera y a la disentería rozara el 50 %. Además, en los campamentos de heridos de sus aliados franceses —ayudados por la orden religiosa de las Hermanas de la Caridad— la situación era incomparablemente mucho mejor, lo cual perturbaba aún más al pueblo inglés. El secretario para la guerra británico consiguió dinero para que Nightingale, junto con un grupo de 40 enfermeras, aliviara la situación. Pero al parecer Florence se lo tomó muy en serio: puso patas arriba la intendencia sanitaria del campamento militar y en pocos meses rebajó la mortalidad de los heridos al 2 %. Por supuesto, trabajar día y noche para mejorar las condiciones de la pocilga en la que se encontraban los soldados británicos tuvo un precio. Nightingale cayó enferma y estuvo a punto de morir. Al terminar la guerra volvió a casa, pero con algunas fuerzas para seguir haciendo cosas útiles. Así, escribió un manual de 800 páginas titulado *Notas sobre asuntos que afectan a la salud, la eficiencia y la administración hospitalaria del Ejército británico.* Esto impresionó tanto a las autoridades militares que mandaron crear una escuela de medicina militar y construir hospitales específicamente para miliares. No solo eso: en 1860, gracias a donaciones populares se construyó la Escuela Nightingale de Enfermería, en el hospital Santo Tomás de Londres.

La vida de esta fantástica mujer da para escribir unos cuantos libros, pero tenemos que pasar a cosas más bacteriológicas, como la lucha entre los partidarios de que los seres vivos aparecían espontáneamente y los que estaban contra esta idea.

Florence Nightingale y Sir Harry Verney.

*La doctrina de la generación
espontánea nunca se recuperará del golpe
mortal de este simple experimento.*

Louis Pasteur, 1864. Para finalizar su discurso
en la Sorbona sobre la teoría del germen

*Dudo que dentro de diez años quede un solo
médico en Inglaterra dispuesto a apoyar las ideas
contrarias a la teoría del contagio de Pasteur.*

Ferdinand Cohn, en 1876

Comme l'Oculaire Microscope doit estre monté sur son Appuy pour seruir Commodement a voir les petits Objects .

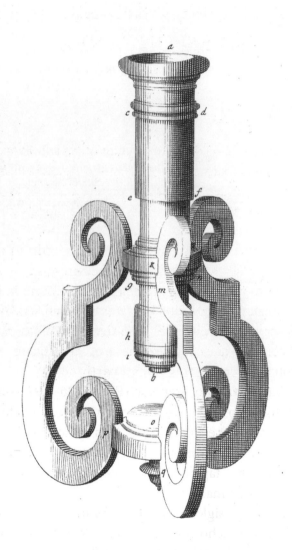

Appuy.

de l'oculaire Microscope

MICROSCOPIOS Y GENERACIÓN
NO ESPONTÁNEA

Ya desde la época de Aristóteles se creía que las formas de vida inferiores —principalmente insectos— surgían espontáneamente del estiércol de los animales superiores y de la materia en descomposición. Un ligero vistazo a una boñiga y descubriremos que está asediada por moscas de todo tipo.

En el siglo XIX mucha gente seguía pensando lo mismo, que de un trozo de carne podrida aparecían gusanos y moscas. Pero esto es muy curioso, que la gente aceptara la idea de que Dios había creado a todos los seres vivos en seis días —al séptimo descansó—, y que al mismo tiempo también aceptara la contradicción de que cada vez que se estropeaba un trozo de carne se volvían a crear seres vivos a partir de él.

Un multitareas italiano, Francesco Redi (1626-1697) —médico, naturalista, fisiólogo, escritor— demostró que los insectos diminutos o *maggots* —por ejemplo, las moscas —no nacían por generación espontánea de la carne en putrefacción. Y lo hizo con un simple experimento: tapando trozos de carne colocados sobre platos con una campana.

Pero como en el siglo XVII no fueras un rey o un papa, la gente no te hacía mucho caso. Además, a Redi le salió un duro competidor un siglo más tarde: John Turberville Needham (1713-1781), un sacerdote católico inglés al que le encantaba la biología. Needham decidió contrarrestar la teoría de Redi que clamaba contra la generación espontánea.

Sus experimentos consistieron en introducir caldo de carne en botellas de vidrio que luego eran hervidas brevemente y cerradas con un tapón. Con esto, los seres que ya estaban en el caldo morirían por el calor y el tapón impediría que entraran otros nuevos a través del aire. Pues bien, en las botellas calentadas y cerradas aparecían llenas de microbios nuevos al cabo de unos días, lo que daba otra vez sentido a la generación espontánea de los seres diminutos. Esos experimentos parecían mostrar que había una fuerza vital que ordenaba los ingredientes del caldo para formar microbios.

Sus experimentos fueron repetidos más tarde por Lazzaro Spallanzani (1729-1799), otro sacerdote, pero en este caso italiano. Spallanzani utilizó un protocolo ligeramente diferente: dejó hervir durante más tiempo las botellas, durante 2 horas. Y así de simple, con el paso de los días el caldo se mantuvo sin

Novum Microscopium Dn: Iosephi Campani, ejusque usus.

ningún tipo de crecimiento microbiano, lo que contradecía los resultados de su colega inglés. Hoy en día sabemos que muchos microbios aguantan temperaturas de ebullición durante cortos periodos de tiempo, y que algunos producen incluso esporas muy resistentes al calor. Pero la diferencia entre los dos sacerdotes pudo ser debida únicamente a que el inglés no tomó las medidas necesarias para mantener sus botellas estériles durante todo el experimento. La cosa no acabó ahí. Algunos espabilados acusaron a Spallanzani de calentar demasiado la fuerza vital que contenía el caldo. Pero Spallanzani estuvo más listo, y acto seguido abrió las botellas con lo que al poco tiempo volvieron a crecer microbios en ese caldo supuestamente desnaturalizado por el calor.

Estos experimentos de Spallanzani fueron muy importantes porque destacaban la importancia de proteger los alimentos de la descomposición.

El medico de Viena Marcus von Plenciz (1705-1786) fue otro enemigo de la generación espontánea. Mantenía la teoría de que pequeñas cantidades de material infeccioso podían reproducir la enfermedad si eran transferidas a otras personas, tras un periodo de incubación, y que los distintos síntomas característicos de cada enfermedad podían estar causados por distintos agentes infecciosos llamados *contagium vivum*.

Franz Eilhard Schulze (1815-1921) en 1836 y Friedrich Theodor Schwann (1810-1882) en 1837 realizaron nuevos experimentos, pero aprovechando a algún virtuoso de la fabricación de vidrios. Sus sistemas, en lugar de botellas, estaban formados por intrincados alambiques de vidrio fino a través de los cuales se hacía circular el aire desde el exterior hasta el interior de unas vasijas. Además, se hacía pasar el aire a través de distintas soluciones ácidas o básicas, o calentaban los conductos de vidrio a través de los cuales fluía el aire. Al final del recorrido se creaban condiciones anaeróbicas y el aire quedaba limpio de gérmenes. Este complejo sistema demostró la importancia del oxígeno para fomentar el crecimiento de algunos microorganismos. Ahora sí que la gente estaba casi convencida de que no existía la generación espontánea.

Pero en aquella época cualquier teoría era muy discutible y tremendamente inestable. Y cuando crees que hoy va a ser un día maravilloso llega alguien y lo fastidia. Aquí entró en el juego de las teorías Justus Freiherr von Liebig (1803-1873), un químico alemán que tendría una gran influencia sobre la bioquímica en la agricultura, y que fue considerado como el fundador de la química orgánica. A este sabio se le ocurrió una teoría en la que decía que las moléculas eran «inestables» y que podían disociarse con facilidad. Además, al ser inestables también transmitían esa inestabilidad a otras moléculas vecinas. Todo ello trufado con mucha química inorgánica, en la que era un reputado experto. Así, por ejemplo, si se pasaba una pequeña parte de un recipiente donde se estaba llevando a cabo una fermentación alcohólica a un recipiente mayor y que contenía azúcar, la fermentación se reiniciaba, y esto era debido a que las moléculas pasaban su información a las del nuevo recipiente. Lo mismo ocurría con la carne. Si ponía un trozo de carne en mal estado junto a un trozo de carne fresca, esta última también se corrompía. Y, para terminar, esta transmisión de la «actividad molecular» presente en diferentes sustancias se aplicaba también a las enfermedades: si se añadía un poco de pus desde una herida avanzada a una herida reciente, esta última se contaminaba y terminaba por crear una infección, y en el peor de los casos la muerte. Pero, como era una teoría química, no había lugar para ningún microbio o germen. Para Liebig, por ejemplo, las levaduras que se encontraban en los procesos de fermentación eran un producto de la propia fermentación, pero que no participaban en causarla.

Unos años más tarde, los alemanes Heinrich Georg Friedrich Schröder (1810-1885) y Theodor von Dusch (1824-1890) dieron un paso más contra la teoría de la generación espontánea. En lugar de los complicados tubos de vidrio alambicados y soluciones de distintos colores, para impedir el paso de gérmenes al interior de las botellas como habían hecho Schulze y Schwann, utilizaron algo que hoy en día seguimos utilizando en los laboratorios de microbiología: tapones de algodón. En su artículo titulado «Sobre la filtración del aire en relación con la putrefacción y la fermentación», utilizaron unos simples tapones de algodón. Estos tapones, una vez esterilizados, son el filtro perfecto más sencillo que hay para no dejar entrar microorganismos en recipientes como botellas, matraces o tubos de ensayo. Esto demostraba la causalidad entre los microbios y la putrefacción de soluciones nutritivas aisladas o no del ambiente.

En 1838, Friedrich Gustav Jakob Henle (1809-1885) observó que los tejidos procedentes de pacientes que tenían distintas patologías en comparación con los tejidos sanos contenían pequeñas criaturas vivas. Desarrolló los conceptos de *contagium vivum* y *contagium animatum*, y escribió *Sobre miasmas y contagio*, que fue uno de los primeros argumentos a favor de la teoría del contagio. Además, su artículo de 1839 en *The Lancet* titulado: «Sobre la formación de mucus y pus, y su relación con la piel» dejó clara su intención de torpedear la teoría de la generación espontánea en las heridas.

Y más adelante vendría Pasteur para dar el golpe definitivo a la teoría de la generación espontánea, aunque antes de Pasteur ya se habían estudiado microorganismos a través de un microscopio.

Bueno, en realidad, en lugar de estudiar, a lo que se dedicaron tanto Leeuwenhoek, Hook y otros de los primeros microscopistas fue a contemplar la cantidad de formas de vida diminutas que se encontraban en cualquier superficie o líquido. Pero no solo bacterias, sino también hongos, parásitos, granos de polen, semillas de plantas etc., cuántas eran, cómo se movían. Por lo general, estas observaciones duraban lo mismo que la vida de esos pequeños seres, pues o los observaban hasta que dejaban de moverse o las preparaciones se secaban, etc., y la diversión se terminaba.

El médico inglés Benjamin Marten, del que hemos hablado anteriormente, se empapó de la literatura de la época para formular su teoría sobre el origen de la tuberculosis. Sabemos que había consultado obras de los primeros microscopistas. Uno de los referentes de Marten era Richard Morton (1635-1698) cuya obra *Phthisiologia* (Tisiología) había sido traducida al inglés en 1694. Marten también conocía las observaciones de

Leeuwenhoek, y, aunque no hay indicios de Leeuwenhoek en la literatura científica de la época de Marten, es de suponer que este habría leído alguna de las cartas que Leeuwenhoek envió a la Royal Society, porque Marten cita en varias ocasiones el libro de Robert Hooke (1635-1703) *Micrographia*, y sabemos que Robert Hooke guardaba estrecha relación con Leeuwenhoek y su trabajo. Así que Marten también conocía muy bien los microscopios y los animálculos.

Rober Hooke escribió su famosa *Micrographia* a los 30 años. Todo un libro ilustrado sobre el mundo macroscópico y microscópico que le rodeaba. Se dedicó a observar los distintos objetos, bichos y plantas que caían en sus manos, y de todo ello dejó unos fantásticos dibujos: cristales de agua congelada, macroalgas, telas, hojas de helecho, hongos, semillas, fósiles pequeños, esponjas marinas, partes de plantas, un primer plano de la cabeza de una mosca, una larva de mosquito, una araña, coleópteros, una pulga y un piojo, etc. Su método de fijación de los insectos para que no se movieran era muy ingenioso. Como al clavarlos con un alfiler seguían moviéndose y luego se secaban y adquirían posturas no muy ortodoxas, decidió ahogarlos en vino o brandi para que mantuvieran la postura lo más natural posible hasta que fallecían, según él «expulsando finalmente burbujas por la boca». Gracias a su microscopio compuesto, que ampliaba las imágenes unas 40 veces, pudo observar y dibujar, por ejemplo, los pelos del abdomen, y del resto del cuerpo, de una hormiga, algo prácticamente invisible al ojo humano.

En 1849 el medico alemán Franz Anton Aloys Pollender (1799-1879) y en 1850 los franceses Casimir Davaine (1812-1882) y Pierre François Olive Rayer (1793-1867) descubrieron unos pequeños microorganismos bacilares en la sangre de ovejas enfermas de ántrax, pero no llegaron más allá en sus investigaciones, cosa que sí haría Koch al cabo de unos años.

*Solo en circunstancias extraordinarias,
el nombre de un científico se extiende más
allá del límite de la ciencia y toma un
lugar en los anales de la humanidad.*

HONORÉ DE BALZAC

*El éxito intelectual en la ciencia es
uno de los objetivos más nobles a los
que un hombre puede aspirar.*

LOUIS PASTEUR

*La mayoría de la gente estaría de
acuerdo en que, con Pasteur, el arte
médico se convirtió en una ciencia.*

BRUNO LATOUR

Litografía realizada por P. Petit de Louis Pasteur, extraída de *Retratos de
médicos y científicos,* de R. Burgess [Wellcome Institute, Londres, 1973].

LOUIS PASTEUR

En la primera mitad del siglo XIX comenzó un periodo de reformas sociales muy necesarias. Después del primer cuarto de siglo, cuando Europa se recuperaba de la resaca llamada Napoleón, comenzó por ejemplo a aflorar el sentido común en muchos políticos británicos, que abolieron la mayoría de delitos menores que llevaban a la pena de muerte, que prohibieron el trabajo de los niños menores de 9 años y que redujeron el trabajo de los niños mayores de esta edad, durante la imparable revolución industrial. Se abolió la esclavitud en todas las posesiones británicas en 1833. Se creó la primera policía bien estructurada de Londres y se fundó el moderno sistema de correos postales. Estas demostraciones de sentido común se extendieron rápidamente a otros países.

La segunda mitad del siglo XIX comenzó fuerte, con las exposiciones internacionales de Londres y París. Darwin ordenó las ideas y los dibujos de sus cuadernos de navegación en 1859 y publicó *El origen de las especies*. Y comenzó la época dorada de los primeros genios de la bacteriología: Pasteur y Koch.

Louis Pasteur (1822-1895) nació en Dôle, un pueblecito al sureste de Dijon y pasó gran parte de su infancia en Arbois, donde aún se conserva su casa-museo. No era mal estudiante, y destacaba en pintura: sus pasteles y retratos realizados en su juventud se conservan en el Museo del Instituto Pasteur de París.

La importancia de Louis Pasteur fue que, además de sus importantes descubrimientos para mejorar la salud de las personas, de los gusanos de seda o de los vinos franceses, puso a los gérmenes en el centro de atención mundial, no solo entre los científicos, sino entre el público en general. Esto se ve muy bien reflejado en la película dirigida por de William Dieterle en 1936 titulada: *The story of Louis Pasteur* (La historia de Louis Pasteur). Esta película, cuyo actor Paul Muni representaba al científico francés, consiguió ser nominada a los premios Óscar de la Academia de Hollywood. Muni ganó el Premio de la Academia al Mejor Actor, y también ganó la Copa Volpi al Mejor Actor del Festival de Cine de Venecia en ese mismo año.

Cuando nació Louis Pasteur en Dôle, Francia, el 27 de diciembre de 1822, la esperanza de vida en Europa era de unos 40 años. Cuando murió ya era de 70.

Para finalizar la primera mitad del siglo XIX Louis Pasteur publicó sus trabajos sobre la cristalización de compuestos, una primera piedra para construir el conocimiento sobre la estructura tridimensional de las moléculas. Aquellos estudios le reportaron buena fama como químico. Pero Pasteur abandonó pronto la cristalografía para dedicarse a fermentaciones alcohólicas y especialmente a los causantes de estas, los *fermentos*, que era como se conocían en aquella época a los seres que se veían a través de un microscopio compuesto.

Demostró al mundo la conexión entre un tipo de microorganismo especial y un tipo de fermentación en particular. Para ello, simplemente preparó soluciones azucaradas a las que añadió por separado bacterias o levaduras. Las bacterias producían la fermentación láctica y las levaduras la fermentación alcohólica. Esos procesos tenían lugar en presencia de oxígeno. Más tarde descubriría otro tipo de fermentación, la fermentación butírica, que solo tenía lugar en ausencia de oxígeno, pues era un proceso anaeróbico.

Estos estudios le sirvieron para acometer definitivamente contra la generación espontánea. El aire transportaba gérmenes, y estos eran los responsables de la fermentación y de la putrefacción.

Para demostrarlo, solo tenía que matar o separar de alguna manera los microorganismos que llevaba el aire. Y lo hizo fácilmente mediante sus frascos con el cuello de cisne, a través de los cuales pasaba el aire, pero no los microorganismos, y también utilizando filtros, calor o tapones de algodón, para evitar que estos diminutos seres entraran en sus receptáculos llenos de caldo. Si el caldo se contaminaba, no había forma de demostrar que esa contaminación no hubiera surgido del propio caldo, como aseguraban los partidarios de la generación espontánea.

No contento con demostrar esto en su laboratorio, subió a las montañas para evidenciar que el aire no contenía la misma cantidad de materia —y por lo tanto de gérmenes— en distintos lugares. Si el aire contiene distintos tipos y cantidades de microorganismos según donde se encuentre, entonces el aire no era la causa de la putrefacción y de las fermentaciones, sino el vehículo. El aire transportaba microorganismos.

Pasteur, demostró que estos microorganismos estaban en todas partes, que flotaban en el aire, y que dependiendo de la pureza de este —en lo alto de una montaña o en una habitación— se encontrarían en menor o mayor número. No solo había bacterias en el aire, también en la piel de las personas y de los animales, del suelo, en el agua, etc.

Además, demostró que ciertos fluidos corporales como la sangre y la orina permanecían estériles en el interior del cuerpo de las personas y animales, pero cuando estos enfermaban, esos líquidos pasaban a contener bacterias, lo que era signo inequívoco de enfermedad.

En 1868, a los 45 años, Pasteur sufrió lo que hoy denominamos una hemorragia cerebral. Uno de los mejores médicos de la Academia Francesa de Medicina le recetó que se colocara ocho sanguijuelas detrás de cada oreja. Las sanguijuelas seguían de moda y solo en Francia se utilizaban millones de ellas. Sobrevivió, aunque no gracias a las sanguijuelas, pero le quedaron secuelas que le acompañarían el resto de su vida.

A Pasteur también comenzó a agradarle la investigación con el *Bacillus anthracis*, el causante de la enfermedad que por aquella época se conocía como carbunco en los animales y que muy ocasionalmente también causaba infecciones en humanos, principalmente en pastores o ganaderos que trabajaban en constante contacto con el ganado. Las pérdidas en la ganadería francesa debidas a esta y a otras enfermedades bacterianas eran tremendas.

Pero en lugar de utilizar cámaras de cristal para estudiar las bacterias como hacía Koch, utilizó sus famosos matraces aforados, en cuyo interior depositó medio de cultivo de origen humano —orina— o animal —caldo hecho con carne de pollo—.

Para obtener subcultivos de la bacteria del ántrax, pasaba pequeños volúmenes de un matraz donde la bacteria ya estaba bastante crecida a otros con medio de cultivo nuevo y realizaba lo que hoy conocemos como diluciones seriadas. Cuando dominó la técnica del cultivo del ántrax, pasó a inocularlo en animales y observó que esta bacteria no afectaba a las aves. Si bien los conejos eran muy susceptibles a la enfermedad, las gallinas eran resistentes. Este curioso hecho tenía una simple pero importante explicación. Aparte de que un conejo es un conejo y una gallina es una gallina, estos animales tienen una diferencia notable, de la que en aquel tiempo nadie había podido sacar provecho alguno. Resulta que la temperatura del cuerpo de un conejo se mantiene relativamente estable en torno a los 38 °C, mientras que la temperatura del cuerpo de una gallina es de 42 °C. Así que la clave de la protección de las gallinas frente al carbunco era que la bacteria no se podía multiplicar a 42 °C, y por lo tanto no producía infección alguna. Como buen científico, tenía que verificar las observaciones con experimentos: sumergió unas cuantas gallinas en baños de agua fría para disminuir su temperatura corporal, y así consiguió que la bacteria se multiplicara en ellas y las infectara mortalmente. Era la demostración del efecto de la temperatura sobre las infecciones por *Bacillus anthracis*.

Poco después, el Gobierno francés reclamó la experiencia de Pasteur para que aportara soluciones concretas al problema del carbunco en la ganadería francesa.

En este caso, las ovejas y las vacas eran mucho más grandes que los conejos o las gallinas, pero eso suponía también que la solución del problema le brindaría una satisfacción más elevada.

En otro alarde de genialidad, realizó un experimento simple a la par que elegante. Pasteur sospechaba que el ganado enfermaba después de ingerir las esporas de la bacteria que estaban en el suelo, así que mezcló esporas de ántrax con alfalfa y alimentó unas cuantas ovejas con esa comida contaminada. Pero esto no consiguió que la bacteria hiciera enfermar a un gran número de animales. Entonces, decidió realizar el mismo experimento, pero esta vez mezclando junto con la alfalfa algunas zarzas, cardos y pinchos. Al masticarlos, los animales se producían pequeñas lesiones en la lengua y en la boca, lo que facilitaba la entrada de las bacterias en la sangre. Así que el consejo para los ganaderos fue que no alimentaran a los animales con forrajes que contuvieran objetos punzantes.

Para cerrar el círculo quedaba una cosa pendiente: ¿cómo llegaban las bacterias o sus esporas al suelo y a las plantas donde pastaban los animales? Pues de nuevo el talento de Pasteur salió a flote. Había observado que, cuando un animal aparecía muerto en el campo con signos de enfermedad carbuncosa, los ganaderos lo enterraban directamente en ese lugar. El cuerpo del animal, lleno de bacterias, se descomponía bajo tierra y las bacterias comenzaban a producir esporas ante las condiciones ambientales adversas que había debajo del terreno. Tanto las bacterias como sus esporas eran pasto de las lombrices y de estas pasaban a las plantas, que luego eran ingeridas por el ganado. Así que la consigna para los ganaderos fue que, si incineraban los animales muertos, en lugar de enterrarlos, cortarían el ciclo de transmisión de las bacterias y sus esporas.

Estos experimentos con ántrax fueron criticados por el alemán Robert Koch, que acusó a Pasteur de no utilizar cultivos puros en sus ensayos —en el forraje podía haber «otras cosas» — y de no demostrar rigurosamente que las lombrices llevaban las esporas a la superficie de los campos.

En 1877 Pasteur comenzó a concentrarse por completo en el estudio de las bacterias causantes de las enfermedades. Basándose en los resultados de Jenner y en su vacuna contra la viruela, pensó que, si se podía crear una vacuna contra la viruela, se podrían crear también vacunas contra otras enfermedades. Y así fue. La primera enfermedad contra la que utilizó una vacuna no fue humana, fue gallinácea.

Estampa cromolitográfica homenaje a Louis Pasteur
[Raismes (Nord, France), F. Alglave, 1890].

En aquella época, una bacteria denominada hoy en día *Pasteurella multocida* traía de cabeza a los granjeros franceses. Esta bacteria ataca a las gallinas y les causa lo que se conoce como cólera aviar, de tal forma que las aves pueden morir incluso en 1 o dos días tras la infección. En poco tiempo, Pasteur y su discípulo Charles Édouard Chamberland (1851-1908) consiguieron aislar y cultivar la bacteria en sus matraces de vidrio. Lo primero que se les ocurrió era ver si los cultivos frescos de las bacterias eran capaces de matar a las gallinas. El cólera de las gallinas crecía bien en un caldo hecho a base de carne de pollo que era previamente esterilizado a más de 110 °C, así que Pasteur y Chamberlain comenzaron a hacer subcultivos de la bacteria y en cada pase inocularlos en las gallinas para ver si mantenían o no su virulencia. Las bacterias crecían muy rápido, así que tras 24 horas los cultivos estaban listos para ser inoculados. Y así era. Esos cultivos jóvenes de bacterias mataban enseguida a las gallinas.

Chamberland, como cualquier otro investigador, necesitaba de año en año unas vacaciones. En su último experimento antes de su merecido descanso, se olvidó de inocular las gallinas con los cultivos jóvenes del cólera aviar que estaba haciendo crecer para tal efecto desde el día anterior. Se ausentó durante unas semanas y, cuando regresó, después de darse cuenta de que no había utilizado aquellos cultivos antes de partir, decidió continuar con el experimento donde lo había dejado. Pero la población de bacterias dentro de los matraces con la que tenía que inocular a las gallinas ya había crecido durante demasiado tiempo y había terminado todos los nutrientes del medio de cultivo. Era ya un cultivo muy viejo. Además, las bacterias habían estado expuestas al oxígeno ambiental durante demasiado tiempo, y ya estaban más muertas que vivas. Así que la inoculación con esas bacterias no causó ningún efecto en las gallinas, es decir, no las mataba, y ese era el efecto deseado para probar que la bacteria era virulenta.

Chamberland —como cualquier becario al que le sale mal un experimento— se dirigió a donde estaba Pasteur para comunicarle que todo había salido mal y que iba a tirar los cultivos y a sacrificar a las gallinas para repetir el experimento. Pasteur le dijo que no, que no había que sacrificar a los animales pues no estaban muertos. Así que Chamberland volvió a cultivar la bacteria del cólera aviar 24 horas y esta vez reinyectó a las mismas gallinas con esos cultivos jóvenes, lo que sin duda acabaría con los pobres animales como sucedía siempre. Pero, para sorpresa de todos, las gallinas no solo no murieron, sino que resistieron tranquilamente la dosis letal de bacterias jóvenes. Pasteur enseguida pensó que el excesivo tiempo que habían estado proliferando las bacterias en los matraces de Chamberland y la larga exposición al oxígeno ambiental las había debilitado de alguna manera. Pero, de nuevo, hacía falta controlar qué estaba pasando en las variables del experimento. Así que Pasteur ideó un control definitivo. Mandó comprar una gran cantidad de gallinas nuevas que no hubieran estado expuestas a los cultivos de cólera viejos. Las separó en dos grupos y a uno de ellos se le inyectó el cólera procedente de cultivos frescos: todas las gallinas murieron. Al otro grupo se le inoculó el cólera debilitado procedente de cultivos viejos y más tarde el cólera procedente de cultivos frescos: todas vivieron. La inoculación con bacterias viejas protegía a las gallinas contra bacterias jóvenes. Había nacido la primera vacuna bacteriana de la historia.

En 1881 Pasteur publicó su método para atenuar el microorganismo llamado *virus del cólera de las gallinas* en la revista *Comptes Rendus de la Academia de Ciencias Francesa* titulado «Mitigación del virus del cólera aviar». Ese mismo año coincidieron en el 7º Congreso Internacional de Medicina de Londres, Virchow, Koch, Lister y el propio Pasteur, que ofreció un discurso plenario sobre vacunaciones.

El equipo dirigido por Pasteur comprendió que las condiciones ambientales —o de crecimiento— de los cultivos de bacterias modificaban su fisiología, por lo que comenzaron a investigar distintos métodos de cultivo y de atenuación de las bacterias para producir vacunas, y comprobar si alguno de esos métodos era especialmente eficaz a la hora de inducir una respuesta defensiva mayor contra las bacterias patógenas.

Pero el ántrax era otra historia. La bacteria era muy diferente, formaba esporas muy resistentes al oxígeno. De todos modos, decidieron probar el método de los subcultivos como habían hecho con el cólera aviar, y en lugar de gallinas naturalmente utilizaron un animal víctima asidua del Ántrax: las ovejas. El cólera de las gallinas se mantenía virulento cuando estaba en cultivo fresco, aunque lo hubieran subcultivado cada 24 horas durante muchos días, pero si dejaban envejecer los cultivos, las bacterias perdían fuerza. Con el ántrax sucedió lo mismo: cuanto más tiempo tardaban en utilizar las bacterias de los matraces, menos ovejas mataban estas. Cuando dejaban un matraz con las bacterias durante 12 días, estas ya no mataban ninguna oveja.

Los fantásticos resultados le animaron a contar estos experimentos de pérdida de virulencia bacteriana ante la Academia de las Ciencias. Pasteur finalizó su discurso diciendo que intentarían vacunaciones a gran escala en ganado en cuanto fuera posible.

Tanto partidarios como detractores de Pasteur se frotaron las manos, los partidarios pensando que sería una gran demostración del poder de la ciencia de Pasteur y los detractores pensando en que un fracaso le pondría los pies en la tierra.

Otros vieron una oportunidad de promoción en el asunto. Joseph Hippolyte Rossignol (1837-1919), el editor de la revista *Presse vétérinaire* (Prensa veterinaria), como si se tratase de un promotor de boxeo comenzó a organizar una campaña para publicitar una demostración de la vacuna contra el ántrax de Pasteur en una granja llamada Pouilly-le-For, cedida por él mismo.

El reto consistía en que la Sociedad de Agricultores de Melun, al sureste de París, proporcionaría 60 ovejas, 25 de las cuales serían vacunadas y otras 25 se dejarían sin vacunar durante un mes. Las otras 10 ovejas se dejarían sin ningún tratamiento, como control. Al cabo de un mes se inyectaría a todas las ovejas, vacunadas y no, una dosis letal de ántrax. Si Pasteur tenía razón, las ovejas vacunadas sobrevivirían al patógeno pero las no vacunadas morirían.

Pasteur estaba tan confiado que incluso aceptó la propuesta de uno de los ganaderos de que vacunara también a 6 de sus vacas. Otras 4 vacas quedarían sin vacunar.

Justo un mes después de la vacunación se procedió a inocular en las 50 ovejas una dosis más que letal de la bacteria. Y a las 48 horas se vería el resultado.

Y todo salió según Pasteur: las 25 ovejas vacunadas y las 6 vacas pastaban tan campantes, mientras que, de las ovejas no vacunadas, 22, habían muerto, una había sido sacrificada por su mal estado y las otras dos estaban tambaleándose mortalmente. Las 4 vacas no vacunadas presentaban grandes edemas.

Pasteur siempre estuvo bastante tranquilo. Sabía que sus vacunas funcionarían porque en realidad no aplicó el protocolo de mantenimiento de los cultivos a largo plazo para atenuar la bacteria, sino que utilizó uno más efectivo, utilizando bicromato potásico para matarla y así asegurarse de que la vacuna no tenía ninguna posibilidad de hacer daño. Había conseguido algunas ovejas para realizar un experimento de vacunación e infección en paralelo, en su laboratorio, con lo que sabía casi con toda seguridad que el resultado final en la granja sería igual al que estaba obteniendo con antelación en su laboratorio.

Cuando se enteró Robert Koch de estos fantásticos resultados, también los criticó, señalando la falta de información del método de atenuación de los cultivos de ántrax. La rivalidad entre ambos se extendía más allá de lo científico y alcanzaba cotas de orgullo nacional. Pero Pasteur respondió firmemente a sus críticas. En realidad, daba igual el método de atenuación de la bacteria, la respuesta inmunitaria inducida por las vacunas en el ganado hizo que el resultado fuera inmejorable. Pasteur realizó un experimento elegante y descomunal al aire libre, en presencia de un público muy amplio, al que acudió incluso prensa extranjera, y todo salió bien. Este era uno de los trucos de Pasteur, sabía cómo realizar experimentos científicos que la gente de la calle pudiera entender. Era un gran comunicador y un gran divulgador científico.

Desde 1880 Pasteur quiso encontrar una cura para la hidrofobia —la rabia—. Bueno, en realidad no desde 1880, sino desde mucho antes. Cuando era pequeño, a las personas mordidas por un perro rabioso se les cauterizaban las heridas con un hierro al rojo vivo. Aquella forma de tratar las mordeduras de perros con rabia, y la impotencia y frustración de los que presenciaban la escena, aparecen también reflejadas en la película *La historia de Louis Pasteur*. Los gritos de la gente y el dolor que traía esta enfermedad a las familias estuvieron muy presentes en la mente de Pasteur, que comenzó a sentir una pasión enorme por la ciencia, porque realmente ansiaba poder curar enfermedades hasta aquel momento incurables.

En aquellos tiempos la rabia era más conocida como hidrofobia, porque un porcentaje alto de enfermos se contraía violenta y dolorosamente al beber líquidos, lo que finalmente generaba en ellos un miedo atroz al agua. Pasteur buscaba atenuar al causante de la enfermedad en los perros. Para ello contaba con la ayuda de un experto veterinario que le suministraba animales enfermos. Durante sus experimentos con los mejores amigos del hombre fue cauteloso, e intentó esquivar algunos casos de mordeduras de perros rabiosos en humanos que se le presentaban y para los que solicitaban su intervención. No estaba preparado. Pero, a medida que los resultados de sus experimentos con perros mejoraban, fue cogiendo valor para acercarse a probar su tratamiento en humanos.

El 6 julio de 1885, un lunes por la mañana, llegaron de repente al laboratorio de Pasteur el pequeño Joseph Meister y su madre. Joseph, de 9 años, había sido mordido por un perro rabioso de camino a la escuela. El pequeño estaba cubierto de sangre y de babas de perro. Al quitarle la ropa descubrieron catorce mordeduras.

Tras consultar con varios médicos, la cosa no pintaba nada bien para el pequeño, así que se decidió una solución de urgencia. Pasteur llevaba tiempo tratando perros rabiosos en su laboratorio. Para ello, inoculaba el virus rábico en conejos y cuando

Le Petit Journal

Le Petit Journal
CHAQUE JOUR 5 CENTIMES

Le Supplément illustré
CHAQUE SEMAINE 5 CENTIMES

SUPPLÉMENT ILLUSTRÉ
Huit pages : CINQ centimes

ABONNEMENTS

	TROIS MOIS	SIX MOIS	UN AN
SEINE ET SEINE-ET-OISE	1 fr.	2 fr.	3 fr. 50
DÉPARTEMENTS	1 fr.	2 fr.	4 fr.
ÉTRANGER	1 50	2 50	5 fr.

Sixième année — DIMANCHE 13 OCTOBRE 1895 — Numéro 256

A LOUIS PASTEUR

la enfermedad daba signos de avance, les extraía la médula ósea y las dejaba secar colgadas con cuerdas en el laboratorio, dentro de grandes recipientes de cristal. Luego preparaba una solución a partir de estas médulas y se la inyectaba a perros que habían contraído la rabia hacía poco. Los resultados en perros eran muy buenos, pero nunca se había probado antes un tratamiento así en humanos.

No había tiempo. El periodo de incubación de la enfermedad tras la mordedura podía ser de unos pocos días, así que procedieron a inyectarle el preparado de médula ósea de conejo. Poco a poco, después de 12 inyecciones repartidas durante 10 días, Joseph Meister vivió. Esos días fueron muy duros para Pasteur, que apenas conseguía dormir. El dilema ético de tratar a un ser humano con algo experimental que solo había probado en perros era enorme, sobre todo porque su primer paciente era un niño.

Su mujer Marie Anne Laurent (1826-1910), hija del rector de la Universidad de Estrasburgo, aceptaba el hecho de que los descubrimientos que tenían lugar en el laboratorio de su marido eran de especial importancia para la vida de ambos, así que fue su apoyo psicológico en todo momento; incluso le ayudaba redactando sus dictados.

Al poco tiempo, otro chico llegó con mordeduras de perro. Se trataba de Jean-Baptiste Jupille, de 16 años, que había defendido a su hermano pequeño y a otros niños de un perro rabioso. También se curó.

Pasteur comunicó sus resultados a la Academia de Medicina y ese mismo año comenzó la creación de un servicio para el tratamiento preventivo de la hidrofobia en personas que habían sufrido la mordedura de un animal rabioso. Ese servicio se convertiría 3 años más tarde en el Instituto Pasteur. Inmediatamente, las noticias de la curación de personas con rabia recorrieron el mundo entero. En Nueva York, 4 niños fueron mordidos por un perro rabioso. Sus familias eran de clase obrera, pero, gracias a una suscripción abierta por el diario *New York Herald*, los niños con sus madres y un médico pudieron viajar a Francia. El primer niño, que tenía 5 años, ni se inmutó con la primera inyección, y preguntó: «¿Para esto hemos viajado tanto tiempo?».

En marzo de 1886 llegaron a París 19 rusos procedentes de la provincia de Smolensk, cerca de la actual frontera rusa con Bielorrusia. Les había mordido a todos un lobo rabioso. Uno de los heridos había conseguido acabar con él a golpes de hacha. Algunos tenían heridas tan graves que tuvieron que ser llevados inmediatamente al hospital, pero aun así 16 de ellos sobrevivieron.

El método para el tratamiento de la hidrofobia utilizado por Pasteur desató una violenta oposición por parte de la comunidad médica. Esto se ve claramente reflejado también en la película sobre la vida de Pasteur. De manera increíble —aunque en aquella época se veía de todo— algunos se tomaron las 3 víctimas de la rabia como si hubieran sido tres asesinatos perpetrados por Pasteur. El colectivo médico aún no le tenía en gran estima. El pediatra amigo de Pasteur Jacques-Joseph Grancher (1843-1907), que había participado en los cuidados del joven Joseph Meister, dejó esto claro en una magnífica frase: «Incluso esas revoluciones que son el resultado necesario de la demostración científica, invariablemente dejan a algunos vencidos en su camino, a quienes les resulta difícil perdonar». Pero ya estaban todos los ingredientes preparados para crear un centro de atención y tratamiento para los pacientes de rabia. Y, como se vería más adelante, los datos de curaciones que se fueron acumulando en el Instituto Pasteur convencieron a todos. En quince meses se aplicó la vacuna a 2.500 personas.

EL INSTITUTO PASTEUR

Una de mis tiendas favoritas cuando vivía en París era Le Bon Marché, unos grandes almacenes con una sección de alimentos espectacular: La Grande Épicerie de París. Al preparar este libro me enteré de que sus propietarios en la década de 1880 habían contribuido a la colecta popular que recaudó cerca de 2 millones de Francos para la construcción del Instituto Pasteur. Este, apadrinado por las autoridades locales y los aristócratas y banqueros franceses, abrió sus puertas en 1888. Otras personalidades que apoyaron su construcción fueron el zar de Rusia, notablemente impresionado por la curación de sus paisanos, el sultán de Turquía y el emperador de Brasil. Los políticos ingleses por fin se pusieron de acuerdo en algo y realizaron una donación al Instituto Pasteur por atender a los ingleses enfermos de rabia —más de doscientos entre 1885 y 1889—. Louis Pasteur por su parte donó todos los beneficios que se obtenían de la administración de las vacunas contra el ántrax, el cólera de las gallinas y la rabia.

A la construcción del Instituto Pasteur le siguió inmediatamente la del Instituto de Enfermedades Infecciosas de Berlín, dirigido por Koch, que abrió sus puertas en 1891. Luego vino la construcción del Instituto de Medicina experimental de San Petersburgo en 1892, la del Instituto Británico de Medicina Preventiva en Londres en 1893 y la del Instituto Seroterapéutico de Viena en 1894.

El Instituto Pasteur se dividió en 6 departamentos, cada uno dirigido por uno de los lugartenientes de Pasteur. Así, el Departamento de Microbiología —en el que tuve el honor de trabajar 110 años después— estaba dirigido por Émile Duclaux (1840-1904). El Departamento de Técnicas Microbiológicas estaba dirigido por Pierre Paul Émile Roux (1853-1933), que participaría con Yersin en el descubrimiento de la toxina de la difteria e implementaría la sueroterapia utilizando caballos; además, inventaría una cámara de incubación, diseñando un pequeño habitáculo con temperatura controlada para el cultivo de bacterias. Los frascos Roux que utilizan los laboratorios de todo el mundo para cultivar células llevan su nombre. El Departamento de Microbiología Aplicada a la Higiene estaba dirigido por Charles Édouard Chamberland, que trabajó estrechamente con Pasteur para desmontar la teoría de la generación espontánea y en la vacuna contra el carbunco y el cólera de las gallinas. El Departamento de Morfología Microbiológica estaba dirigido por el ruso Elie Metchnikoff, que entre otras cosas descubrió los macrófagos, la hemolisis, e incluso describió por primera vez la microbiota humana. El Departamento de Microbiología Comparativa estaba dirigido por el también ruso Nikolay Fyodorovich Gamaleya (1859-1949), que probó en sí mismo la vacuna de la rabia para demostrar su seguridad y que muy pronto sería elegido director del Instituto Bacteriológico de Odesa. Finalmente, el Departamento de Rabia estaba dirigido por el pediatra Jacques-Joseph Grancher, que ayudó a Pasteur a vacunar a Joseph Meisner y que posteriormente se ocuparía también de implementar la prevención contra el contagio de la tuberculosis.

Estos investigadores comenzaron a publicar sus artículos en la revista del propio Instituto, la denominada *Annales de l'Institut Pasteur*, fundada en 1887, que es una fuente ideal para conocer cómo era la producción científica y por lo tanto la impronta científica que este centro dejó en la comunidad internacional.

El Instituto Pasteur también comenzó a ser un referente mundial en la enseñanza práctica de la microbiología. El primer curso de posgrado en Microbiología del Instituto Pasteur se impartió en 1894, y desde entonces ha tenido alumnos de todos los países del mundo. La vida en el instituto debía de ser de lo más fascinante. Fue ubicado en lo que en aquella época eran las afueras de París, por lo que proliferaron los pequeños negocios a su alrededor. Así, por ejemplo, los *pasteurianos* se citaban en el restaurante Microbio de Oro, cercano al instituto. Hoy en día, como París es una ciudad que ha crecido tanto, el Instituto Pasteur se encuentra en la zona sur del anillo central, en el distrito 15, y claro, podemos encontrar multitud de establecimientos y calles con su nombre, desde el Bulevar Pasteur, la Farmacia Pasteur, pasando por el Hotel Pasteur, hasta restaurantes como El Pequeño Pasteur, En la esquina de Pasteur, Pasteur 41, etc. A esa zona se llega fácilmente desde la parada de metro Pasteur. Es muy recomendable visitar el museo Pasteur, que está dentro del propio instituto.

Pasteur fue además un luchador incansable contra la burocracia de la época, que nada tenía que envidiar a la burocracia con la que nos enfrentamos los científicos de hoy en día. Para él, el científico era útil en el laboratorio, pero inútil si estaba pidiendo recursos constantemente.

En 1892, 2.500 personas llenaron el anfiteatro de la Universidad de la Sorbona para rendirle homenaje. Pasteur, que ya tenía una salud bastante deteriorada, entró en la gran sala del brazo del presidente de la República Marie François Sadi Carnot (1837-1894).

La escena en la que Lister se dispone a abrazar a Pasteur tras su entrada en el anfiteatro aparece maravillosamente reflejada en el famoso cuadro —óleo sobre tela— de Jean-André Rixens titulado *Jubilé de Pasteur*.

Lister, que acudía en representación de la Royal Society de Londres y de la Royal Society de Edimburgo, pronunció un discurso. Algunas de sus frases no dejan lugar a dudas de la amistad y la devoción que sentía por Pasteur, ni de la solemnidad de aquel momento:

Cromolitografía de Chocolates Carpentier, c. 1895, que muestra a Pasteur vacunando a un paciente.

Realmente, no hay ningún individuo en el mundo a quien las Ciencias Médicas le deban más que a Usted. Su investigación sobre las fermentaciones ha emitido un poderoso rayo que ha iluminado la oscuridad de la cirugía y ha cambiado el tratamiento de las heridas de un empirismo incierto y a menudo desastroso, a un arte científico beneficioso. La medicina no debe menos que la cirugía a sus estudios profundos y filosóficos. Usted ha levantado el velo que había cubierto las enfermedades infecciosas durante siglos; Usted ha descubierto y demostrado su naturaleza microbiana.

Al terminar el discurso Pasteur se levantó de su asiento y ambos se abrazaron en medio de los aplausos del público.

Pasteur falleció en septiembre de 1895, así que no tuvo tiempo de recoger su premio —o sus premios— Nobel; este galardón comenzó a otorgarse en 1901.

Su cuerpo se colocó en la catedral de Notre Dame, mientras en el Instituto Pasteur se construía una cripta inspirada en el mausoleo de Gala Placidia en Rávena. En su cripta —en la que un microbiólogo no puede entrar sin emocionarse—, uno se encuentra con cuatro ángeles que representan la fe, la esperanza, la caridad y la ciencia, adornando un arco completamente cubierto de mosaicos dorados.

En enero de 1896 se trasladó el cuerpo de Pasteur a esa cripta y se celebró otro acto funerario. También acudieron Lister y otros compatriotas, que pronunciaron unas palabras y depositaron coronas de flores en representación de varias sociedades científicas de distintos países. *The Lancet* publicó un obituario que comenzaba con las palabras de Lister:

Hoy asisto a su funeral. Esta ceremonia es noble e imponente, digna de la memoria de nuestro venerado maestro. Pero nos llena de profunda tristeza, ya que nos recuerda que esta gran luz de la ciencia, tan ardiente y tan clara, se extingue; que este noble y amable personaje ha desaparecido de nuestro mundo.

*Cuando pipeteé la primera gota la examiné
con el objetivo ocular número 3, tipo A de mi
microscopio compuesto... Poco después tuvo lugar
una horrible caza y masacre nunca antes vista
en el mundo microscópico. Al principio no podía
creer lo que veía... Ningún observador había visto
infusorios devorados por otros. Apliqué la segunda,
tercera y cuarta gotas y vi el mismo espectáculo.*

JOHANN GOEZE, EN 1777 VIENDO POR PRIMERA VEZ CÓMO
UNOS INFUSORIOS —PROTOZOOS— SE COMÍAN A OTROS

*Todos los animales deben tener un
mecanismo de defensa efectivo.*

ALEXANDER FLEMING, TRAS DESCUBRIR LA LISOZIMA

M. le Dr ÉLIE METCHNIKOFF, Membre de
l'Académie de Médecine
et de l'Institut Pasteur.
Cliché Paul Rives, Paris.

Institut Pasteur

25, Rue Dutot

À Monsieur Mariani

hommage de son dévoué

Elie Metchnikoff

Elie Metchnikoff, extraído de *Portraits of doctors & scientists* de R. Burgess.

ELIE METCHNIKOFF

Al hablar de infecciones inevitablemente hay que hacerlo del sistema que nos permite luchar contra ellas. Desde que somos humanos, siempre ha habido individuos que se han librado de las infecciones, y eso es debido a la gran variabilidad de nuestro sistema inmunitario. En cuanto una bacteria infectaba a un humano, su sistema inmunitario respondía a la infección. Pero el desenlace de este enfrentamiento entre patógenos y sistema inmunitario dependía del propio estado del individuo.

El sistema inmunitario tiene básicamente los mismos componentes en todos los humanos, pero actúa de manera diferente en ellos, con pequeñas variaciones muy sutiles entre unos individuos y otros. Muy sutiles, pero a veces muy importantes.

Así, ante una epidemia, los individuos con un sistema inmunitario más efectivo y robusto sobrevivían y los individuos más débiles sucumbían. Las causas de la variación en la efectividad del sistema inmunitario de los individuos tienen bases genéticas, ambientales y temporales: por ejemplo, el sistema inmunitario de un niño pequeño es menos eficaz que el de un adulto. No es de extrañar que durante las épocas en que las grandes epidemias asolaron a la humanidad, los niños y los ancianos lo pasaran bastante peor que los jóvenes.

Las especies de animales denominadas superiores, como el hombre, siguen manteniendo su hegemonía sobre las demás especies animales gracias a este sistema inmunitario. Tenemos componentes en zonas de nuestro cuerpo que nos protegen localmente contra algunos gérmenes, aunque no son muy potentes. Por ejemplo, la saliva, los mocos, las lágrimas o la cera de nuestros oídos actúan como barrera contra la suciedad, contra cuerpos extraños y contra los microbios, pero únicamente a nivel local.

Solo millones de años de evolución pueden explicar la presencia de células que patrullan nuestro cuerpo —desde que nacen hasta que mueren— para defendernos. Y algunas de estas células, como los neutrófilos, solo viven unos pocos días. Durante ese tiempo, recorren unas cuantas veces nuestro cuerpo a través del torrente sanguíneo. Si un patógeno invade nuestro cuerpo por algún sitio, las células estáticas que forman nuestra piel o nuestros tejidos emiten unas señales de alarma que llegan a esas células móviles de defensa. Y no importa en qué parte del sistema circulatorio se encuentren, al recibir estas señales, se dirigen rápidamente hacia el foco de la infección. Su único objetivo en la vida es protegernos, así que, sin dudarlo, se lanzarán contra los invasores. No importa qué patógeno entre, virus, bacteria, hongo o parásito, nuestras células de defensa se lanzarán sobre ellos sacrificando su vida sin dudarlo. Solo saben matar enemigos. Son máquinas de matar diminutas. Y hay muchas. El primero que las vio en acción contra las bacterias fue el microbiólogo ruso Iliá Ilich Méchnikov o Elie Metchnikoff (1845-1916).

Hoy sabemos que la primera observación de la fagocitosis se había producido casi un siglo antes por Johann August Ephraim Goeze (1731-1793), un zoólogo alemán que publicó en 1777 el artículo titulado «Animales infusorios que se comen a otros», en la revista *Actividades de la Sociedad de Amigos Naturalistas de Berlín*. Los protozoos que estaba observando en su microscopio compuesto emitían brazos, como los fagocitos de Metchnikoff, para ingerir a sus presas. Pero Metchnikoff fue el primero que comprendió su importancia como mecanismo defensivo.

Sus primeros estudios importantes habían sido en embriología, cuando descubrió que el desarrollo embrionario estaba caracterizado por la especialización de diferentes tipos celulares. Sus investigaciones en este campo le hicieron estar en aquella época en constante querella con Ernst Haeckel, el discípulo de Johannes Müller que había creado la teoría que decía que la ontogenia recapitula la filogenia. Metchnikoff se fijó en que los protozoos realizaban la digestión en compartimentos —vacuolas— dentro de las propias células, mientras que los animales realizaban la digestión en una cavidad dentro del cuerpo, pero separada de él —el aparato digestivo—.

En la época en la que Metchnikoff comenzó a realizar sus investigaciones nadie sabía nada sobre nuestro sistema inmunitario de defensa; más bien se creía algo totalmente opuesto a lo que sabemos hoy, y era que las células de la sangre servían como alimento para las bacterias, que eran como un medio de cultivo donde nuestros enemigos podían crecer. Tampoco nadie podía explicar por qué unas personas sobrevivían a las epidemias y otras no. Pero este científico ruso puso el primer granito de arena para averiguarlo.

El *folclore* científico-popular y algunos escritos del propio Metchnikoff nos indican que en 1882 alquiló un apartamento en el estrecho de Mesina para pasar unas vacaciones y que en ese lugar se puso a observar relajadamente a través de un microscopio a todos los diminutos animales marinos que caían en sus manos. Se pasaba incluso noches enteras mirando por el microscopio, ya que era una de sus pasiones. Uno de estos animalillos marinos llamó especialmente su atención. Se trataba de una larva de estrella de mar, en la cual observó células moviéndose. Las larvas de estrellas de mar son transparentes y las células de las larvas de estrella de mar también. Pero con un microscopio adecuado podemos contrastar la muestra con el fondo y así poder discernir diferentes estructuras en la preparación que estamos observando. Un día decidió inocular una de estas larvas de estrella de mar con microbios. Y lo que observó le dejó atónito. Las células de defensa del pequeño animal acudían rápidamente para luchar contra las bacterias y literalmente las engullían —las fagocitaban—. Si había pocas bacterias los fagocitos ganaban y la estrella de mar vivía, pero si había demasiadas bacterias los fagocitos perdían y la estrella de mar moría.

Publicó sus observaciones en 1883 en la revista alemana *Biologisches Centralblatt* con el título «Estudios sobre los fagocitos mesodérmicos de algunos vertebrados», en el que describió el trabajo que realizaban las células fagocíticas en ranas. Algo sorprendente fue que estas células fagocitas se comían también a células muertas o restos celulares durante la metamorfosis de los renacuajos.

Tras su gozo intelectual con la fagocitosis, decidió enrolarse en alguno de los dos laboratorios más famosos del mundo en aquellos momentos: el de Robert Koch en Berlín, que le quedaba más cerca, o el de Louis Pasteur, en París. Metchnikoff fue ignorado por Koch, pero inmediatamente aceptado por Pasteur.

Fotografía del ganador del Premio Nobel Elie Metchnikoff, 1913.

En ese momento, también entró a trabajar otro ruso en el Instituto Pasteur, Nikolay Gamaleya, que más tarde ayudaría a Metchnikoff a montar el Instituto Bacteriológico de Odessa, a orillas del mar Negro, que estaría dedicado a combatir la rabia y otras enfermedades infecciosas.

Metchnikoff descubriría en 1882 el papel de los macrófagos en el proceso de fagocitosis antibacteriana. En 1889 identificaría los macrófagos alveolares —de los pulmones—, y en 1890 los macrófagos cerebrales —denominados *microglía*—. En 1890 caracterizaría un factor bacteriano responsable de atraer a los fagocitos al sitio de infección, y entre 1890 y 1894 describiría la pinocitosis, la bacteriólisis y la hemolisis de los glóbulos rojos humanos. En 1901 crearía los primeros organismos libres de gérmenes utilizando crías de rana —renacuajos—. En 1903 describiría por primera vez la microbiota humana y acuñaría el término *gerontología*.

Su laboriosidad y empeño le hicieron conseguir un puesto de investigador en el instituto, donde llegó a dirigir el Departamento de Morfología Microbiológica, que ya nunca abandonaría hasta su partida definitiva al cementerio parisino de Père Lachaise, donde sus restos descansan junto con los de otros personajes famosos como la soprano María Callas, el músico Frédéric Chopin, el pintor Eugène Delacroix, el químico y físico Louis Joseph Gay-Lussac, el artista Amedeo Modigliani, el roquero Jim Morrison, y los escritores Oscar Wilde, Honoré de Balzac y Molière, entre otros.

Al interesarse por la microbiota lo hizo también por el yogur. Aunque los beneficios del yogur ya eran conocidos en oriente medio y Asia desde hace unos 5.000 años, el concepto moderno de probiótico se atribuye a Metchnikoff, el cual realizó estudios basados en las observaciones de un microbiólogo búlgaro llamado Stamen Grigorov (1878-1945) sobre la bacteria que conocemos ahora como *Lactobacillus bulgaricus*, uno de los componentes vivos que podemos encontrar en este alimento. Este investigador búlgaro había predicado los efectos beneficiosos del yogur sobre la salud de sus compatriotas.

Sin embargo, el origen del término *probiótico* se atribuye a Werner Georg Kollath (1892-1970), un microbiólogo alemán que lo propuso en 1953 como —*probiotika*—, para designar unas «sustancias activas esenciales para el desarrollo saludable de la vida».

Metchnikoff tenía gran interés en las bacterias de los productos lácteos. Creía que el endurecimiento de las arterias y otros cambios que se producían en las personas con la edad eran producto de la continua absorción por parte del cuerpo de productos tóxicos derivados de la putrefacción que producían las bacterias en los intestinos. Si esto era cierto, el envejecimiento del cuerpo podría ser ralentizado reemplazando las bacterias que causaban la putrefacción por unas nuevas que fueran fermentativas, como las bacterias del ácido láctico. Para esta teoría, se basaba en la observación de que las gentes de países del sur de Europa, donde la dieta contenía abundantes productos lácteos, vivían más tiempo. Un episodio curioso que señala el uso terapéutico de estos productos nos narra que Solimán el Magnífico, sultán del Imperio otomano (1494-1566) envió a un médico de su corte para recetar yogur y tratar con éxito la diarrea severa que sufrió Francisco I de Francia (1494-1547).

Tras los trabajos de Metchnikoff sobre el sistema inmunitario, muchos científicos volvieron a prestar atención a la posibilidad de estimular este sistema de defensa para resistir mejor a los invasores bacterianos. Altas y repetidas dosis de antisueros y vacunas dejaron paso a pequeñas dosis más espaciadas, que estimularían mejor al sistema inmunitario. Así, el concepto de sistema de células fagocíticas propuesto inicialmente por Metchnikoff hoy en día es mucho más amplio. A su papel como sistema de defensa debemos añadir el papel de regulador de muchos procesos celulares y tisulares.

Metchnikoff, que es considerado como el padre de la inmunidad innata y de la inmunidad celular, recibió el premio Nobel en «reconocimiento a su trabajo sobre la inmunidad» en 1908.

Todo lo que habíamos intentado contra los horrores antes mencionados [piemia, erisipela...] había resultado infructuosos... Pero cuando en el transcurso de una semana, con gran energía, aplicamos a todos nuestros pacientes el método antiséptico mejorado por Lister, e hicimos todas las operaciones de acuerdo con sus instrucciones, experimentamos una sorpresa tras otra.

PROFESOR JOHANN NEPOMUK VON NUSSBAUM, 1875.
DESCRIBIENDO LA ADOPCIÓN DEL MÉTODO
ANTISÉPTICO DE LISTER

Si me pregunta qué he observado respecto a los efectos del tratamiento antiséptico, puedo decir que no ha modificado, sino que ha cambiado completamente mis principios de patología y mi práctica quirúrgica. La palabra hospitalismo, que hace algunos años se abrió camino desde Edimburgo hasta el continente, ya no nos aterra.

PROFESOR SAXTORPH, 1875

Fotografía de un joven Joseph Lister.

JOSEPH LISTER

Las reformas sociales iniciadas en Europa durante la primera mitad del siglo XIX continuaron hasta bien comenzada la segunda mitad. Paralelamente surgieron nuevos avances en medicina. Uno de ellos fue la anestesia. Antes de la anestesia, las operaciones quirúrgicas —no solo en el campo de batalla sino en los desatendidos hospitales europeos— se realizaban rápido y mal. Rápido porque el paciente al que tenías que amputar una pierna estaba despierto, o en el mejor de los casos alcoholizado, y mal porque estas operaciones seguían realizándolas médicos sin ningún conocimiento sobre las enfermedades infecciosas, que se transmitían durante las operaciones que ellos mismos realizaban.

La descripción que podemos encontrar en distintas fuentes escritas no deja lugar a dudas de que incluso los más famosos hospitales de principios del siglo XIX eran auténticos desastres en cuanto a higiene. Creo que la bibliografía que he preparado es suficientemente precisa para que el lector se haga una idea. No obstante, voy a ahorrarle un poco de trabajo y a continuación voy a relatar lo que sucedía en las salas, departamentos y servicios de los hospitales dirigidos por gente que no tenía ni idea de enfermedades infecciosas transmitidas por bacterias.

Por aquel entonces, los cuatro jinetes del apocalipsis que cabalgaban por los hospitales se denominaban en su conjunto *hospitalismo*. Este término englobaba a cuatro de las enfermedades que causaban pavor entre los cirujanos de la época: la septicemia, que se producía cuando bacterias de muy distinta clase y procedencia entraban en la sangre del paciente y podían causar un fallo de cualquier órgano del cuerpo; la piemia o pyaemia, un tipo de septicemia que puede causar abscesos en los órganos internos, causada normalmente por los estafilococos; la erisipela, causada principalmente por estreptococos, que atacaban sin piedad la piel de los enfermos después de penetrar en las heridas, y que podían llegar posteriormente al torrente sanguíneo —la madre de Lister falleció de erisipela—; por último, la gangrena, cuando una infección provoca la muerte masiva e irremediable del tejido muscular y conectivo de una parte del cuerpo —mano, brazo, pie, pierna— y hay que «separar sin remedio esa parte del cuerpo».

Todos los remedios que se aplicaban para combatir estas cuatro fórmulas mortales eran bastante chapuceros. Lo peor es que buena parte de los médicos y cirujanos de la época no creía en la teoría del contagio de microorganismos que causaban infecciones. Estos *anticontagionistas* seguían echando la culpa de las enfermedades a los miasmas, entes etéreos que brotaban espontáneamente de los seres vivos en descomposición, de las heridas putrefactas o de la suciedad y las inmundicias que uno se podía encontrar en la calle, en un matadero de ganado o en un hospital, y que eran capaces de viajar por el aire, colarse por debajo de la puerta o atravesar las ventanas, para contaminar los quirófanos en los que se trataba desesperadamente de salvar la vida a los enfermos. La ignorancia mantenía viva esta teoría de los miasmas, acuñada muchos siglos antes. Algunas prácticas de cirugía en los hospitales que se realizaban en la tabla de operaciones —como las amputaciones— se sucedían tan rápido que la gangrena pasaba de unos enfermos a otros bien a través de los restos físicos de esa tabla, o bien a través de las manos de los cirujanos, que después de operar a un enfermo ni se lavaban correctamente para operar a otro. Los cirujanos lucían las manchas de sangre en su ropa como si llevaran medallas, ya que, si tenías muchas manchas, eso quería decir que realizabas muchas operaciones, y como los cirujanos jóvenes querían practicar y los expertos aumentar su ego, pues algunas incrustaciones de sangre podían tener años de antigüedad.

El compositor francés Louis Héctor Berlioz (1803-1869), antes de dedicarse a la música decidió probar con la cirugía. Pero, tras una visita a una de las salas de disección de un hospital de París, le entró tal brote de ansiedad que dejó la medicina. Al parecer, la visión de extremidades amputadas en descomposición, de cabezas con los cráneos abiertos, del desagüe saturado de sangre coagulada por el que circulaban las ratas y del terrible olor de este conjunto le hicieron cambiar a una actividad menos repulsiva.

Joseph Lister (1827-1912) entró en el University College de Londres para estudiar Medicina en 1844, a los 17 años, justo después de que se descubrieran los anestésicos. Dos años más tarde, en 1846, presenció la primera operación quirúrgica en la que se utilizaba el éter como anestésico. La operación fue realizada por el cirujano escocés Robert Liston (1794-1847). En Europa se pondría más de moda el cloroformo, y ligeramente el óxido nitroso —popularmente conocido como gas de la risa—, mientras que en Estados Unidos triunfaría momentáneamente el éter; pero la anestesia se fue aplicando poco a poco, por lo que la velocidad de las operaciones al principio era la misma, con o sin anestesia.

La anestesia tenía una ventaja tremenda y bastante obvia: ya no tenías que poner un palo en la boca al paciente cuanto le estabas cortando la pierna o un brazo, ni tenías que emborracharlo o darle un golpe en la nuca para que perdiera el conocimiento. Pero por otro lado tenía ciertas desventajas: antes de la anestesia, las operaciones habían sido siempre más rápidas —había incluso quien cronometraba las amputaciones—; con la anestesia, con más tiempo sin oír gritos ni viendo convulsionar a los pacientes, los cirujanos se dedicaban a explorar el interior de los tejidos para aprender y esto implicaba que metían sus sucias manos por todas partes, lo que favorecía mucho más las infecciones.

Lister, tras su paso por el University College de Londres, se fue a vivir a Edimburgo para ejercer como ayudante del que sería su mentor y amigo James Syme (1799-1870), un famoso cirujano escocés de la época. La Enfermería Real de Edimburgo se había creado en 1729 y era quizás el mejor centro de cirugía del mundo en aquella época.

Syme, al igual que debe hacer un director de tesis doctoral actual, mostró total confianza por Lister, y ambos comprendieron el beneficio de ayudarse mutuamente. Lister aprendía y Syme se libraba de algunos pacientes, sobre todo durante las guardias de noche, en las que dejaba intervenir solo a Lister.

En 1854 Lister, animado por algunos de sus profesores, publicó su primer artículo sobre cirugía en la *Montly Journal of Medical Science* (Revista Mensual de Ciencias Médicas) titulado: «Informe de algunos casos de enfermedad articular que ocurren en la práctica del Sr. Syme, ejemplificando las ventajas de la cauterización actual». Además, Lister comenzó a escribir resúmenes de las clases que impartía Syme y a enviarlas la revista *The Lancet* durante 1855.

Todas las noches, Lister estudiaba en su casa y realizaba experimentos con ranas, con las cuales intentaba mejorar su comprensión sobre la musculatura del iris. Repetía los experimentos de otros investigadores para coger práctica y reforzar sus conocimientos. Los dibujos de sus artículos, realizados sin las técnicas de corte y tinción modernas, estaban perfectamente realizados.

Su experimentos los redactaba a modo de carta y se los enviaba primero a su padre Joseph Jackson Lister (1786-1869), que era un experto microscopista —solucionó el problema de la distorsión de la imagen en los microscopios compuestos—, y le había inculcado a su hijo la importancia que el microscopio compuesto debía tener en la práctica de las ciencias médicas. J. J. Lister fue incluso *fellow* de la Royal Society, gracias a sus contribuciones a la microscopía y a un artículo que publicó junto a Thomas Hodgkin (1798-1866), descubridor del linfoma que lleva su nombre, sobre los glóbulos rojos humanos, titulado: «Algunas observaciones microscópicas de la sangre y los tejidos animales». Mientras su padre vivió, este fue un estímulo y un guía impagable para su hijo.

Lister llegó a publicar en la misma revista que su padre, la *Quarterly Journal of Microscopical Science* (Revista trimestral de ciencia microscópica), que hoy en día ha pasado a ser *Journal of Cell Science* (Revista de ciencia celular). Su primer artículo sobre fisiología en esa revista lo publicó en 1853 y se titulaba: «Observaciones del tejido contráctil del iris».

El año siguiente estalló la guerra de Crimea, pero Lister se libró del combate gracias a su pertenencia a los cuáqueros, una especie de sociedad religiosa.

Pero Lister seguía a lo suyo sin distraerse. Tras los experimentos con fibras musculares de ranas —y algún que otro cerdo— decidió estudiar la inflamación.

La inflamación era un campo fascinante porque nadie tenía idea de cómo se producía, y por lo tanto había barra libre para elucubrar, con lo que Lister decidió empezar de cero su propia teoría. El mayor problema era que todo el mundo se había preocupado más por el estudio de la inflamación que estaba ya avanzada, que por las etapas en las que se iniciaba. La inflamación es normalmente la respuesta del sistema inmunitario contra invasores extraños tales como bacterias, hongos o parásitos. Cuando hay un invasor o se produce una herida, una marea de células defensivas migran por el interior de los tejidos y de los vasos sanguíneos hasta el lugar en cuestión para ver lo que pasa. Si hay invasores, luchan contra ellos, y si hay una herida, envían señales para que se produzca la coagulación sanguínea, y todo esto da como resultado que la zona inflamada enrojezca, aumente de volumen, produzca dolor, etc.

Las ranas no le parecían un buen modelo, porque son de sangre fría, y los cerdos eran demasiado grandes para su apartamento. Necesitaba un mamífero pequeño, así que pensó en... el murciélago. Las alas de los murciélagos eran ideales para estudiar la circulación sanguínea en los capilares. Le llamó la atención la migración de las células sanguíneas, un fenómeno ya descrito, pero que nadie había especificado que se produjera al inicio del proceso inflamatorio, justo inmediatamente después de producirse una herida. A Lister le pareció que la migración de células de defensa hacia las heridas era un proceso fundamental para conocer la evolución de estas.

Mientras tanto, montó su propia consulta médica y fue consiguiendo cada vez más pacientes. Su primer jornal lo ganó tra-

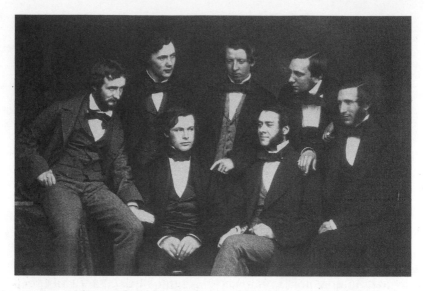

Los residentes del Old Royal Infirmary de Edimburgo (el hospital más antiguo de Escocia), verano de 1854: en el sentido de las agujas del reloj desde la izquierda, John Beddoe (sentado a la izquierda), John Kirk (fila de atrás), George Hogarth Pringle (fila de atrás), Patrick Heron Watson (fila de atrás), Alexander Struthers (sentado derecha), David Christison (sentado al frente, derecha), Joseph Lister (sentado al frente, izquierda).

SURGERY.

Mr LISTER, F.R.C.S. Eng. and Edin., *Assistant Surgeon to the Royal Infirmary*, will commence his LECTURES on the *Principles and Practice of Surgery*, at No. 4 High School Yards, on Wednesday, November 4th, at TEN o'clock a.m.

Attendance on this Course will qualify for all the Public Boards.

FEE for the Course, £3, 5s.; or if it be taken with a view to Graduation at the University £4, 4s.

Edinburgh, October 1857.

Octavilla publicitaria de una conferencia de Joseph Lister sobre los principios y la práctica de la cirugía.

tando un caso de dislocación de tobillo, que arregló mientras noqueaba al paciente con cloroformo.

Por supuesto, sacaba tiempo para ir al pub a menudo y para conocer a chicas. Se casó en 1856 —después de hacerse miembro de la Iglesia de Inglaterra— y su luna de miel duró cuatro meses. Como buen científico aprovechó el viaje con su mujer para visitar todas las escuelas de medicina que se cruzaron en su camino por Alemania, Bélgica, Suiza, Italia, Austria y la República Checa.

A su regreso comenzó a trabajar más duro y a quedarse a escribir los resultados hasta muy tarde. Su mujer también le ayudaba escribiendo las notas que él dictaba y repasando y corrigiendo sus escritos.

Siguiendo con la inflamación, sabemos que en aquella época la sangre no se dividía en suero y plasma como ahora, sino que entonces llamaban a estas partes licor sanguíneo y corpúsculos sanguíneos. Lister observaba que, al causar una herida en las alas de los murciélagos, no solo se producía la migración de células hacia ese punto, sino que también se formaba un coágulo. Entonces pensó que el fenómeno de la coagulación guardaba también relación directa con la inflamación, por lo que realizó numerosos experimentos, recopiló numerosas observaciones en este sentido y publicó unos cuantos artículos sobre el tema entre 1858 y 1859. El más importante de ellos fue «Etapas tempranas de la inflamación».

El fenómeno de la coagulación sanguínea es extraordinario. Lister veía las heridas, el coágulo de sangre, las células moviéndose alteradas por dentro de las venas de las alas de los murciélagos y se preguntaba por qué no se coagulaba la sangre que había en el interior de todo el ala del murciélago y solo se coagulaba la que estaba justo en la herida, y cómo era el cuerpo capaz de mantener la sangre de su interior sin coagular, una vez que se había abierto una fisura en la piel.

Siguió realizando investigaciones sobre este asunto y publicó artículos como «Investigaciones sobre la coagulación de la sangre» publicado en el *Edinburgh Medical Journal* (Diario médico de Edimburgo).

Sus trabajos ya comenzaban a ser bastante conocidos cuando gracias a su padrino Syme obtuvo una plaza en la Enfermería Real de Glasgow en 1860, la segunda ciudad más grande de Inglaterra en aquella época. Lister debía leer una tesis en latín para su presentación y la escribió en el tren de Edimburgo a Glasgow durante el viaje, que por aquellas fechas duraba toda la noche.

En Glasgow entró de lleno en la práctica de la cirugía. Por aquel entonces la cirugía torácica era muy complicada y solo abrían el tórax para drenar líquido pleural. El cráneo era también un hueso duro de roer y solo se abría para eliminar también líquido intracraneal o sangre producida por fracturas. Las amputaciones eran más populares, pero no mejoraban la tasa de mortalidad porque las infecciones por bacterias eran desconocidas y los cuatro jinetes del hospital rondaban incesantemente por los quirófanos. Estos cuatro jinetes, y su aliado el tétanos, seguían siendo la pesadilla de cualquier cirujano. Dependiendo de la ciudad europea, la mortalidad tras las amputaciones podía llegar al 60 %. Y durante las guerras, pues ya se sabe, llegaba hasta un 90 %. El británico de origen danés John Eric Erichsen (1818-1896) incluso publicó un libro entero en 1874 sobre el tema titulado *Sobre el hospitalismo y las causas de muerte tras las operaciones*, con lo que podemos comprender que el tema daba para mucho.

Los centros médicos de Escocia, tanto la Enfermería Real de Glasgow como la Enfermería Real de Edimburgo, eran una referencia mundial para cirujanos de todo el mundo. Lister llegó a tener más de 180 alumnos.

Ese conglomerado de cirujanos expertos y aprendices, junto con los que se dedicaban a otras ramas de la medicina y la fisiología, reclamaban mucha práctica, y para practicar nada mejor que las autopsias: cadáveres. La mayoría de los cadáveres procedían *legalmente* de condenados a muerte, y la forma *legal* de obtenerlos era solicitarlos a las autoridades competentes. Los hospitales también donaban a la ciencia los cuerpos de personas que morían en sus instalaciones y no eran reclamados por ningún familiar.

Pero algunos médicos querían muchos cadáveres para sus estudios —el saber no ocupa lugar—, así que recurrían a los *resucitadores*, ladrones que se llevaban cuerpos frescos de los cementerios. Debido a la profunda mentalidad religiosa de la época, la tendencia fue la de proteger a toda costa a los difuntos: se colocaron muros más altos en los cementerios y losas pesadas o barrotes de hierro a los ataúdes, para que los resucitadores no se llevaran los cadáveres. El más famoso de los médicos implicados en el tráfico de cadáveres fue el escocés Robert Knox (1791-1862), que no dudó en pagar por obtener cuerpos frescos para su disecciones y clases de Cirugía. Su fuente era principalmente la actividad dos asesinos en serie llamados William Burke y William Hare. Estos personajes avariciosos que robaban cuerpos en los cementerios vieron finalmente en el asesinato una manera más fácil de suministrar cuerpos a Knox. Después de unos 17 asesinatos, fueron descubiertos. Burke fue colgado, Hare encarcelado y Knox desprestigiado de por vida.

Pero Lister seguía lo suyo, practicando la cirugía, escribiendo artículos y mostrando cada vez más interés por la prevención de las infecciones. Se dio cuenta de varios fenómenos que le ayudaron a diseñar su plan para utilizar compuestos antisépticos.

Además, comenzó a estudiar los fermentos en el pus de pacientes con gangrena, a los que invariablemente había que amputarles alguna extremidad. Junto con esto, también comprendió que la supuración y la inflamación precedían siempre a una sepsis —presencia de bacterias en sangre— y a la fiebre sistémica; es decir, cuando una herida supuraba y se inflamaba, el paciente comenzaba a tener fiebre y luego caía enfermo de sepsis. Por lo tanto, controlar la inflamación —o calor local—, la supuración —formación de pus— y la fiebre —o calor sistémico— parecía clave.

Pero también se dio cuenta de algo muy importante, que las fracturas se clasificaban en dos tipos: las externas o complejas, en las que el hueso se rompe y sale al exterior a través de la piel, dejando ver el interior del tejido y donde además hay mucha sangre; y las fracturas internas o simples, cuando el hueso se rompe en seco pero no sale al exterior y no rompe la barrera que representa la piel.

Resulta que cuando había una fractura externa las heridas terminaban infectándose —putrefacción—, mientras que cuando la fractura era interna el número de infecciones —de putrefacciones— era muchísimo menor. 2+2. Menos putrefacciones menos muertes. Así que la clave estaba en la herida. Esto no era nuevo, ya que las heridas en aquella época se tapaban normalmente con un paño o con algún tipo de vendaje limpio. Las reglas que seguían los cirujanos eran simples: había que poner un vendaje bueno, aplicar presión homogénea sobre él y mantener la zona lo más estática posible. Pero cada cirujano las interpretaba de una forma distinta y así no había manera, porque el problema era que, si la herida ya estaba infectada, el taparla con un paño solo empeoraba el asunto, porque el vendaje creaba un ambiente propicio para la proliferación de las bacterias y la consiguiente putrefacción.

Lo mismo pasaba con los antisépticos. Cada cirujano los utilizaba a su manera. Los compuestos denominados antisépticos se conocían desde hacía siglos, pero se utilizaban no para prevenir la putrefacción, sino para reducirla o neutralizarla en la medida de lo posible. Entre estos antisépticos había un montón: estaba la acetona, el alcohol, la glicerina, el cloro, el yodo, el cloruro de zinc, el cloruro de cal, la soda clorada, el alquitrán, el ácido carbólico o fenol, e incluso el vino y el aceite.

En el libro que escribió su sobrino Rickman John Godlee podemos encontrar la primera información sobre Lister y sus experimentos con fenol o ácido carbólico para curar heridas. La obra, escrita en 1917 —un magnífico ejemplar de la tercera edición de 1924 llegó a mis manos— es quizás la obra más completa sobre Joseph Lister. En la página 162 de *Lord Lister* aparece un fragmento de la carta que Lister escribió a su padre el 28 de enero de 1966. Dice así: «Estoy intentando algunos experimentos más con el ácido carbólico para curar llagas y heridas». Así que sabemos que por lo menos en 1865 Lister ya estaba practicando para sacarle partida al fenol. Posiblemente con poco éxito al principio.

Pero la cosa cambió. Un día, el profesor de Química Thomas Anderson (1819-1874) le enseñó a Lister una serie de trabajos recientes publicados por un tal Louis Pasteur en Francia. Imagino que a Lister se le pusieron los ojos como platos cuando leyó que, según Pasteur, la putrefacción era de hecho una fermentación, y toda fermentación está causada por microorganismos —estaba leyendo los famosos trabajos de Pasteur para desmontar la teoría de la generación espontánea—. La fermentación era la clave.

La relevancia global de las fermentaciones no era nueva. En 1779 la Academia de las Ciencias francesa había ofrecido un premio de un kilogramo de oro a quien solucionara el misterio de la fermentación. El premio tuvo que retirarse en 1793 debido a que en Francia en aquella época rodaban cabezas —literalmente—, porque «la República no necesitaba sabios»,

Pero una ristra de científicos muy importantes de diversos campos realizó distintas aportaciones al maravilloso mundo de las fermentaciones alcohólicas desde aquella época —finales del siglo XVIII—. El francés Joseph-Louis Gay-Lussac (1778.1850) por ejemplo, señaló que los fermentos del vino no eran los mismos que los fermentos de la cerveza. Friedrich Theodor Schwann (1810-1882) también señaló que los vegetales llamados levaduras eran los responsables de la fermentación. El químico alemán Justus von Liebig (1803-1873) publicó en 1839 el artículo titulado: «Sobre los fenómenos de fermentación y putrefacción, y sobre las causas que los provocan».

Pero en Francia la tradición vinícola era demasiado importante, así que muchos científicos de la época trabajaban incesantemente en ese campo. En 1836 Charles Cagniard-Latour (1777-1859) publicó el artículo titulado: «Observaciones sobre la fermentación del mosto de cerveza», y un año después presentó ante la Academia Francesa de las Ciencias su trabajo titulado: «Memoria sobre la fermentación del vino». Para estos trabajos utilizó un microscopio desarrollado por Georg Johann Oberhäuser (1798-1868) y por Giovanni Battista Amici (1786-1863).

Y luego vino Pasteur. Pasteur iluminó a Lister, porque Lister se dio cuenta al momento de lo que pasaba. La infección de las heridas estaba ligada inexorablemente a la supuración y a la inflamación, y todo el conjunto a la presencia de microorganismos. Según los experimentos de Pasteur con matraces de cuello de cisne, esos microorganismos estaban en el aire y eran los causantes de la contaminación y la putrefacción de los recipientes que contenían caldo. El problema no era el aire fétido de los quirófanos y las salas de los hospitales, era lo que este aire transportaba: ¡bacterias! ¡Las bacterias llegaban a las heridas de los pacientes a través del aire! Lister pensó: «¡Fantástico! Si el aire transporta los gérmenes y nosotros podemos limpiar el aire, entonces podemos evitar que los gérmenes lleguen a las heridas». ¿Cómo se podía limpiar el aire? Pues en aquella época calentándolo o filtrándolo, como había hecho Pasteur.

Y llegaron las dos primeras publicaciones de Lister realmente rompedoras, la primera en *The Lancet*: «Sobre un nuevo método para tratar fracturas compuestas, abscesos, etc., con observaciones sobre las condiciones de supuración» y la segunda en *The British Medical Journal* (BMJ): «Principio antiséptico en la práctica de la cirugía». Estos artículos sentaban las bases de su sistema antiséptico, que Lister describía —para mí de forma fantástica— en el segundo párrafo de su artículo en el *BMJ*:

Prevenir la aparición de la supuración con todos sus riesgos concomitantes era un objetivo manifiestamente deseable, pero hasta hace poco aparentemente inalcanzable, ya que parecía imposible intentar excluir el oxígeno, que se consideraba universalmente como el agente por el cual se producía la putrefacción. Pero cuando las investigaciones de Pasteur han demostrado que la propiedad séptica de la atmósfera no depende del oxígeno, ni de ningún componente gaseoso, sino de los pequeños organismos suspendidos en él, se me ocurrió que la descomposición en la parte lesionada podría evitarse sin excluir el aire, aplicando como vendaje algún material capaz de destruir la vida de las partículas flotantes.

Tras estos dos artículos siguieron una quincena más, todos ellos en estas dos revistas, *The Lancet* o *BMJ*.

Pero ahí comenzó una polémica fina.

La palabra *séptico* quiere decir «que contiene gérmenes patógenos» o «que produce putrefacción». Un *antiséptico* es un producto que mata a los microorganismos. Y la palabra *asepsia* significa «método o procedimiento para evitar que los gérmenes infecten a alguien o a algo».

Pues bien, para muchos médicos y cirujanos de Inglaterra el artículo del *BMJ* de Lister era un circo, y parece que le crecieron los enanos.

En realidad, no era un circo, lo que pasaba es que muchos no entendieron el vocabulario reflejado en el artículo. La idea de Lister de prevenir la putrefacción de las heridas durante las operaciones tenía como fin crear una técnica aséptica completa, no era solo una técnica que utilizaba el fenol sin más. Ambos términos, *antiséptico* y *aséptico* indican oposición a lo séptico.

El antiséptico (fenol) va contra lo séptico (bacterias), y la asepsia (la técnica) evita a lo séptico (a las bacterias).

Lo que quería decir Lister era que había que evitar a las bacterias por medio de la asepsia (mantenerlas alejadas de las heridas) o mediante antisépticos (destruirlas en la propia herida), es decir, la utilización del fenol era una técnica aséptica que utilizaba un producto antiséptico.

Lister tenía en la cabeza en todo momento los experimentos de Pasteur con los matraces de vidrio que contenían caldo de cultivo y cuya boca estaba tapada por un algodón, que dejaba pasar el aire, pero no las bacterias que contenía. Hacía el símil con el cuerpo humano. Como si este fuera un recipiente de cristal. La sangre sería el equivalente al caldo de cultivo. Mientras no hubiera heridas —por una cirugía por ejemplo— y el recipiente no se rompiera, entonces no entraba el aire que contenía bacterias y la sangre —el caldo— no se contaminaba. En los matraces de Pasteur, mientras no se abría el tapón, no entraba aire que contenía bacterias y el caldo no se contaminaba.

Esto era el equivalente a lo de las fracturas complejas o simples, en las que se rompía o no la piel, dependiendo si el hueso la atravesaba —el vidrio se rompía— o si no lo atravesaba —no había rotura del vidrio—.

Evidentemente, con los pacientes que llegaban al hospital desde un lugar remoto o con una herida abierta y sucia no se podía hacer mucho, ya que las bacterias llegaban en la propia herida a la mesa de operaciones. Por alguien que se clavaba un hierro en una fábrica o se cortaba un dedo con un cuchillo tampoco se podía hacer mucho. Pero en el caso de una persona a que la iban a operar de algo mediante una incisión de bisturí, sí que se podía prevenir que las bacterias llegaran a esa herida a través del aire.

Así que Lister podía elegir entre los dos métodos que había utilizado Pasteur para esterilizar el aire —calentando los matraces o colocando una barrera de algodón como filtro—. Pero había un tercer método, los antisépticos, y Lister se decidió por ellos.

De nuevo el Dr. Thomas Anderson —el que le mostró a Lister los trabajos de Pasteur— entró en juego. Como era químico, le proporcionó un poco de ácido carbólico o fenol, que por aquel entonces era una sustancia parecida al alquitrán, como el que se utiliza hoy en día para asfaltar las carreteras.

La idea de Lister fue aplicar este barniz negro en las heridas abiertas, una vez lavadas y tras eliminar todos los coágulos de sangre que pudieran haberse formado antes de la llegada al quirófano. Esta cataplasma de barniz negro se cubría con un vendaje, y al poco tiempo formaba una costra dura que se retiraba y se sustituía por más fenol.

Hoy en día sabemos que el fenol no es para nada saludable, ni siquiera en su forma más pura; de hecho, el fenol puro es un agente cancerígeno reconocido. Pero esto no lo sabían en 1865, así que el fenol poco purificado de Lister se mostró altamente irritante.

Pero Lister, lejos de desistir, consiguió un fenol cristalizado, bastante puro, que podía diluirse incluso en aceite, con lo cual dejó de ser tan irritante. Pero no se quedó ahí la cosa. El 13 de agosto de 1865, el mismo día que Ignaz Semmelweis moría de septicemia en una institución mental, Joseph Lister aplicaba por primera vez el fenol sobre una fractura abierta, en un chico que llegó a la enfermería con una fractura compleja en una pierna, debido a que había sido atropellado por un carro en la calle.

Más adelante llegaron otras fracturas. Diluyendo el fenol en seis partes de aceite consiguió incluso mejorar los resultados. Y comenzó a tener más pacientes con fracturas abiertas que no se morían. Todo un éxito.

Sabemos de la alegría de Lister tras estas intervenciones por las cartas que escribía a su padre, todas ellas con letra de médico, por lo que es de agradecer a su sobrino Rickman J. Godlee que las haya transcrito para nosotros.

Enseguida logró batir un récord en Escocia: nueve pacientes seguidos consiguieron sobrevivir a una operación quirúrgica.

Pero cometió un error, no en la mesa de operaciones, sino al redactar un párrafo en uno de sus artículos. Dio a entender que la Enfermería Real de Glasgow no era ni de lejos la más higiénica de Inglaterra y que gracias a la utilización del fenol sobre las heridas se había cambiado aquel lugar, eliminando de sus estancias a los 4 jinetes del Apocalipsis. Una mezcla de celos profesionales, envidia y tirones de oreja de sus superiores le pusieron en guardia para lo que le esperaba.

Algunos no entendieron que el verdadero avance de su técnica no era la utilización de fenol, sino el procedimiento entero en el que se utilizaba, desde la limpieza de heridas y la eliminación del pus y los coágulos sanguíneos, pasando por la esterilización de las herramientas quirúrgicas con baños de fenol, hasta la aplicación de los apósitos con fenol diluido. Acusaron a Lister de copiar. Lo más grave fue que uno de sus detractores envió una carta anónima al periódico *Daily Review* de Edimburgo acusando directamente a Lister de plagio.

Resulta que el francés Jules Lemaire (1814-1873) había escrito dos libros —en 1860 y 1863— sobre las propiedades antisépticas del fenol. El primero era corto y se titulaba *Du coaltar saponiné* —el coaltar era lo que comúnmente conocemos por alquitrán—, y el segundo bastante más largo *L'acide phénique*. El ácido carbólico se conocía también como ácido fénico. La segunda edición de *L'acide phénique* se publicó en 1865 con

Barraud 263 Oxford St London
A few doors West of The Circus.

el título *De l'acide phénique de son action sur les végétaux, les animaux, les ferments, les venins, les virus, les miasmas et de ses applications à l'industrie, à l'hygiène, aux sciences anatomiques et à la thérapeutique* (Del ácido fenico y de su acción sobre plantas, animales, fermentos, venenos, virus, miasmas y sus aplicaciones a la industria, la higiene, las ciencias anatómicas y la terapéutica). Prácticamente servía para todo. En esta segunda edición admitía la teoría de que los gérmenes estaban implicados en la putrefacción de las heridas. Pero las investigaciones de Lemaire no tuvieron casi eco aparente en Inglaterra y Lister no tuvo conocimiento de ellas hasta esta acusación de plagio, en 1867.

Copias de esta carta fueron enviadas por James Simpson a cirujanos de distintas ciudades. James Young Simpson (1811-1870) era un cirujano de Edimburgo que había inventado un método para detener las hemorragias, y claro, estaba orgulloso de él y no estaba dispuesto a ceder ante el método de fenol de Lister, al que vio como un competidor. Una de estas cartas llegó hasta los editores de *The Lancet*, que no tiraron flores a Lister precisamente. Y cuando una revista detecta algún problema de malas prácticas en un artículo, muy posiblemente ese artículo es retirado.

Pero no fue así. Lister, comenzó a buscar inmediatamente por todas las bibliotecas de Glasgow y de Londres el libro de Lamaire. Finalmente lo encontró en Edimburgo, la casa de James Y. Simpson.

Después de leerlo en varios días —tiene más de 700 páginas— respondió en *The Lancet*, diciendo que, primero, él no había dicho nunca que hubiera descubierto el fenol; segundo, que había elegido este compuesto por su poder antibacteriano, conocido por todo el mundo; tercero, que lo que había escrito Lamaire sobre la utilización del fenol en cirugía era insignificante frente a los avances que él había hecho; cuarto, que el ácido carbólico o fenol no era la panacea y que había que saber utilizarlo, como él había hecho, optimizando su concentración.

Lo mejor de la historia, que ya se había equilibrado un poco con la respuesta de Lister, fue otra carta que envió a

The Lancet un joven cirujano que había estado viajando por Europa recientemente y que había luego asistido a operaciones de cirugía realizadas en Edimburgo. La carta dejaba claro que en Europa —con o sin Lamaire por medio— las cirugías eran un maldito fiasco, y que, por el contrario, cuando las presenció en Edimburgo —la *casa* de James Simpson— los cirujanos habían comenzado a utilizar el método de Lister y las operaciones daban excelentes resultados.

El tratamiento completo de Lister funcionaba. Por lo menos funcionaba mejor que cualquier otro de la época. Glasgow se convirtió entonces en la meca de la cirugía gracias a Lister y el número de alumnos en cirugía aumentó vertiginosamente, desbancando a Edimburgo.

Con la publicación de su artículo en *The Lancet*, Lister se envalentonó y escribió a Louis Pasteur, por el que sentía gran admiración. Al final de la carta constataba el amor que los dos sentían por la ciencia. Pasteur le devolvió la correspondencia, expresando su sorpresa y admiración por Lister, ya que «era bastante raro encontrar a alguien que trabajando en un hospital alcanzara tal nivel de perfección en sus investigaciones básicas». Incluso le indicó unos experimentos para mejorar su técnica antiséptica.

Lister seguía dándole vueltas a la cabeza pensando en los métodos de Pasteur, e incluso repitió los experimentos de crecimiento de bacterias en recipientes de cuello de cisne en los que en lugar de caldo de cultivo introdujo orina.

Pero, de repente, su mentor Syme, que hacía tiempo que ocupaba la jefatura de cirugía clínica en Edimburgo, sufrió un infarto en 1869. En julio de ese año 127 estudiantes de medicina de Edimburgo enviaron una carta a Lister para que se presentara a la plaza de Syme. Lister consiguió el puesto. Una de las primeras personas que le visitó en 1969 fue Alexander Ogston (1844-1929), un cirujano de Aberdeen que en 1881 sería el primero en describir netamente los estafilococos —*Staphylcococcus aureus*—, una de las bacterias que causaba estragos en los hospitales de la época.

En 1870 estalló la guerra franco-prusiana entre el Imperio francés y el reino de Prusia junto con sus aliados germanos. Lister decidió ayudar como pudo en el conflicto, conocedor de la perversidad de las heridas que eran causadas en los campos de batalla, así que escribió un artículo titulado: «Un método de tratamiento antiséptico aplicable a los soldados heridos en la guerra actual» que publicó en el *British Medical Journal* ese mismo año. Básicamente, lo que recomendaba para los quirófanos de la retaguardia de los campos de batalla era que, una vez extraídas las balas o los trozos de uniforme incrustados en la carne, había que proceder a lavar las heridas con abundante fenol diluido en 20 partes de agua.

El trabajo de Lister comenzó a sonar en todos los saraos y reuniones de pub. Pasteur le escribía recomendándole que probara su técnica con ácido bórico diluido, ya que en Francia lo estaban utilizando con éxito como antiséptico. En 1880 Pasteur envió una carta a Lister con un dibujo de lo que parece un cocobacilo dividiéndose, y en la cual le decía a Lister que le haría llegar un tubo de las bacterias que producían el cólera para sus investigaciones.

Otro ilustre que se carteó con Lister fue el propio Charles Robert Darwin (1809-1882). En una carta que podemos también leer en el libro escrito por el sobrino de Lister, Darwin le recomendaba en 1878 utilizar ácido benzoico para eliminar a las bacterias «y a sus aliados». La carta terminaba así:

> *Por favor, perdóneme por molestarle si mi sugerencia*
> *le parece inútil. Sigo con el más alto respeto.*
> *Atentamente, Charles Darwin.*

Darwin utilizó distintos nombres para los microorganismos: infusoria, animálculos, animálculos infusorios, protozoos, organismos inferiores, etc. Opinaba que los microorganismos eran formas de vida primitivas que se adaptaron a vivir en ambientes simples aunque muy diversos, pero no perdió mucho tiempo con ellos porque estaba muy ocupado intentando explicar la gran diversidad de los organismos superiores, plantas y animales. Algunos de sus críticos le retaban a que explicara también la «aparente» omnipresencia y diversidad microbiana. En la tercera edición de su libro *Sobre el origen de las especies por medio de la selección natural, o la preservación de las razas favorecidas en la lucha por la vida* capeó el tema añadiendo: «La geología nos dice que algunas de las formas más bajas, como los infusorios y los rizópodos, han permanecido durante un período enorme en su estado actual».

Sus ideas sobre los microbios se resumían en que la evolución no tiene por qué ser un progreso desde lo simple a lo complejo, y que las capacidades adaptativas de esos seres eran un fenómeno biológico clave para entender la historia de la evolución de todos los organismos.

Al codearse con estos personajes, Lister fue aumentando su reputación año tras año, hasta tal punto que fue llamado a palacio para operar a la reina Victoria de un absceso en la axila. También sobrevivió. Y cuando evitas que una reina se muera por una posible infección utilizando fenol, te vienes arriba. Para lo que sí le sirvió esta operación *real* a Lister fue para rebajar el número de enemigos que aún tenía entre los cirujanos y médicos de Inglaterra.

Cuando ya estaba establecido en Edimburgo volvió a cargar duramente contra las condiciones sanitarias de la Royal Infirmary de Glasgow. Esta vez con un artículo entero en The Lancet titulado: «Sobre los efectos del sistema antiséptico y la salubridad de un hospital quirúrgico». Este artículo tuvo mucha repercusión dentro y fuera de Inglaterra, porque ponía en evidencia que los hospitales seguían siendo prácticamente herederos de las condiciones de higiene medievales. Por ejemplo, en este artículo de 1870 señalaba que en la sala de traumatología para hombres —separada de su propio quirófano tan solo por 12 pies— había habido una «crisis» con una mortalidad tan elevada que había sido necesario cerrarla entera y realizar una investigación para encontrar las causas de tal desastre. Excavando a pocos centímetros del suelo encontraron multitud de ataúdes que habían sido colocados allí durante una gran epidemia de cólera de 1849. Lister describe que «los cadáveres habían sufrido tan pocos cambios en ese tiempo que la ropa que tenían en el momento de su apresurado entierro estaba todavía en buen estado». Y continúa: «Lo maravilloso no era que las salas no estuvieran saludables, lo maravilloso era que no estaban absolutamente pestilentes».

A alguna mente brillante se le había ocurrido montar el quirófano encima de un cementerio...

Pero algunos de los responsables de la Royal Infirmary de Glasgow, al ver tan nefasta publicidad, montaron en cólera. A algunos se les fue la olla. Por ejemplo, el profesor de *Materia Médica* se atrevió a decir que la teoría de Pasteur sobre la presencia de gérmenes en el aire no estaba totalmente probada.

Lister mientras tanto seguía acercándose más a los experimentos de Pasteur y a la microbiología. Entre 1873 y 1881 publicó seis artículos sobre microorganismos, incluyendo bacterias, levaduras y hongos.

Tras muchos experimentos consiguió aislar y cultivar en medio líquido distintos microorganismos, haciendo una especie de diluciones seriadas, para conseguir algo que casi nadie esperaría hace 140 años: aislar bacterias en cultivo puro. El artículo tiene varias curiosidades para los microbiólogos: la primera es una jarra de cristal con una copa dentro, tapada con un vidrio, donde cultivaba las bacterias; otra es una micropipeta monocanal primitiva, y también varios tubos de ensayo con tapones primitivos donde colocó cultivos de diferentes especies de bacterias; pero el más espectacular es una campana de vidrio con tubos de ensayo dentro con el que podía seguir el crecimiento de las bacterias en tiempo real, como si tuviera un microscopio de *time-lapse* actual. Sus métodos, tan curiosos como pioneros, los publicó en la revista *Transactions of the Pathological Society of London* en 1878, en un artículo que se tituló «Sobre la fermentación láctica y su relación con la patología». Sin embargo, ese trabajo pasó bastante desapercibido, en parte porque para sus colegas era más importante el trabajo que estaba realizando con antisépticos. Además, este trabajo con bacterias pronto quedaría relegado al ostracismo cuando el alemán Robert Koch aprendió a cultivar bacterias de forma aislada sobre rodajas de patata y gelatina.

Litografía de Joseph Lister, extraída de *Portraits of doctors & scientists in the Wellcome Institute.*

Al seguir investigando sobre las partículas microscópicas que viajaban por el aire, su otra gran inspiración vino de Tyndall. Gracias a la lectura de los trabajos de Tyndall, Lister diseñó un sistema que esparcía fenol por el aire, con el que buscaba matar directamente en el propio aire a las bacterias, para que no llegaran a las heridas de los pacientes que estaban en la mesa de operaciones.

John Tyndall era un físico irlandés (1820-1893) que, como muchos otros científicos de la época pertenecientes a diversos campos del conocimiento, sintió atracción por los microorganismos y trató de verter un poco de luz sobre la generación espontánea y sobre la teoría del germen. Nunca mejor dicho lo de *luz*, porque uno de los experimentos clásicos de Tyndall consistió en eso, en utilizar simple y llanamente la luz para demostrar la presencia de partículas en el aire. Para ello, Tyndall hizo pasar a través de una muestra particular de aire un rayo de luz —por ejemplo, dentro en un gran matraz de vidrio—. Este rayo de luz brillaba en mayor o menor medida dependiendo de la cantidad de polvo flotante presente. Pero si se permitía que este polvo en suspensión se depositara —manteniendo estático el matraz—, el haz de luz transmitido ya no brillaba. Básicamente este experimento lo puede hacer cualquiera: en una casa a oscuras basta con encender la luz de una habitación y abrir un poco la puerta para observar que la luz que sale del cuarto deja ver las partículas de polvo en suspensión que contiene el aire de la casa. El polvo —o cualquier otra partícula del aire— es visible porque refleja la luz. De la misma manera, si encendemos los faros de un coche por la noche observaremos todo el polvo que hay en el aire cuando este es iluminado por ellos. Otro ejemplo para saber que en el aire flotan partículas de polvo es la pantalla de nuestro ordenador, en ella —como en cualquier otra superficie— se depositan estas partículas; cuando está encendida no las vemos, pero cuando está apagada sí.

El punto culminante de sus experimentos llegó cuando se decidió a utilizar —como lo harían otros más adelante— caldos o infusiones hechas con distintas sustancias como cereales, verduras o moluscos. Si se esterilizaban estas infusiones y se dejaban dentro de un matraz cerrado, permanecían trasparentes. Si estos recipientes se exponían a la entrada de aire ópticamente puro, del que se habían eliminado las partículas en suspensión, es decir, se había esterilizado, las soluciones no se contaminaban. Pero si las infusiones se exponían a un aire ópticamente impuro —en el que se veían por ejemplo partículas de polvo en suspensión— entonces rápidamente en las infusiones crecía todo tipo de microorganismos.

Así que, gracias a Tyndall, Lister diseñó su espray que esparcía fenol por el aire para crear una atmósfera libre de gérmenes, una atmósfera antiséptica alrededor de los pacientes y de sus heridas abiertas.

El fenol diluido salía literalmente como un espray, de modo que barría las bacterias del aire a su paso. Primero diseñó un pequeño vaporizador manual, pero esto inutilizaba una de las manos del cirujano, así que el aerosol se dejaba en una mesa al lado de la tabla de operaciones. Más tarde fabricaría *el Burro*, una especie de potro que mediante una manivela esparcía un chorro de vapor de fenol. Posteriormente crearía un auténtico espray de vapor, con dos versiones diferentes, una para operaciones largas y otra para operaciones sencillas y vendajes. El producto producía una nube intensa de fenol que a la larga causaba problemas a los cirujanos y a los pacientes, por lo que dejó paulatinamente de utilizarse.

Hacia 1880 Lister comenzó a interesarse por el otro gran coloso europeo de la microbiología, Robert Koch, que no solo había conseguido revolucionar las tinciones bacteriológicas, sino que gracias a un ejército de ratones había sentado las bases de la microbiología clínica y de la patología microbiana.

No todo fue estrictamente positivo para la ciencia en la segunda mitad del siglo XIX. Además de algunas guerras —como la de Crimea, la Guerra de Secesión o guerra civil americana—, surgió un movimiento que trataba de impulsar el amor por los animales.

Los «seres inferiores» que servían de alimento para una población creciente eran sacrificados sin contemplación en inmensos mataderos. Otros actos de crueldad, como la captura de focas y de osos, las peleas de gallos, la utilización de caballos para tirar de carruajes— sobre todo de las clases pudientes—, o el sacrificio de perros viejos o cansados para la caza, condujeron a la creación de la Real Sociedad para la Prevención de la Crueldad a los Animales, en 1824. Los miembros más radicales de esta sociedad la ramificaron para perseguir otros actos de crueldad no tan evidentes. Y aquí comenzaron muchas penurias para los científicos. A partir de la década de 1840, con los descubrimientos de las propiedades anestésicas del éter y del cloroformo, los fisiólogos y los médicos comenzaron a preguntarse si los nuevos compuestos no eran también útiles para realizar experimentos con los animales. Pero a los *antiviviseccionistas* no les hacía ninguna gracia que a los animales se les administrara morfina, éter, cloroformo, ni tampoco curare, una droga que paralizaba los músculos.

Es imposible acelerar mínimamente el avance en el conocimiento sobre la fisiología de los animales —y por tanto del ser humano— y en la comprensión de las enfermedades del hombre sin la rotura de la barrera epitelial externa de los seres vivos, para observar y analizar su interior. Y con ese ánimo trabajaban los fisiólogos de la época. El problema era que, dependiendo del país donde ser realizaran estudios con animales, los métodos podían resultar aceptables, crueles o desproporcionados. Pero a los sentimentales se les introdujo el gusano del odio hacia cualquier tipo de sacrificios o experimentos con animales, lo realizara un matarife, un fisiólogo en el laboratorio del sótano de su casa o un prestigioso cirujano en la universidad.

Incluso Charles Lutwidge Dodgson (1832-1898) se quejó públicamente de las tonterías que alegaban los antiviviseccionistas. Si les hablo de su seudónimo, Lewis Carroll, y de que escribió *Alicia en el país de las maravillas*, seguro que ya les suena. Pues bien, el señor Dodgson/Carroll escribió en 1875 el artículo titulado «Algunas falacias populares sobre la vivisección», que se publicó en uno de los medios escritos más influyentes de Inglaterra del siglo XIX, la revista *Fortnightly Review*.

Pero resulta que una de las más sentimentales amantes de los animales era la reina Victoria. Hasta ella llegaron descripciones pormenorizadas de supuestos experimentos atroces con animales y, claro, decidió tomar cartas en el asunto. Si alguien podía hacer algo contra la disección de los animales vivos con el fin de hacer estudios fisiológicos o investigaciones patológicas, esa era la reina de Inglaterra, aunque no tuviera ni idea de lo que era un estudio fisiológico o una investigación patológica. Una carta fue enviada desde el castillo escocés de Balmoral —la residencia estival de la reina Victoria— a Lister, en junio de 1875. En esta carta —bastante cursi por cierto—, el secretario privado de la reina solicitaba que Lister emitiera un comunicado condenando las prácticas de fisiología «horribles» que se llevaban a cabo en las universidades.

La respuesta de Lister no tenía desperdicio. En unas cuantas páginas difíciles de resumir aquí, argumentó a favor de la experimentación animal como único camino para solucionar los problemas de salud de la humanidad, tocando todos los puntos, desde la utilización de animales inferiores como invertebrados hasta la utilización de anestésicos y técnicas modernas prácticamente indoloras —o sin prácticamente— en animales superiores como caballos o perros. Él mismo no habría sido llamado a consulta sobre este asunto si no hubiera realizado durante su carrera científica estudios con terneros, burros, murciélagos o ranas. Tampoco habría sido galardonado con cargos y condecoraciones, ni habría sido capaz de eliminar de los hospitales la muerte por infecciones postoperatorias.

Pero la suerte estaba echada. Al final, llegó en 1876 la denominada *Ley contra la Crueldad con los Animales*, que instituyó un sistema de licencias para la experimentación con animales, y que sucedió a la ley de crueldad hacia los animales de 1849, que a su vez había sucedido a la ley de tratos crueles hacia ganado de 1822 y a otra anterior más general de 1835.

Dentro de los antiviviseccionistas, ni los moderados ni los extremistas quedaron satisfechos, pero tampoco los profesores de Fisiología. Quedó claro que la experimentación animal era necesaria, y que por otro lado debía realizarse bajo unas condiciones de seguridad y bienestar animal desconocidas hasta la fecha. Pero poco más.

Lister tenía una espina clavada. A pesar de reinar desde su atalaya intelectual sobre los cirujanos de Edimburgo y de que sus métodos antisépticos habían sido adoptados en todo el mundo, esos métodos sufrían cierto ostracismo en la ciudad donde había ido a la universidad, Londres. Así que, a pesar de la devoción que le profesaban sus estudiantes de la Royal Infirmary de Edimburgo, en 1877 dejó esta ciudad para ocupar la cátedra de cirugía clínica del King's College de Londres —creada expresamente para él—, donde permanecería durante más de 15 años.

El fenol de Lister siguió utilizándose hasta bien avanzado el siglo XX, pero a medida que se iban inventariando los microbios causantes de enfermedades, que se comenzaba a saber que la inmensa mayoría no son nocivos para el ser humano, que nuestro sistema inmunitario se encarga de vigilar por nuestra salud más de lo que en un principio se podía imaginar, y que las infecciones en los hospitales provenían principalmente de las manos de los cirujanos y médicos y de la mala esterilización de los aparatos médicos, los sistemas antisépticos de los discípulos de Lister fueron quedando relegados para la historia. La antisepsis dejó paso poco a poco a las prácticas médicas asépticas, libres de gérmenes.

En 1888 se inauguró el Instituto Pasteur en París. En 1891, tras los éxitos de la vacunación contra la rabia realizados por Pasteur, se estableció una red de institutos para vigilar la enfermedad en todo el mundo. Los ingleses, como siempre dando la nota, recelaron de la vacuna de Pasteur, y en lugar de crear un instituto *ad hoc*, decidieron crear un comité para verificar los experimentos e inoculaciones de Pasteur. Un éxito del 84 % en la supervivencia de los pobres rusos que habían llegado a París desde Smolensk para ser vacunados por Pasteur no les parecía suficiente —cuando la supervivencia a una mordedura de perro rabioso en la época era del 0 % si los síntomas comenzaban pasados los 45 días tras la mordedura—. Fueron tan cabezotas que, antes que dedicar un instituto entero a la curación de la rabia como habían hecho un montón de países, preferían pagar el viaje a París de las personas con rabia, para que

Pasteur los curara. Algunos políticos ingleses incluso se decantaban por poner bozales a todos los perros de las zonas donde se detectase algún caso.

Lister fue nombrado director del Instituto Británico de Medicina Preventiva, que pasó a llamarse en 1903 Instituto Lister de Medicina Preventiva. Edward Guinness —cuya familia fabrica una cerveza negra muy rica desde el siglo XVIII— aportó 250.000 libras de la época para su mantenimiento; un Amancio Ortega de la época. En este centro se realizaban todo tipo de investigaciones, desde patología hasta bacteriología; incluso se analizaba la leche de las granjas de la zona de Londres.

Un policía escolta el féretro de Lister en su multitudinario entierro el 10 de febrero de 1912.

Lister viajó por toda Europa. Visitó España en 1881 y escribió una carta desde Sevilla a su hermano en la que, por deformación profesional, le contaba que el pintor español Bartolomé Esteban Murillo (1618-1682) había muerto de una infección tras serle amputada una pierna. Visitó también Málaga, Cádiz y Córdoba, y escribió también en una de sus cartas que el norte de España le parecía «desolado».

Lister siguió trabajando hasta muy avanzada edad —como se estilaba en aquella época—. En su última publicación sobre cirugía médica menciona unos experimentos que realizó para demostrar que el pelo de la epidermis retiene bastante bien el fenol, por lo que no hacía falta afeitar a los pacientes antes de operarlos.

En 1892 acudió a París para rendir homenaje a Pasteur en el anfiteatro de la Universidad de la Sorbona. Lister que acudía en representación de la Royal Society de Londres y de la Royal Society de Edimburgo, pronunció un discurso emotivo.

Las enseñanzas de Lister pueden consultarse en dos volúmenes que contienen todos sus artículos científicos, denominados *The Collected Papers of Joseph, Baron Lister*.

Los artículos están agrupados por temas. Así, por ejemplo, el volumen I está encabezado por una fotografía de Lister en Edimburgo, tomada en 1856. El volumen contiene sus artículos sobre fisiología, patología y bacteriología. El volumen II lo encabeza una fotografía de Lister tomada en 1895. El volumen contiene sus artículos sobre el sistema antiséptico y cirugía, y trae además cuatro transcripciones de sus conferencias más famosas. Estos dos volúmenes se pueden leer perfectamente en unas cuantas semanas, dedicándoles tan solo un par de horas al día.

Lister falleció el 10 de febrero de 1912. Fue enterrado junto al amor de su vida, en el cementerio de West Hampstead, después de un solemne y multitudinario funeral en la abadía de Westminster.

Casi a diario, nuevos milagros de bacteriología se mostraban ante nuestros ojos asombrados.

FRIEDRICH LOEFFLER, TRABAJANDO EN EL PRIMER LABORATORIO QUE DIRIGIÓ ROBERT KOCH

Es un gran avance, monsieur.

LOUIS PASTEUR, 1881. PALABRAS DE PASTEUR A ROBERT KOCH, CUANDO ESTE ÚLTIMO REALIZÓ LA DEMOSTRACIÓN DEL AISLAMIENTO DE COLONIAS BACTERIANAS UTILIZANDO MEDIO SÓLIDO, EN EL VII CONGRESO INTERNACIONAL DE MEDICINA DE LONDRES.

Sin embargo, me parece muy deseable que estos experimentos se repitan en otros lugares, para que toda duda sobre la exactitud de mi declaración pueda ser eliminada.

ROBERT KOCH, 1901. PARA TERMINAR SU CONFERENCIA EN EL CONGRESO MUNDIAL DE TUBERCULOSIS, CELEBRADO EN LONDRES

Litografía de Robert Koch, extraída de *Portraits of doctors & scientists in the Wellcome Institute.*

ROBERT KOCH

La mayoría de las técnicas fundamentales que utilizamos hoy en día para estudiar las bacterias fueron ideadas por Robert Koch.

Después de comenzar sus estudios sobre matemáticas, física e incluso botánica, fue a parar a las clases de medicina del profesor Jakob Henle —que había formulado la hipótesis del *contagium animatum*—, para escuchar sus teorías sobre los microorganismos y algunas enfermedades infecciosas. Fue discípulo también del profesor Rudolf Ludwig Karl Virchow (1821-1902), quien unos años más tarde le daría la espalda en algunos asuntos, e incluso entablaría hostilidades contra él.

Como Fleming, Koch participó en una Gran Guerra (Franco-Prusiana), y al ser también médico se encargó del lazareto del X Cuerpo del Ejército del Impero alemán. Posteriormente se encargó del hospital de enfermos de fiebre tifoidea de Neuf-Château, donde acumuló gran experiencia, como haría también el descubridor de la penicilina.

Tras la guerra sacó una plaza como médico en un pequeño pueblo llamado Wollstein, de 2.000 habitantes —y que hoy en día es la ciudad polaca de Wolsztyn—. Según el libro de David C. Knight *Robert Koch, padre de la bacteriología*, tuvo que ganarse la confianza de sus vecinos, ya que el sanador oficial del pueblo era un pastor de ovejas que adivinaba las enfermedades mediante la observación directa de la orina de sus pacientes.

Su mujer le regaló un microscopio por su 29 cumpleaños, y entonces se volvió un apasionado de la tecnología de la época. Ayudado por unas lentes de la marca Zeiss y de un condensador, consiguió acoplar una cámara fotográfica al microscopio para inmortalizar las primeras imágenes de bacterias, incluyendo algunas en las que claramente se observan flagelos, una especie de espaguetis o colas que utilizan las bacterias para moverse a gran velocidad cuando se encuentran en un líquido.

Al ser un firme convencido de la teoría del germen, se puso a estudiar preparaciones de todo tipo al microscopio y comenzó a realizar experimentos de inoculación de ratones con bacterias.

El primer bicho que llamó su atención fue el bacilo del ántrax o *Bacillus anthracis*. Este diminuto asesino se encargaba de matar él solo a numerosas especies de herbívoros que el hombre utilizaba para obtener lana, leche o carne, así que se decidió a estudiarlo. Comenzó a recoger muestras de bazo de distintos animales muertos y a extraer sangre y fluidos de esos animales para inocularlos en ratones de laboratorio. Los ratones enfermaban, pero no por la sangre o las sustancias propias del bazo, sino por algo que estaba «dentro» de la propia sangre, y que era lo que pasaba la enfermedad de los animales muertos a los vivos.

Fabricó una especie de cámara utilizando dos portaobjetos de vidrio: selló los bordes con una especie de pegamento y dejó un hueco para introducir muestras. Lo primero que probó fue un poco de humor acuoso procedente del ojo de un buey que había muerto por ántrax y que contenía algunas bacterias. El microambiente generado por el reducido espacio entre las dos láminas de vidrio hizo que las pocas bacterias proliferaran rápidamente y se alimentaran de los fluidos oculares. Además, podía seguir el crecimiento de las bacterias al colocar la cámara en el microscopio. Cuando Koch creía que ya había suficientes bacterias, las extraía con una jeringa y las inoculaba en conejos. Al enfermar los conejos de ántrax, Koch estaba realizando literalmente el primer experimento que demostraba que un germen cultivado fuera del cuerpo de un ser vivo era el responsable directo de una enfermedad en mamíferos. Descubrió algo más: cuando este pequeño responsable de la enfermedad se encontraba en condiciones desfavorables, producía unas formas de resistencia llamadas esporas, que se quedaban en la hierba o en los campos esperando a que algún animal comiera el pasto. No importa el tiempo que las esporas estuvieran a la intemperie, si estaban todo el día al sol, o enterradas en el suelo sin oxígeno, una vez que un animal las ingería estas volvían a reactivarse y a formar nuevos pequeños asesinos, como había supuesto Pasteur un poco antes.

Curiosamente Koch eligió una revista de botánica para publicar sus resultados, *Aportaciones a la biología de plantas*, cuyo editor era el mismísimo Ferdinand Cohn. El trabajo, que se titulaba «Contribución a la etiología del carbunco», encantó a Cohn y fue rápidamente publicado. Aquel artículo realizado por un pequeño médico de pueblo llamó la atención de grandes investigadores alemanes, incluido el propio Virchow.

Su siguiente trabajo se tituló «Procedimientos para investigar, conservar y fotografiar bacterias». Pero las fotografías que hacía eran, evidentemente, en blanco y negro. Así que tuvo una genial idea: teñir las bacterias antes de fotografiarlas. Utilizó para ello unos colorantes de la sustancia denominada anilina. Para mejorar la calidad de las imágenes, contactó con un profesor de la Universidad de Jena, Ernst Karl Abbe (1840-1905). Con la ayuda de Abbe mejoró el sistema de iluminación del microscopio: añadió aceite, lo que permitió optimizar el índice de refracción de las preparaciones. Hoy en día, en microscopios que tienen objetivos de inmersión se sigue empleando el aceite para mejorar el índice de refracción y poder ver las muestras con más claridad. Por su parte, Abbe, junto con Carl Zeiss y Otto Schott, montaría la empresa de lentes y microscopios que posteriormente se conocería como Zeiss.

Luego, en 1878, publicó su trabajo «Estudios sobre la etiología de las enfermedades infecciosas en la heridas».

Gracias a estos y otros trabajos consiguió una plaza de consejero del Gobierno, lo que le permitió obtener más dinero para sus investigaciones y tener un laboratorio con dos ayudantes, Friedrich August Johannes Loeffler (1852-1915) y Georg Theodor August Gaffky (1850-1918).

„Baas, voor drie centen Koch, als 't u blieft."

Viñeta de A. Holswilder (c. 1890) que representa a un
niño en una botica pidiendo a un farmacéutico con una
Cruz de Hierro «una de tres centavos de Koch».

Curiosa fotografía de Robert Koch y Stabsarzt Kleine con
un cocodrilo muerto en África Oriental, 1906.

El principal objetivo del grupo de investigación era intentar transferir bacterias patógenas a animales de experimentación, estudiando diferentes vías de inoculación y averiguando en qué órganos se encontraban las bacterias tras una infección experimental.

El siguiente patógeno al que había que identificar era la bacteria responsable de la tuberculosis. Al principio Koch no se planteó curar la enfermedad, pero sí poder colorear y fotografiar la bacteria que la causaba. Después de un cribado de cientos de combinaciones de colorantes, dio con uno que permitía observar perfectamente estos bacilos incluso dentro de preparaciones que contenían tejido pulmonar infectado. Aquello fue todo un hito para la época, ya que nadie había conseguido visualizar correctamente a la bacteria. El bicho era muy escurridizo porque se acantonaba principalmente dentro de las células humanas, donde permaneció oculto a la vista de los científicos durante décadas.

La idea predominante desde mediados de 1800 era que las diversas formas de los microorganismos que se veían al microscopio eran en realidad etapas diferentes del desarrollo de una sola especie. Es decir, que los microorganismos redondos con forma de coco podían crecer y construir formas alargadas y filamentosas, y viceversa, las formas bacilares y alargadas podían, en alguna etapa de su desarrollo, cambiar a formas redondas y pequeñas.

Una minoría pensaba que lo que se veía como diferentes formas en el microscopio podían ser distintos microorganismos, o lo que es peor, diferentes especies de microorganismos. Pero en 1872 Ferdinand Julius Cohn (1828-1898) propuso la existencia de especies bacterianas separadas, en su artículo titulado «*Untersuchungen über Bakterien*» (Estudios sobre bacterias), creando una clasificación en cuatro *tribus* principales. Este título aparece en numerosas fuentes inglesas como: «Bacterias, los seres vivos más pequeños».

De hecho, Cohn fue el primero en llamar bacterias a esos diminutos microorganismos —hasta entonces se conocían como *fermentos*—. Este artículo convenció a muchos de que había distintas especies o tribus de bacterias, e hizo que los bacteriólogos de la época se pusieran a buscar la forma de aislar esas distintas tribus en cultivo individual y puro en el laboratorio. Ese mismo año, Joseph Schröter (1837-1894) empleó una gama de productos alimenticios —entre los que se encontraban patatas, pan, claras de huevo y carne— para aislar bacterias. Publicó los resultados en un artículo titulado «Algunos pigmentos formados por bacterias».

El único error de todo esto es que tanto Cohn como los que inmediatamente siguieron sus ideas creyeron que las bacterias eran plantas y no animales. Algunos incluso creían que eran similares a los parásitos, porque evidente parasitaban a otros animales. Que no fueran animales tenía su lógica, pero no se les ocurrió que en lugar de plantas eran organismos mucho más primitivos que estas; de hecho, si cogemos cualquier libro de finales de 1800, en la mayoría se dice que las bacterias son plantas, y, aunque hoy en día nos resulta un poco extraño, fue algo bastante asumido hasta principios del siglo xx. Esto era debido principalmente a la forma que tienen las bacterias de crecer y a la forma que algunas de ellas tienen de formar esporas, lo que las acercaba a las plantas; además, se habían descubierto unas algas microscópicas —las *Oscillaria*—, que se parecían mucho a las bacterias, pero que eran verdes y realizaban la fotosíntesis, así que muchos decían que las bacterias eran plantas, pero sin clorofila. Por si fuera poco, las levaduras eran muy parecidas a las bacterias y se dividían por gemación —como si de un tronco surgieran ramas—, por lo que eran también consideradas plantas. Así, por ejemplo, en el libro de 1898 *La historia de la vida del germen: Bacteria*, de Herbert William Conn (1859-1917), un bacteriólogo estadounidense que colaboró en la fundación de la Sociedad Americana de Microbiología (ASM), podemos leer: «Los organismos llamados bacterias comprenden simplemente una clase pequeña de plantas inferiores» o «Las bacterias y las levaduras son plantas microscópicas, relacionadas muy estrechamente unas con otras».

A la dificultad de estudiar las bacterias en medio líquido se unía el problema de las contaminaciones, que debieron volver locos a los bacteriólogos de la época. Hoy en día sabemos que, aunque tengas un cultivo puro de bacterias en una placa de Petri —en medio sólido—, la misma especie o cepa puede presentar incluso distintas morfologías de colonia, con lo que se complica el asunto. Imaginemos los interrogantes que tuvieron que solucionar aquellos investigadores para discernir si estaban ante uno o varios microorganismos distintos. Para colmo de males, hay que ver en perspectiva la situación de la bacteriología de aquella época: cada investigador se centraba en una o dos especies de bacterias —excepto los genios multitarea como Pasteur o Koch—, por lo que no había una red de colaboradores que compartiera rápidamente los conocimientos que se iban adquiriendo; además, distintos investigadores —uno podía estar en Japón y el otro en Londres— podían estar investigando la misma especie bacteriana sin saberlo, por lo que cada uno describía lo mismo que el otro, pero a su manera, y al final se juntaban un montón de descripciones del mismo bicho, pero tremendamente diferentes, lo que complicaba el avance de la ciencia.

Robert Koch y el propio Rudolf Ludwig Karl Virchow pensaban igual que Cohn; pero Koch era un bacteriólogo puro y duro, así que puso a su laboratorio a realizar cultivos de bacterias sobre rodajas de patatas cocidas que se colocaban en un plato tapado. Este recipiente varió en pocos meses o años de tamaño y forma, y se conservan dibujos de al menos 3 de aquellos recipientes, que se parecen *demasiado* a la placa Petri que se utiliza actualmente en todos los laboratorios del mundo.

Pero Koch, además, hizo una aportación significativa a la bacteriología cuando introdujo la gelatina para solidificar los medios de cultivo líquidos. Esto fue fundamental para refutar la teoría que decía que las levaduras podían convertirse en bacterias y las bacterias en levaduras. Esta gelatina tenía la ventaja de que las colonias de bacterias que crecían sobre ella se veían muy bien, independientemente de que las bacterias produjeran pigmentos o no. En las rodajas de patata solo se podían ver con claridad las colonias de colores. Pero la mayoría de las bacterias no producen pigmentos, así que el invento de la gelatina parecía perfecto. Además, la gelatina hacía que cada germen creciera en un único lugar y formara una única colonia, con lo cual se podía saber cuántas bacterias iniciales había, contando las colonias individuales que aparecían tras el crecimiento. Y aún había más: se podían caracterizar las bacterias según el tipo de morfología que formaran sus colonias sobre la gelatina.

De hecho, este invento causó furor cuando en 1881 Koch lo presentó en el VII Congreso Internacional de Medicina que tuvo lugar en el King's College de Londres, al que también asistieron Pasteur y Lister. Realizó una demostración de transferencia de una colonia de bacterias en cultivo puro de un recipiente a otro, lo que dejó a todos con la boca abierta.

Cuando terminó el congreso muchos de los científicos que habían asistido a la demostración de Koch comenzaron a fabricar sus propias placas de cultivo —de vidrio o de metal, redondas o cuadradas— y a utilizar gelatina para solidificar los medios en los que crecían las bacterias. Sin embargo, el nombre del recipiente que utilizan hoy todos los microbiólogos para cultivar bacterias se lo debemos a uno de los ayudantes de Koch, Richard Julius Petri (1852-1921), quien tomó nota de todo aquello y escribió en 1887 un artículo titulado «Una modificación menor de la técnica de plaqueo de Koch», que publicó en la revista alemana *Cuaderno central de bacteriología y parasitología*.

El éxito fue tremendo. Un año más tarde Koch descubrió el bacilo del cólera, otro éxito.

Y sus discípulos también hacían méritos. *Corynebacterium diphtheriae*, la bacteria patógena que causa la difteria —también conocida como el bacilo Klebs-Löffler— fue descubierta y aislada en cultivo puro entre 1883 y 1884 por los discípulos de Koch, Edwin Klebs (1834-1912), que se había incorporado al laboratorio, y Friedrich Loeffler.

En aquella época de descubrimientos vertiginosos —en tan solo 18 años se localizaron los asesinos de humanos más despiadados de los últimos 2.000 años—, Koch vivía obsesionado con la idea de que cada enfermedad infecciosa estaba producida por un microorganismo distinto, y estaba dispuesto a demostrarlo mediante unas reglas que marcarían el inicio de la microbiología clínica. Estas reglas habían sido prácticamente definidas por Henle, pero Koch las modificó y las adaptó a sus investigaciones, por lo que algunos las conocen como «los postulados de Henle-Koch», aunque la mayoría los enuncian como «los postulados de Koch». Con estas reglas Koch daría sentido estricto a la palabra *causa* en referencia a la «causa» de una enfermedad y las aplicó primeramente a la tuberculosis, notablemente en su artículo titulado «La etiología de la tuberculosis», publicado en 1882. Este fantástico artículo, que llamó la atención en todo el mundo —como no podía ser de otra manera— contenía algunos fallos. Por ejemplo, las modernas técnicas de tinción que utilizó producían *artefactos* en las bacterias que Koch confundió con esporas. Además, afirmaba también que el causante de la tuberculosis era el mismo en humanos y en el ganado —cosa que posteriormente rectificaría—.

Otra de las innovaciones que se utilizaron en el laboratorio de Koch fue la solidificación de los medios de cultivo con un ingrediente de cocina, el agar. Un estudiante postdoctoral de su laboratorio, Walther Hesse (1846-1911), casado con Angelina Fanny Elishemius (1850-1934), le mostró a Koch lo que su mujer le había enseñado para preparar mermeladas. Resulta que Walther, al trabajar con bacterias presentes en el aire —o ambientales— tenía no pocos problemas a la hora de preparar medios con gelatina. Además, había bacterias que producían la licuefacción de la gelatina y no había manera de cultivarlas. Según el nieto de los Hesse, Wolfgang —que dejó por escrito esta historia—, Walther preguntó a su mujer cómo se las apañaba para que sus mermeladas quedaran sólidas a temperatura ambiente. Angelina le dijo que utilizaba agar-agar, un producto procedente de algas que era utilizado en países de climas cálidos como China e India. Y ya está. Walther comprobó claramente que el agar-agar proporcionaba mucha más consistencia que la gelatina a los medios de cultivo. Además de aportarle a su marido el ingrediente más utilizado en el mundo para preparar medios de cultivo microbiológicos, Angelina Fanny ayudó a su marido realizando ilustraciones de las preparaciones de microscopía para sus artículos científicos.

Robert Koch, imagen publicada en 1907 en *Les Prix Nobel*.

Koch inmediatamente incorporó esta sustancia a todos sus trabajos, primeramente, para aplicar sus postulados al estudio de la tuberculosis.

También aplicó estos postulados al cólera y al carbunco, para demostrar que el *Bacillus anthracis* era el agente etiológico del carbunco o ántrax, la causa de esta enfermedad. En 1883 los miembros del equipo de Koch infectaron más de 10 especies diferentes de animales para comprobar estas reglas.

Estos postulados decían lo siguiente:

1) El microorganismo causante de una enfermedad debe encontrarse en abundancia en los tejidos enfermos y debe estar ausente en el tenido sano.

2) El microorganismo debe poder aislarse en cultivo puro —mediante técnicas microbiológicas— a partir del tejido enfermo.

3) Los microbios aislados en el laboratorio a partir del tejido enfermo deben causar la enfermedad cuando se introducen —inoculan— en un individuo sano.

4) El microbio causante de la enfermedad debe poder aislarse de nuevo del individuo en el cual se realizaron esas infecciones experimentales.

Estos postulados eran una generalización a todas las enfermedades infecciosas, por lo que fueron enseguida implementados por la comunidad médica, principalmente por microbiólogos clínicos —e incluso por el propio Koch—. Esto fue debido al descubrimiento por ejemplo de los portadores que no presentaban signos de la enfermedad, los conocidos como *portadores asintomáticos* o *carriers* en inglés, como la cocinera Mary. Por lo tanto, la presencia del microorganismo que causa la enfermedad no siempre implica que esta se desarrolle. Además, la inoculación de los microorganismos que causan enfermedades no siempre llegan a producirlas cuando son introducidos en individuos sanos, ya que la infección en muchos casos depende de la dosis de bacterias infectivas y sobre todo de cómo está el sistema inmunitario del individuo que se infecta con ellas.

La identificación de los microorganismos como agentes causantes de enfermedades específicas ayudó a comprender su epidemiología, y el comprender la epidemiología ayudó a crear estrategias de prevención. Y al comprender mejor la biología de las enfermedades se mejoraron los tratamientos para combatirlas. Así, la bacteriología se unió a la virología y a la inmunología, y a partir de estas se generalizó el uso de la epidemiología y de las técnicas estadísticas, lo que llevó invariablemente a mejorar las condiciones sanitarias y de higiene pública para prevenir las enfermedades infecciosas. Básicamente, más sanidad, menos enfermedades.

El micólogo danés Emil Christian Hansen (1842-1909) aplicó las reglas de Koch a la fermentación producida por levaduras y comprobó que existían distintos tipos de estos hongos unicelulares; así que decidió esterilizar la cerveza, eliminando a estos microbios fermentadores, y volver a inocularla con distintas clases de levaduras por separado para obtener cerveza de mejor calidad. Cada levadura distinta proporcionaría características diferentes a la bebida. Método empírico, ensayo y error, hasta dar con una que mejorase la calidad de la cerveza. Por lo que Hansen fue a la microbiología industrial, lo que Koch a la microbiología clínica.

Durante el Congreso Internacional de Medicina de Berlín en agosto de 1890, Koch anunció que había descubierto una sustancia que impedía el crecimiento del *Mycobacterium tuberculosis*. La inoculación de esta sustancia hacía resistentes a la infección a los cobayas utilizados en los experimentos; con lo que se creó una expectación tremenda. Luego, en noviembre de ese año, espoleado por sus colegas, publicó sus resultados, pero de una forma muy cautelosa. Esta sustancia se llamó tuberculina.

El protocolo de preparación de la tuberculina no fue revelado ni en el congreso ni en la publicación, lo que desató ciertas inquietudes entre la comunidad científica. El Gobierno quería patentar aquella sustancia, ya que lógicamente traería grandes beneficios, pero la comunidad internacional vio esto como algo muy negativo. Mientras tanto, ante la presión de todas las partes, comenzaron los ensayos de la tuberculina en humanos.

Al principio los pacientes sufrían una reacción muy severa, en algunos casos fatal, aunque otros experimentaban una notable mejoría, lo que disparaba las noticias positivas y la euforia. Otros primero mejoraban, pero luego empeoraban, lo que disparaba las noticias negativas. Pero el balance no era nunca positivo. Cuando la gente comenzó a perder las esperanzas en la tuberculina, Koch acudió al congreso mundial de Londres en 1901. La expectación se centró en la conferencia que iba a impartir Koch.

Lister actuó de moderador y presentó a Koch, que en lugar de hablar de la tuberculina dio una charla sobre métodos de inoculación y sobre higiene pública. Finalmente sorprendió a todos afirmando que la tuberculosis bovina y la tuberculosis humana eran dos enfermedades diferentes, y que la tuberculosis bovina no afectaba al hombre. Sin embargo, no reveló demasiado sobre la tuberculina, solo que había comenzado a probarla en humanos. Su discurso terminó con lo siguiente: «Sin embargo, me parece muy deseable que estos experimentos se repitan en otro lugar, a fin de eliminar cualquier duda sobre la exactitud de mi afirmación», una frase que conocen muy bien los científicos, cuando tratan de reproducir los experimentos realizados por otros investigadores.

Inmediatamente después de su conferencia, la notica fue *trending topic*, al menos durante el tiempo suficiente como para despertar las esperanzas de todos los enfermos de tuberculosis del mundo.

Pero los resultados de la tuberculina seguían siendo bastante negativos. La caída de la tuberculina de Koch fue precipitada por Virchow. En 1891 el patólogo senior mostró evidencias de que 21 de los pacientes tratados con tuberculina habían muerto y en sus autopsias se encontraron los órganos internos llenos de bacterias. En realidad, Virchow era una persona bastante inquieta y se metía en todo. Era patólogo, pero ejerció de político, fue responsable de la reforma de la sanidad en Berlín, antropólogo, explorador, escritor... Se le conoce como el padre de la patología moderna y su libro *Die Cellularpathologie* (Patología Celular) era como la biblia de la época, así que su palabra era escuchada y en muchos casos obedecida. Además, Virchow cargó contra el elevado salario de Koch —que equivalía a todo el presupuesto de los departamentos científicos de la Universidad de Berlín—. La acusación de Virchow obligó a Koch a mostrar realmente en qué consistía la tuberculina. Su receta mágica, aunque con cierto sentido científico, no era más que un cultivo de *M. tuberculosis* que había crecido en presencia de glicerina durante varias semanas; las bacterias de estos cultivos se mataban mediante calor y luego se filtraban. Koch creía que al inyectar esto en el cuerpo de los pacientes enfermos se recuperarían de la enfermedad.

Este método no era más que una copia del método que Roux había utilizado para aislar la toxina de la difteria. Roux había puesto a punto la extracción de suero de caballo que contenía la antitoxina diftérica. Los caballos habían sido inmunizados con la toxina al administrarles dosis crecientes de esta, inactivada con yodo. Las dosis crecientes aplicadas periódicamente hacían que los caballos terminasen aguantando inyecciones de toxina cruda.

Bajo las órdenes de un cada vez más anciano Koch, los investigadores del instituto alemán siguieron trabajando duramente para encontrar el arma definitiva contra la tuberculosis, pero de nuevo los investigadores Albert Calmette y Camille Guérin, del Instituto Pasteur, se llevaron la gloria, al fabricar laboriosamente su vacuna BCG.

Algunos de los discípulos de Koch no desistieron en sus investigaciones. Uno de ellos fue Paul Ehrlich (1854-1915), nombrado director del Instituto para la Investigación y el Control de Sueros en 1986. Ehrlich creó la regla de las cuatro ges que necesitaba todo científico para triunfar: *Geduld*, *Geschick*, *Geld* y *Glück* (paciencia, habilidad, dinero, suerte).

En esos años, el alcalde de Frankfurt creó una iniciativa para apoyar a los líderes intelectuales del país. Paul Ehrlich fue reclutado en esa ciudad como director del recién inaugurado Real Instituto de Terapia Experimental. En el discurso inicial, Ehrlich habló de «balas mágicas» y de cómo la química ayudaría a luchar contra las enfermedades infecciosas. Hoy en día se denomina Instituto Georg-Speyer-Hausa para la Investigación Biomédica.

En cuanto estuvieron operativos los laboratorios y el animalario del joven instituto de investigación, el equipo de Ehrlich comenzó a probar compuestos en miles de ratones. Primero ensayaban los compuestos contra bacterias conocidas, pero luego incluso empezaron a probarlos contra parásitos. Así, se les ocurrió ensayar lo que pasaba con 100 compuestos químicos utilizando como modelo el microorganismo *Tripanosoma*, un parásito cuyas variedades causaban enfermedades en équidos y en ganado vacuno, y también la conocida como *enfermedad del sueño* en humanos, distribuida principalmente en países del África subsahariana. Estos tripanosomas son inoculados a través de la picadura de una mosca del género *Glossina*, más conocida por su apodo: tse-tse. Cuando los ratones eran infectados por este parásito, uno de los compuestos químicos, el colorante rojo tripán mataba al parásito, pero no hacía nada a los ratones. El rojo tripán se había sintetizado a partir del colorante rojo Nagara, y a partir del rojo tripán se crearon otros 50 derivados que fueron probados en animales. Luego vendría el azul tripán y sus derivados, etc. Finalmente, algunos de estos candidatos, como el Bayer 205, mostraron eficacia contra los tripanosomas. Otros como la suramina aún se utilizan hoy en algunas fases de la enfermedad.

Ehrlich fue consciente de la toxicidad selectiva de los compuestos: mataban al parásito sin dañar los tejidos de su hospedador. Así que, decidido a encontrar alguna bala mágica para utilizarla en humanos, dedicó sus esfuerzos a hacer un cribado masivo de los compuestos que le proporcionaba la poderosa industria química alemana.

En una de estas combinaciones de parásitos, bacterias y compuestos químicos, encontró que la bacteria causante de la sífilis —*Treponema pallidum*— era aniquilada totalmente por el compuesto que denominaron 606. Para descubrir este compuesto, tuvieron que cambiar de animal de experimentación, porque los *T. pallidum* no realizaban muy bien sus maldades en el modelo murino. Si los ratones no servían, había que cambiar a los conejos. Pero nadie en el laboratorio del Ehrlich sabía inocular conejos. El aliado llegó desde muy lejos, desde

Japón. Resulta que la sífilis apareció en Japón 17 años después de que lo hiciera en Europa. En la época de Ehrlich, el Impero germano realizaba intercambios culturales con la mayoría de los países del mundo, también con el Japón imperial. El país nipón comenzó a abrirse al mundo en buena parte gracias a Alemania.

El médico y bacteriólogo japonés Shibasaburo Kitasato —el codescubridor de la bacteria que causaba la peste —*Yersinia pestis*— había trabajado con Koch y seguía enviando investigadores en formación a laboratorios alemanes. De hecho, Japón enviaba a 16 estudiantes todos los años a prestigiosas universidades y centros de investigación alemanes. Así que aquel año le tocó el turno a Sahachirō Hata (1873-1938). Una habilidad especial de este chico era su buena mano al inocular conejos, por lo que el compuesto denominado 606 lo probó Hata en estos animales. Y funcionó.

El Salvarsán, como denominaron al compuesto 606, tuvo un éxito inmediato y desplazó rápidamente a los compuestos de mercurio que se utilizaban como único remedio válido para atenuar los síntomas de la sífilis. En realidad, la emoción del descubrimiento y la publicidad engañosa que recibió desde sus comienzos hicieron que el Salvarsán fuera visto como la «salvación de los pecadores», pues, como sabemos, la sífilis es transmitida por vía sexual. Fue tal el impacto que en la *Journal of the American Medical Association* o JAMA (Revista de la Asociación Médica Americana) un tal S. J. Meltzer escribía: «El Salvarsán no es simplemente un remedio adicional para la sífilis, marca una época en la medicina».

Pero no era oro todo lo que parecía oro. La droga era relativamente tóxica en los pacientes. La verdad era que había que utilizarlo muy bien, porque tenía unos grandes problemas de solubilidad, y cuando metes algo en las venas de un paciente, tienes que asegurarte de que lo que metes es totalmente líquido, porque si no... Así que surgieron los denominados efectos secundarios, algunos tan graves como amputaciones de miembros. Por lo que hubo que domesticar al compuesto modificando su configuración química. El equipo de Ehrlich creó el

Neosalvarsán, o compuesto 914, que tenía mejor solubilidad, pero que tampoco era la literal *bala mágica* que todos esperaban. Pero había que conformarse, porque hasta la década de 1930 no apareció nada nuevo en el mercado contra las bacterias. Además, era el primer antimicrobiano que se podía administrar por vía intravenosa y alcanzaba todos los rincones del cuerpo del paciente. Casi una bala mágica.

Fue otro alemán, Gerhard Johannes Paul Domagk (1895-1964) el que dio con un remedio bastante útil para combatir a los estreptococos. Se llamó Prontosil. Introducido en la práctica clínica en 1935, pertenecía a la familia de los compuestos denominados sulfonamidas, y fue la primera terapia exitosa contra varios tipos de bacterias. La peculiaridad de este compuesto era que no tenía eficacia contra las bacterias cuando se probaba en cultivos en el laboratorio, pero sí funcionaba cuando era inoculado en ratones infectados con estreptococos. Genial.

Domagk lo probó incluso con su hija de 6 años, ya que la pobre niña se había pinchado con una aguja de tejer, como en el cuento de *La Bella Durmiente*, pero, en lugar de dormir, desarrolló una infección que por aquella época era mortal. Se curó, aunque debido al producto su piel se enrojeció permanentemente.

Las sulfonamidas —familia de compuestos a la que pertenecía el Prontosil— requerían una concentración óptima y que la solubilidad del compuesto fuera completa. Además, había que administrarlas de forma intravenosa muy cuidadosamente, y no todo el mundo tenía la paciencia y la habilidad necesarias para hacerlo. En manos inexpertas, eran casi tan perjudiciales como la propia enfermedad. Para mayor desgracia, las sulfonamidas son de acción bacteriostática y, al utilizarse mal, muchas veces se administraban dosis demasiado pequeñas, por lo que las bacterias terminaban por adaptarse a concentraciones crecientes del compuesto. Donde sí funcionaron bastante bien fue en infecciones de la piel, ya que en ese caso había que empapar las heridas sin necesidad de controlar demasiado la concentración del fármaco. Pero cuando se descubrió la penicilina, las sulfonamidas cayeron poco a poco en el olvido.

Koch dedicó sus últimos años también a la tuberculosis. Trabajaba todos los días en el instituto, y por supuesto ganó el Premio Nobel en 1905 por sus «investigaciones y descubrimientos en relación con la tuberculosis», y además, obtuvo la medalla de oro de las asociaciones médicas de Berlín, en cuya inscripción pone: «Creaste del mundo de lo pequeño tu grandeza y conquistaste la Tierra, que hoy, agradecida, te ciñe la corona de la inmortalidad».

Robert Koch fue encontrado muerto en su sillón: se había quedado contemplando el paisaje a través de la ventana.

Su cuerpo descansa en el mausoleo creado a tal efecto en el Instituto de Enfermedades Infecciosas de Berlín, que había ayudado a crear 48 años antes.

Miembros del Congreso Internacional sobre Tuberculosis de 1901 en una excursión de fin de semana a Maidenhead, aparecen Paul Ehrlich (a la derecha) y Robert Koch (tercero por la derecha).

¿Por qué la ciencia española está atrasada?

<small>PREGUNTA DE UN PERIODISTA A ALEXANDER
FLEMING DURANTE SU VISITA A BARCELONA EN 1948</small>

*En seres inferiores, incluso más que en grandes
especies animales y vegetales, la vida impide la vida.*

<small>LOUIS PASTEUR, EN SU ARTÍCULO
«CARBUNCO Y SEPTICEMIA» DE 1877</small>

ALEXANDER FLEMING

Escribir sobre Alexander Fleming es fantástico. Tras las vueltas que da la vida de un científico español, he ido a parar al campo de investigación sobre la resistencia de las bacterias a los antibióticos, así que he leído todo lo que ha caído en mis manos sobre el descubridor de la penicilina, incluido el libro que la segunda mujer —y viuda— de Fleming encargó a André Maurois sobre la vida de su marido recién fallecido. En mi libro *Superbacterias* le dediqué lógicamente un pequeño apartado, pero creo que este es el momento oportuno de contar parte de su historia, haciendo especial énfasis en facetas no tan conocidas de él, pues doy por hecho que todo el mundo conoce más o menos cómo Fleming descubrió la penicilina, es decir, cómo un hongo contaminó una de sus placas que contenía un cultivo de *Staphylococcus aureus* —una bacteria bastante común pero que puede llegar a ser bastante mala bajo ciertas condiciones—.

Muchos otros científicos antes que él descubrieron las propiedades antibacterianas de los hongos contra las bacterias, o de unas bacterias contra otras, como el fisiólogo inglés John Scott Burdon-Sanderson (1828-1905), o el físico irlandés John Tyndall, del que hemos hablado anteriormente. Rudolph Emmerich (1856-1914) y Oscar Loew (1844-1941) concentraron una sustancia que producía la bacteria *Bacillus pyocyaneus* y que supuestamente inhibía a *V. cholerae*. La llamaron piocianasa. Por aquel entonces comenzaba a añadirse la terminación —*asa* a las proteínas que tenían actividad enzimática. La actividad enzimática de la piocianasa consistía literalmente en disolver bacterias. Esta bacteria, el *Bacillus pyocyaneus*, pasó a llamarse de varias maneras desde 1872, cuando fue descubierta, hasta la actualidad. Ahora la conocemos como *Pseudomonas aeruginosa*. Lo malo del asunto era que la piocianasa se mostró tóxica también para los humanos, porque rompía los glóbulos rojos. Hace poco en mi laboratorio hemos estudiado una cepa de esta especie, de color verde, que producía compuestos capaces de inhibir a una docena de patógenos humanos. Lo curioso es que la aislamos de la mano de un niño de cuatro años.

También conocía este antagonismo Pasteur, que cultivaba cada bacteria en un recipiente distinto, pero como era un ávido coleccionista pronto se quedaba sin recipientes, y entonces comenzó a cultivar al menos dos bacterias diferentes en algunos de ellos. De esta manera observó que algunas no crecían en presencia de otras. Llegó incluso a decir que «los microbios no podían vivir unos con otros».

En 1897 el francés Ernest Duchesne (1874-1912) defendió —a los 23 años— su tesis doctoral titulada «Contribución al estudio de la competencia vital en microorganismos. Antagonismo entre mohos y microbios» donde ya demostraba que ciertos hongos del género *Penicillium* eran capaces de inhibir el crecimiento bacteriano de *Bacillus coli* —30 años antes de que Fleming observara la placa de *S. aureus*—. Pero ninguno ha tenido la trascendencia de Fleming en este campo.

Escribir sobre Fleming sin escribir sobre su director de laboratorio es un poco extraño. Almroth Edward Wright es un gran desconocido para muchos científicos, pero jugó un papel muy importante en la creación del Departamento de Inoculaciones, en el que ingresó Fleming, y donde pasaría toda su vida científica. De hecho, en ese lugar se crearía más tarde el denominado Instituto Wright-Fleming de Microbiología.

Sir Almroth Wright merece estar aquí, así los lectores conocerán mejor el contexto en el que se desarrollaron las investigaciones que llevaron al descubrimiento de la penicilina. Evidentemente el hongo *Penicillium notatum* cayó por azar en la placa de Fleming, pero el bagaje científico del bacteriólogo escocés dictó el momento eureka del descubrimiento.

Alexander Fleming (1881-1955) vino al mundo en el condado de Ayrshire, en el sureste de Escocia. Era hijo y nieto de granjeros escoceses, por lo que nació en una granja. Recorría todos los días casi 6,5 kilómetros para ir y venir del colegio. Un día, cuando iba corriendo por la calle a toda velocidad, al doblar una esquina chocó de frente con otro niño y la nariz se le quedó como si le hubiera golpeado un boxeador profesional, lo que puede apreciarse bien en la mayoría de sus fotografías históricas.

Su infancia y su juventud transcurrieron entre el colegio Loudoun Moor, el colegio Darvel y la academia Kilmarnok —a la que tenía que llegar después de caminar otros 10 kilómetros—. Su primer trabajo —cuando aún era muy joven— fue en una empresa naviera de transportes.

Al poco de estallar en Sudáfrica la segunda guerra de los Bóer a finales de 1899, entre el Imperio británico y colonos de origen neerlandés, Fleming y sus dos hermanos John y Robert se alistaron en un batallón escocés denominado The London Scottish. Fleming era bueno con el fusil, pero no debió pegar muchos tiros porque sirvió principalmente en la retaguardia. Solo tenía 19 años.

Cuando volvió de la guerra decidió estudiar Medicina, pero como no tenía ningún certificado académico importante decidió asistir a clases particulares. Era buen estudiante, con buena memoria e inteligente, así que no le costó mucho entrar en la escuela de medicina. En el examen de acceso quedó entre los primeros de todo el Reino Unido.

En aquella época había en Londres doce hospitales y todos tenían su escuela de medicina. Fleming eligió el hospital Santa María (Saint Mary), no porque conociera bien el hospital o su facultad de medicina, sino porque había jugado al waterpolo contra ellos hacía unos años.

A sugerencia del doctor John Freeman, el director del Departamento de Inoculaciones lo acogió como becario. El interés de John Freeman porque Fleming ingresara en el laboratorio se debía a que, al haber estado en el ejército, Fleming podía ser un buen fichaje para el equipo de tiro del hospital.

El Departamento de Inoculaciones estaba gobernado con mano de hierro por Sir Almroth Wright. Según las fotografías de la época y las descripciones de distintos autores, *sir* Almroth Wright tenía tal poderío físico e intelectual que su sola presencia imponía gran respeto. Este personaje era muy conocido entre la burguesía londinense, a la que conseguía implicar con donativos en el mantenimiento de su laboratorio; de hecho, muchos aristócratas acudían al departamento para ser tratados de diversas dolencias.

Sir Almroth Wright era también uno de los mejores científicos en su campo —que era la utilización de antisueros contra las enfermedades infecciosas—, y mantenía buena amistad con otros investigadores de la talla de Mechnikoff o Paul Ehrlich, que acudían de vez en cuando a tomar el té al hospital Santa María.

Este *sir* británico trabajaba inspirado por los trabajos de Joseph Lister, Edward Jenner, Louis Pasteur y Robert Koch, y también por los discípulos de estos gigantes. Un discípulo de Koch en especial había llamado su atención: Emil Adolf von Behring (1854-1917). En 1890, Behring, junto con su amigo de la universidad Erich Wernicke (1859-1928), lograron desarrollar el primer suero terapéutico que parecía eficaz contra la difteria, una enfermedad infecciosa causada por una toxina producida por la bacteria *Corynebacterium diphtheriae*. Behring y Wernicke observaron que, si trataban perros y cobayas con repetidas dosis muy pequeñas de la toxina, su suero pasaba a tener propiedades que inactivaban esa toxina, con lo que enseguida pensaron en curar a gente utilizando sueros antitoxina o sueros inmunizados. El trabajo de estos dos investigadores no llegó al éxito total, que sí llegó para Émile Roux —el discípulo de Pasteur—. Roux presentó en el Congreso Internacional de Higiene de Budapest de 1894 los resultados de repetir esos experimentos en caballos, mostrando que había curado a personas con difteria cuando se les inoculaba el suero antitoxina producido en los caballos inmunizados. Así que Roux se llevó las medallas.

Estos trabajos inspiraron a *sir* Almroth Wright a desarrollar sus propias ideas sobre la utilización de los sueros y antisueros contra las enfermedades infecciosas. Y dicho y hecho, el doctor Wright desarrolló una técnica que permitía medir el poder bactericida de la sangre frente a las bacterias, que denominó *índice de opsonización*, y que calculaba la relación entre el poder bactericida mediado por los anticuerpos de la sangre de un individuo y su estado de salud. A mayor índice de opsonización en sangre, mayor era el número de anticuerpos contra el agente infeccioso y más posibilidad de curación. O, dicho de otra manera, el índice de opsonización daba una idea del estado de salud del paciente frente a una infección.

De hecho, el índice de opsonización sirvió para diagnosticar la tuberculosis —causada por *Mycobacterium tuberculosis*— y el muermo —causada por *Burkholderia mallei*—, en sendos miembros de su equipo de investigación. Además, fue el primer científico en utilizar vacunas antitifoideas casi a la par que Richard Friedrich Johannes Pfeiffer (1858-1945) y Wilhelm Kolle (1868-1935) en Alemania.

Sir Almroth Wright estaba convencido de que todas las enfermedades causadas por bacterias podían ser curadas por la acción de los anticuerpos que se formaban en la sangre, cuando el ser humano se exponía a un agente infeccioso, y que la cantidad de estos anticuerpos podía aumentar enormemente mediante una vacunación o incluso que el suero de otro animal inmunizado —como los caballos— podía ser introducido en el cuerpo humano para luchar contra las bacterias. Como he dicho antes, Pasteur también inspiró mucho a *sir* Almroth Wright. El francés había demostrado que, cuando una persona era mordida por un perro rabioso, los síntomas de la enfermedad tardaban en aparecer. Durante ese tiempo, Pasteur introducía el virus atenuado en ese paciente, con lo que se estimulaba su sistema inmunitario mediante la producción de anticuerpos, con los cuales el paciente respondía mucho mejor al ataque del virus que tardaba en llegar. En realidad, la vacuna contra el virus de la rabia de Pasteur no era profiláctica, porque el virus ya estaba dentro del cuerpo, sino terapéutica, porque ayudaba al cuerpo a combatir mejor la multiplicación del virus que ya se había introducido en la persona por la mordedura de un animal rabioso.

Sir Almroth Wright pensaba en los casos en los que una bacteria ataca una pequeña parte del cuerpo, como una herida o una espinilla infectada, pero que no producía una infección sistémica —por todo el cuerpo—. Si se conseguía aislar la bacteria causante de la infección se podrían generar vacunas específicas contra esa bacteria, utilizando cultivos muertos por calor o por otros métodos. Con esas vacunas se podría ahora inocular al paciente y luego utilizar el índice de opsonización de la sangre del paciente para ver cómo este respondía ante la infección. Es decir, una inyección intravenosa de bacterias muertas aumentaría la resistencia del cuerpo a esos mismos bichos.

Si el lector está interesado en este personaje le recomiendo la lectura de su biografía, publicada en 1954, titulada *Almroth Wright: doctor y pensador provocativo*, escrita por uno de sus discípulos, Leonard Colebrook (1883-1967), que colaboró estrechamente con él y con Fleming en el hospital Santa María.

Cuando en 1908 Fleming terminó sus estudios de medicina ganando la medalla de oro de la Universidad de Londres por sus magníficas notas, el Departamento de Inoculaciones comenzó a tener independencia económica debido a la acreditación —reconocimiento a la calidad de su trabajo— por la Cámara de los Comunes inglesa, y también a las vacunas que se preparaban en él y que pasaron a distribuirse con la colaboración de la empresa farmacéutica Parke-Davis & Company. El boca a boca y la fama de *sir* Almroth Wright se encargaron de atraer *clientes* al departamento, lo que contribuyó a que hubiera una economía boyante para realizar una investigación y un servicio de calidad.

Tras licenciarse, Fleming preparó un trabajo científico titulado «Infecciones bacterianas agudas», que presentó a la medalla Cheadle —un premio que otorgaba la Escuela de Medicina— y que por supuesto ganó. Este trabajo contenía experimentos y observaciones sobre las infecciones bacterianas en los quirófanos del hospital, sobre antisépticos y antimicrobianos y, cómo no, sobre las teorías de *sir* Almroth Wright sobre sueros, anti-sueros y vacunas. Para contrastar las ideas de su jefe, decidió experimentar en su propio cuerpo si una inyección de bacterias muertas aumentaría su resistencia a esos bichos. Los bichos eran un cultivo de 150 millones de bacterias de la especie *Staphylococcus aureus*, los mismos que 20 años después le ayudarían a descubrir la penicilina. Así que, ni corto ni perezoso, se inyectó en su propio brazo, durante experimentos independientes —por vía intravenosa y por vía subcutánea— los cultivos muertos de la bacteria. Luego cogió su sangre y aplicó la prueba de opsonización. El resultado fue que la inyección subcutánea —debajo de la piel— le provocó fiebre y náuseas, pero mostró también que era la forma más potente de elevar el título de anticuerpos.

Uno de los amigos de *sir* Almroth Wright, Paul Ehrlich, había descubierto hacía unos años —en 1904— un compuesto que parecía efectivo contra la bacteria que causaba la sífilis: el salvarsán. Así que, beneficiándose de su amistad, *sir* Almroth Wright solicitó un poco de este compuesto para probarlo en Inglaterra. Como fueron los primeros en tenerlo, enseguida la consulta clínica del departamento se saturó de portadores de la enfermedad. Había tantos que Fleming hasta inventó un sistema para inyectar el compuesto a cuatro pacientes a la vez. En su artículo titulado «Sobre la utilización del salvarsán en el tratamiento de la sífilis», publicado en la revista *The Lancet* en junio de 1911 —que publicó junto a su compañero de laboratorio Leonard Colebrook—, se mostraba un esquema muy sencillo de su sistema de inoculación, que básicamente consistía en una jeringa de 20 ml conectada a dos matraces y a una aguja de inoculación, donde se daban las instrucciones para no correr riesgos de introducir aire en las venas del paciente cuando se le inyectaba el salvarsán.

En 1914 llegó un momento crucial para la vida de Alexander Fleming —y también para la mitad de la población del planeta en aquella época—: la Primera Guerra Mundial.

Al poco de comenzar las hostilidades, el prestigioso *sir* Almroth Wright y tres de sus colaboradores —incluido

Alexander Fleming— fueron enviados a Francia para crear un laboratorio de investigación clínica en la retaguardia de las tropas inglesas. A pesar de estar en medio de una guerra y de no tener las comodidades del hospital Santa María, montaron un fantástico laboratorio de campaña. Su misión principal fue vacunar a las tropas inglesas contra la fiebre tifoidea causada por la bacteria denominada *Salmonella typhi*, de la que hemos hablado anteriormente.

Este conflicto bélico fue brutal. En él se utilizaron innovaciones tecnológicas altamente destructivas, como el tanque, el lanzallamas moderno, los gases venenosos, primitivos portaaviones y submarinos, y también la artillería pesada; algunos cañones podían lanzar proyectiles de 1.000 kilogramos de peso. Y claro, todas estas armas solo eran útiles para hacer daño y producir heridas. Millones de heridas. Así que el tétanos y la gangrena campaban a sus anchas en el frente.

Al hospital de campaña donde se había instalado el laboratorio de *sir* Almroth Wright llegaban continuamente heridos en combate, así que Fleming decidió no perder un solo minuto de su tiempo. Aprendió a observar y a estudiar distintos tipos de heridas, e incluso se dedicó a mejorar las transfusiones sanguíneas que se realizaban a los soldados. De hecho, al terminar la guerra publicó un artículo en la revista *The Lancet* titulado: «Transfusiones de sangre mediante el método del citrato» donde hablaba de las ventajas de este método en situaciones de combate.

Pero se dedicó sobre todo a estudiar cómo funcionaban los antisépticos sobre las heridas de guerra. Si no se utilizaban correctamente, algunos de ellos como el fenol, el ácido bórico o el agua oxigenada resultaban no solo inútiles sino incluso peligrosos. También estudió el efecto de soluciones fisiológicas e incluso del hipoclorito de sodio —cuya disolución en agua es conocida como lejía— sobre las heridas. Fleming publicó estas observaciones en plena guerra —1915— también en *The Lancet*, en un artículo titulado: «Sobre la bacteriología de las heridas sépticas». En la firma del artículo se podía leer: «Desde el laboratorio de investigación unido al hospital general nº13

Fotografía de los años cincuenta donde aparecen retratados el
colombiano Jaime Jaramillo Arango y Alexander Fleming.

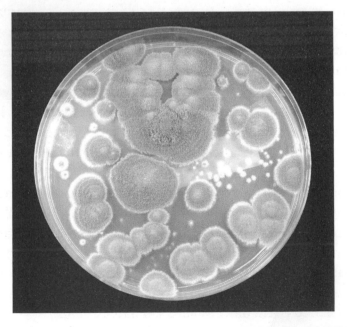

Penicillium cultivado en SDA (Sabouraud Dextrose Agar) [Kateryna Kon].

de Boulogne». En los primeros siete días después de sufrir una herida, la mayoría de los casos examinados mostraban la presencia de la bacteria que hoy conocemos como *Clostridium perfringens*, causante de la gangrena. Una de cada tres heridas presentaba también la bacteria *Clostridium tetanii* —el agente del tétanos—.

Básicamente, los antisépticos no servían para nada cuando se utilizaban sobre las heridas de los soldados que tardaban muchas horas o días en llegar a la enfermería. Servían para prevenir infecciones, pero no para curarlas, y cuando la infección estaba ya establecida, los antisépticos eran incluso peligrosos para los tejidos del soldado herido.

La guerra terminó en noviembre de 1918 y Fleming regresó a Inglaterra dos meses después. Se llevó consigo una importante experiencia, y es que aprendió a mantener las placas de los cultivos microbiológicos obtenidos de las heridas de guerra durante dos o tres semanas, por si observaba algún fenómeno curioso o interesante en las colonias de bacterias que habían crecido en ellas.

El Departamento de Inoculaciones pasó a llamarse Departamento de Patología e Investigación, mucho más acorde con lo recientemente aprendido por algunos de sus miembros durante la guerra. Y a Fleming le gustaba la investigación.

En cierta ocasión, aquejado de un resfriado, se le ocurrió poner sus propios mocos sobre un cultivo de bacterias. Para su sorpresa, la placa se contaminó con otra bacteria que formaba unas colonias amarillas, y que posiblemente había caído del ambiente.

Como nota interesante para lo que viene a continuación —y según detalla el biógrafo de Fleming—, el Dr. V.D. Allison declaró que aquellas bacterias «podrían haber entrado por las ventanas que daban a la calle Praed». Las colonias de bacterias amarillas que habían caído dentro de la placa, pero lejos de los mocos, estaban intactas; sin embargo, las que habían caído justo encima de los mocos aparecían lisadas, rotas.

Entonces Fleming aisló esas bacterias que producían colonias amarillas y realizó un subcultivo con ellas, para hacer más experimentos. Cogió otra vez mocos y los enfrentó a esas bacterias, pero esta vez en medio de cultivo líquido, no en una placa con medio sólido —con agar—. En otro tubo puso a crecer solo las bacterias. El resultado fue que el cultivo donde había añadido mocos se quedó trasparente en poco tiempo, mientras que las bacterias que estaban solas en el otro tubo crecieron rápidamente.

Luego hizo lo mismo con lágrimas. Como necesitaba muchas lágrimas, hizo llorar a los miembros del departamento utilizando limones.

Sir Almroth Wright le puso nombre a la bacteria amarilla, que era muy sensible a las secreciones humanas: *Micrococcus lysodeikticus*. Esta bacteria parece vivir tranquilamente en distintos ambientes, pero no es patógena para el ser humano.

Fleming publicó estos resultados en la revista *Proceedings of the Royal Society* en 1922. El artículo se titulaba «Sobre una sustancia bacteriolítica encontrada en tejidos y secreciones». Publicó posteriormente —entre 1922 y 1927— al menos otros 5 artículos científicos sobre la lisozima, la sustancia presente en las secreciones de los animales. Detectó lisozima también en leche materna, en el esperma de los animales e incluso en gran cantidad en la clara del huevo. ¡Y también en plantas! Esto demostraba que todos los organismos vivos de nuestro planeta sean plantas, animales superiores o invertebrados, secretan productos de su metabolismo que son utilizados como armas de defensa o ataque contra otros seres vivos. Las bacterias y los hongos no son una excepción como veremos a continuación.

Esta proteína animal tenía una actividad bacteriolítica tremenda contra esta bacteria en particular, pero desafortunadamente no contra otras bacterias que sí son peligrosas para el ser humano.

En 1923 los miembros del departamento inventaron un sistema denominado *cámara de células* (*slide cell*), que consistía en colocar dos portaobjetos de vidrio uno sobre otro, con un espacio por el que podían introducir componentes que querían estudiar al microscopio, por ejemplo, células de la sangre humanas y bacterias, similar a lo que había utilizado Koch.

Cuando mezclaban sangre con bacterias, las células del sistema inmunitario presentes en la sangre luchaban contra las bacterias, y estas batallas podían ser observadas al microscopio. Si las células inmunitarias ganaban, las bacterias eran eliminadas; pero, si las bacterias ganaban, podrían observarse incluso colonias de estas creciendo entre las dos láminas de cristal. Fleming utilizó esta cámara de células para estudiar el efecto de los antisépticos sobre las células sanguíneas humanas, corroborando lo que había observado con las heridas de guerra, que algunos antisépticos podían llegar a tener más efectos nocivos contra las propias células humanas que contra las bacterias. Estos experimentos realizados con nueve antisépticos distintos —y otros compuestos como la urea, la lejía, la acetona, etc.— fueron publicados en la revista *Proceedings of the Royal Society* con el título «Una comparación de las actividades antisépticas sobre bacterias y sobre leucocitos».

Esta cámara de células resultó muy útil para las distintas investigaciones que se realizaban en el departamento, por ejemplo, para los experimentos que incluyó en uno de sus últimos artículos sobre la lisozima, que se publicaría en 1927 en la revista *British Journal of Experimental Pathology*, con el título «Sobre el desarrollo de cepas de bacterias resistentes a la acción de la lisozima y la relación de la acción de la lisozima con la digestión intracelular». Con ese trabajo demostró que, mezclando concentraciones decrecientes de lisozima con la misma cantidad de bacterias, y seleccionando a las colonias de bacterias supervivientes a las concentraciones más bajas, si las exponía de nuevo a concentraciones altas se seleccionaba una estirpe de bacterias resistentes. Las bacterias eran seleccionadas con baja cantidad de lisozima, y poco a poco iban desarrollando resistencia a las concentraciones altas de este compuesto.

Esta enzima, denominada *lisozima*, no llamó mucho la atención de los investigadores de la época de Fleming, pero actualmente aparece en unos 32.000 artículos científicos. Solo en 2018 apareció en 923 artículos.

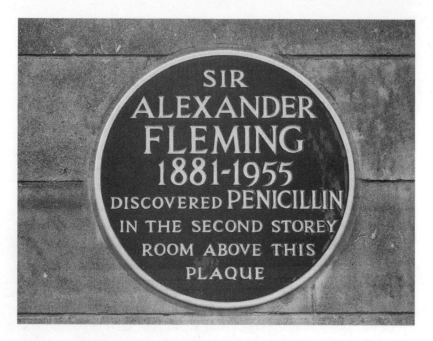

Placa que conmemora el descubrimiento de la penicilina por Sir Alexander Fleming en el St Mary's Hospital Medical School, Paddington, Londres, Reino Unido.

Matraces y tubos de ensayo utilizados en el desarrollo de la penicilina, c. 1940.

PENICILINA

De acuerdo con la cita de Louis Pasteur que dice que «la fortuna favorece a la mente preparada», Fleming llevaba treinta años preparando su mente para el descubrimiento de la penicilina.

En cierta medida, este descubrimiento también se originó gracias a varios factores, como que el Consejo de Investigación Médica (*Medical Research Council*) —el órgano responsable de coordinar y financiar la investigación médica en el Reino Unido— encargara a Fleming que escribiera un capítulo sobre los *Staphylococcus aureus* para el libro *A System of Bacteriology in Relation to Medicine*. Así que Fleming, aunque conocía solo un poco esta especie bacteriana, decidió cultivar numerosas estirpes aisladas en el hospital para realizar algunos estudios adicionales.

Comenzó a trabajar en el capítulo del libro en 1927, con la ayuda del joven Daniel Merlin Pryce (1902-1976), como se refleja en su cuaderno de laboratorio. Pryce dejó el departamento antes de terminar el trabajo, ya que su beca le obligaba a rotar por el hospital, con lo que debía cambiar al Departamento de Hematología.

Fleming se dio cuenta de que un hongo —que más tarde se identificaría como *Penicillium notatum*— había caído en una de las placas que había dejado en la mesa de laboratorio donde había cultivado bacterias de la especie *Staphylococcus aureus*. El hongo había producido la destrucción de las colonias de bacterias que estaban cerca de él, pero no de las que estaban lejos, así que Fleming pensó rápidamente que ese hongo estaba produciendo un compuesto contra la bacteria, un compuesto de los muchos que se crearon durante la evolución, y que unos microorganismos utilizaban como armas frente a otros microorganismos. El arma del hongo *Penicillium* contra las bacterias *Staphylococcus* era la penicilina. Fleming no solo fotografió la placa, sino que la conservó fijándola con vapores de formaldehído diluido —posiblemente con algún porcentaje de metanol para prevenir su polimerización—. Esa placa se conserva en la Librería Británica como un tesoro nacional.

Dibujo realizado por Sir Alexander Fleming [Alexander Fleming Laboratory Museum (Imperial College Healthcare NHs Trust) de Londres].

La historia, basándome en su biografía, en los datos aportados por el presidente de la Asociación de Museos Londinenses de Salud y Medicina, Kevin Brown, y en algunos escritos de Ronald Hare y Merlin Pryce, ocurrió de la siguiente manera:

Nadie supo a ciencia cierta de dónde procedía el hongo que cayó en la placa de *S. aureus*, pero, según varias fuentes, cuando el aire del laboratorio estaba bastante viciado por los olores de la acumulación de placas de cultivo microbiológico —y porque fumaba como un carretero—, Fleming abría la ventana que daba a la calle Praed. De hecho, el propio Fleming manifestó en cierta ocasión que el hongo podría haber venido por la ventana, desde la ropa de las personas que paseaban por la calle Praed, y que muchas veces llegaban a Londres desde las afueras de la ciudad o desde el campo. Contrariamente, Daniel Merlin Pryce afirmó que esas ventanas rara vez se abrían. Otros sostienen que el hongo pudo proceder del laboratorio de hongos del piso de abajo, dirigido por Charles La Touche. De hecho, este micólogo albergaba una inmensa colección de hongos, y más tarde se demostró que uno de ellos era un *Penicillium notatum*, pero es difícil creer que, si el hongo pertenecía a la colección de Charles La Touche, este no supiera identificarlo rápido y de forma correcta, como así sucedió, ya que La Touche identificó al *Penicillium* de Fleming como *P. rubrum* en lugar de *P. notatum*, que era la verdadera especie. Además, en el laboratorio de La Touche nadie estaba trabajando con este *Penicillium* en aquella época. Durante la edición de este libro, un equipo de investigadores británicos ha aplicado técnicas de secuenciación genética, para identificar el hongo original de Fleming como perteneciente a la especie *Penicillium Rubens*.

Fuera como fuese, Fleming tenía la mente preparada. Tenía capacidad de observación y de imaginación científica para ver claramente las implicaciones de lo que estaba observando. Primero, había visto un fenómeno de contaminación parecido con *M. lysodeikticus* y los mocos. Segundo, desde que había vuelto de la Primera Guerra Mundial, siempre dejaba sus placas dos o tres semanas en el laboratorio antes de tirarlas, para observar algún fenómeno extraño o curioso que pudiera apa-

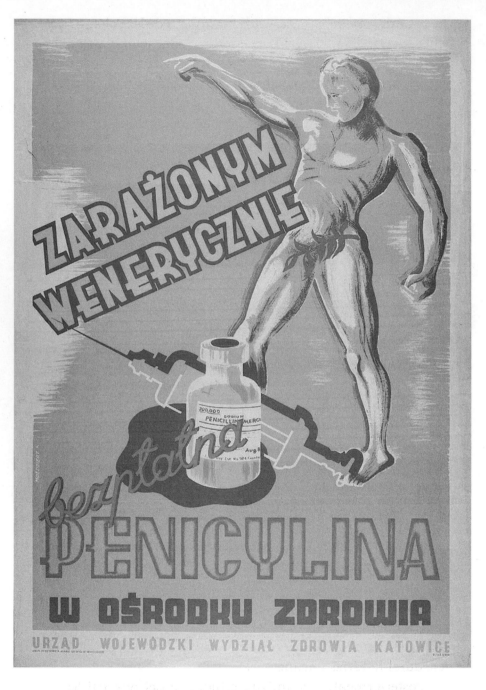

Póster polaco de los años cincuenta del siglo pasado que hace referencia a la distribución de penicilina gratuita para los afectados por patologías venéreas.

recer. Además, debía observar la morfología de las colonias con una lupa, y para ello había que tener algún tiempo las placas abiertas. Las contaminaciones de placas que contenían medios de crecimiento bacteriano ricos en nutrientes eran relativamente frecuentes; el propio Fleming, durante el discurso que ofreció al recibir el Premio Nobel, dijo lo siguiente:

> Para mi generación de bacteriólogos, la inhibición de un microbio por otro era algo común. Todos aprendimos acerca de estas inhibiciones, y de hecho rara vez un bacteriólogo clínico observador podía pasar una semana sin ver en el curso de su trabajo ordinario casos claros de antagonismo bacteriano.

El *jugo* que procedía del hongo fue probado por primera vez en una pobre mujer que tuvo la desgracia de caerse en la estación de tren de Paddington, cercana al hospital Santa María. Se había producido una herida abierta y tras una septicemia hubo que amputarle la pierna. En ese momento se impregnó un trapo con el jugo del hongo que se aplicó en el muñón de la pierna tras la amputación, pero el efecto fue nulo. Parece ser que hubo otros intentos exitosos de utilizar la penicilina en vendajes para heridas. Esto se vio reflejado en su interesante artículo de 1932 publicado en la revista *The Journal of Pathology and Bacteriology* con el título «Sobre las propiedades antibacterianas específicas de la penicilina y el telurito de potasio. Incorporando un método de demostración de algunos antagonismos bacterianos». Este artículo refleja el éxito de la utilización de la penicilina en vendajes, pero se lamentaba de que «la dificultad práctica en el uso de la penicilina para el vendaje de heridas sépticas es la cantidad de problemas necesarios para su preparación y la dificultad de mantener su potencia durante varias semanas».

Posteriormente, un antiguo estudiante del hospital Santa María, el Dr. Rogers, fue tratado con el jugo del hongo de una conjuntivitis causada por la bacteria *Streptococcus pneumoniae*. Se curó.

El jugo del hongo era tres veces más potente que el fenol que empleaba Lister. Pero el mayor problema para Fleming era la purificación del jugo, o, mejor dicho, de la penicilina que contenía. Era bacteriólogo, no químico, así que no tenía ni idea de cómo purificar el compuesto, por lo que no participó directamente en los intentos de purificación que se llevaron a cabo en su laboratorio, y que una y otra vez fracasaron. Pero Fleming seguía haciendo cosas sin descanso y era raro que pasara una semana sin que algún día se quedara hasta muy tarde trabajando; él y los otros miembros del grupo. La actividad serológica, inmunológica y microbiológica era frenética. Tuvo tiempo incluso para trabajar en vacunas contra la gripe o contra infecciones respiratorias. También se implicó en el desarrollo de una vacuna contra el acné cutáneo —los granos y espinillas que nos salen en la pubertad—. En su artículo «Sobre la etiología del acné vulgar y su tratamiento con vacunas», publicado en *The Lancet*, estudió la presencia de dos clases de bacterias en los granos producidos por el acné: los estafilococos y los bacilos *coli*, con los cuales probó diferentes vacunas, para llegar a la conclusión de que la combinación de una vacuna hecha con estas dos bacterias producía una mejora en la piel de los pacientes con un acné abundante.

Uno de sus trabajos menos conocidos fue la realización de obras artísticas —dibujos— utilizando bacterias. Muchas bacterias producen pigmentos, Fleming utilizó unas cuantas para dibujar literalmente con ellas sobre placas de agar. Exactamente su método consistía en utilizar filtros de papel que colocaba sobre la superficie de una placa con medio de cultivo y agar. Los nutrientes del medio de cultivo impregnaban el filtro, con lo que se podían colocar bacterias de diferentes colores encima de él y dibujar como si estas fueran pinturas de colores. Según Fleming, estos dibujos podían utilizarse para museos o para actividades educativas. Si utilizaba hongos, estos podían conservarse varios años, y los dibujos de colores con bacterias también se conservaban durante años si no les daba mucho la luz del sol. Fleming utilizó a menudo bacterias de colores, como por ejemplo las que hoy en día conocemos como *Serratia* —a menudo tiene color rojo— o *Chromobacterium* —que a menudo produce un pigmento violeta—. Una vez que las bacterias o los hongos crecían sobre el papel de filtro y formaban el diseño, Fleming las conservaba con formalina —formaldehído disuelto— y luego las secaba. Los dibujos realizados con esta técnica por Fleming pueden contemplarse en el Alexander Fleming Laboratory Museum, que se encuentra en el propio hospital St. Mary, en el número 135 de la calle Praed, cerca de la estación de Paddington en Londres. Entre ellos se encuentran la bandera de Union Jack, una bailarina, una casa de campo, un guardia de Gales con su típico sombrero de piel de oso, una madre dándole el biberón a su pequeño o incluso dos microorganismos peleando en un cuadrilátero. Gracias a su director, Kevin Brown, he conseguido el maravilloso guardia real británico de caballería para este libro.

Y luego llegaría el Premio Nobel, que compartiría con Howard Walter Florey (1898-1968) y Ernst Boris Chain (1906-1979), «por el descubrimiento de la penicilina y su efecto curativo en diversas enfermedades infecciosas», justo el año que terminó la Segunda Guerra Mundial.

Fleming pasea por el entorno de la Mezquita-Catedral de Córdoba junto a Rafael Salinas, alcalde entre 1948 y 1949, y otras autoridades [Fotografía de Ricardo].

Durante la lectura de su discurso en la gala de los Premios Nobel, mostró al público uno de los filtros de papel que contenía el *Penicillium* fijado con formalina y luego se lo regaló a una de las personalidades que presidía la ceremonia.

Fleming a partir de entonces recorrió numerosos países dando conferencias y recibiendo galardones. En 1948, dos años después de que se constituyera la Sociedad Española de Microbiología, visitó España, donde hizo sucesivas paradas en Barcelona, Madrid, Córdoba, Toledo y Jerez de la Frontera. En esta última ciudad, de visita en las Bodegas Domecq, dijo: «Mi penicilina cura a los enfermos, pero vuestro jerez resucita a los muertos».

En nuestro país fue recibido como un héroe. Junto con las Bodegas Domecq, se le invitó a ver una corrida de toros, un partido de fútbol y un tablao flamenco —todo muy «*typical spanish*»—, por lo que sus fotografías más conocidas de la visita son las tres en las que se le ve firmando una gran cuba en las Bodegas Domecq, con tres toreros en la Monumental de Barcelona y con ocho bailaoras de flamenco en Sevilla.

En sus primeros años, la penicilina se mostró eficaz contra 24 especies distintas de bacterias. Además, no solo salvó millones de vidas, sino que marcó un antes y un después en el descubrimiento de otros muchos antibióticos. Pero esa es otra historia, y yo espero poder contársela pronto.

Bibliografía

Libros

The Origin of Life. Alexander Ivanovich Oparin. 1965. Editorial: Dover Publications, Inc.

The Planets, Their Origin and Development. Harol Urey. 1952. Editorial: Yale University Press.

La peste. Albert Camus. 1947. Editorial: Gallimard. París.

The biology of bacteria. An introduction to general microbiology. Arthur T. Henrici, Erling J. Ordal. 1948. Editorial: D. C. Heath and Company.

Las medicinas de la historia española en América. Enrique Raviña. 2017. Editorial: Universidad de Santiago de Compostela. Fundación Lilly. Santiago de Compostela.

Histoire des principaux lazarets de l'Europe, accompagnée de différens mémoires relatifs à la peste, aux moyens de se préserver de ce fléau destructeur, et aux différents modes de traitement employés pour en arrêter les ravages. Richard Mead, John Howard. 1801. Editor y traductor: Théodore Pierre Bertin. París.

The Collected Papers of Joseph. Baron Lister. 1909. Editorial: Clarendon Press. Londres.

The Butchering Art: Joseph Lister's Quest to Transform the Grisly World of Victorian Medicine. Lindsey Fitzharris. 2017. Penguin Random House. Reino Unido.

The Conquest Of Tuberculosis. Selman Abraham Waksman. 1964. Editorial: University of California Press. Berkeley.

The Alarming History of Medicine. Amusing Anecdotes from Hippocrates to Heart Transplants. Richard Gordon. 1997. Editorial: St Martin's Press.

A Treatise on the Blood, Inflammation, and Gun-Shot Wounds. John Hunter. 1794. Publicado por G. Nicol. Londres.

Devils, Drugs and Doctors. The Story of the Science of Healing from Medicine-Man to Doctor. Howard W Haggard. 1946. Editorial: Pocket Books. Nueva York.

The Black Death 1346-1353: The Complete History. Ole J. Benedictow. 2008. Editorial: Boydell & Brewer Ltd. Reino Unido.

Robert Koch, father of bacteriology. David C. Knight. 1963. Editorial: Chatto & Windus. Londres.

Roberto Koch: la novela de su vida. Hellmuth Unger. 1944. Editorial: Ediciones del Zodiaco. Barcelona.

The pasteurization of France. Bruno Latour. 1988. Editorial: Harvard University Press. Cambridge, Massachusetts.

Essays on the floating-matter of the air, in relation to putrefaction and infection. John Tyndall. 1888. Editorial: D. Appleton and Company, Nueva York.

The Laboratory Revolution in Medicine. Andrew Cunningham, Perry Williams. 2002. Editorial: Cambridge University Press. Cambridge.

La vie de Pasteur. René Vallery-Radot. 1900. Editor: Ernest Flammarion. París.

The microbe man. A life of Pasteur. Eleanor Doorly. 1943. Editorial: Puffin Story Books. New York.

Natural history of infectious diseases. MacFarlane Burnet, David O. White. 1972. 4ª Edición. Editorial: Cambridge University Press. Cambridge.

Man, Microbe and Malady. John Drew. 1940. Editorial: Penguin Books. Reino Unido.

The story of germ life: bacteria. H. W. Conn. 1898. Editorial: George Newnes, Ltd. Londres.

Breve historia de la medicina. José María López Piñero. 2017. 2ª Edición. Editorial: Alianza Editorial. Madrid.

The curious cures of old England. Nigel Cawthorne. 2005. Editorial: Piatkus Books Limited. Londres.

The alarming history of medicine. Amusing anecdotes from Hippocrates to heart transplants. Richard Gordon. 1993. Editorial: Sinclair-Stevenson Ltd. Reino Unido.

El Decamerón. Giovanni Boccaccio. 1963. Editorial: Ed. Plaza & Janés. Barcelona.

The life of Sir Alexander Fleming. Discoverer of penicillin. André Maurois. 1959. Editorial: Penguin Books. Reino Unido.

Blood and Guts: A Short History of Medicine. Roy Porter. 2002. Editorial: W. W. Norton & Company, Inc. Nueva York.

Man and microbes. Arno Karlen. 1996. Editorial: Simon & Schuster. Nueva York.

Microbes and men. Robert Reid. 1974. Editorial: British Broadcasting Corporation. Londres.

Deadly companions. Dorothy H. Crawford. 2007. Editorial: Oxford University Press. Oxford.

A journal of the plague year. Daniel Defoe. 1986. Editorial: Penguin Books. Reino Unido.

La peste negra. Ángel Blanco. 1988. Editorial: Anaya. Madrid.

Roberto Koch. La novela de su vida. Hellmuth Unger. 1944. Editorial: Ediciones del Zodíaco. Barcelona.

A pocket history of the irish famine. The story of Ireland´s great hunger. Tony Potter. 2018. Editorial: Gill Books. Dublin.

The irish famine. Peter Gray. 1995. Editorial: Thames & Hudson Ltd. Londres.

The famine ships. The irish exodus to America 1846-1851. Edward Laxton. 1997. Editorial: Bloomsbury Publishing Plc. Londres.

Microbes and us. Hugh Nicol. 1955. Editorial: Penguin Books. Reino Unido.

Microbes and man. John Postgate. 1992. 3ª Edición. Editorial: Cambridge University Press. Cambridge.

Miracle cure. William Rosen. 2017. Editorial: Viking. Penguin Random House LLC. Nueva York.

Antony van Leeuwenhoek and his little animals. Clifford Dobell. 1932. Editorial: Harcourt, Brace and Company. Nueva York.

Lord Lister. Rickman John Godlee. 1924. 3ª Edición. Editorial: Clarendon Pres. Oxford.

Wonder drugs. Helmuth M. Böttcher. 1964. Editorial: J. B. Lippincott Company. Nueva York.

Pomp and pestilence. Ronald Hare. 1954. Editorial: The Camelot Press Ltd. Londres.

Penicillin man. Kevin Brown. 2004. Editorial: Sutton Publishing Limited. Gloucestershire.

The Secret Life of Germs: Observations and Lessons from a Microbe Hunter. Philip M. Tierno. 2001. Editorial: Pocket Books. Nueva York.

Penicillin and the Legacy of Norman Heatley. David Cranston, Eric Sidebottom. 2016. Editorial Words By Design. Londres.

The battle against bacteria. P. E. Baldry. 1965. Editorial: Cambridge University Press. Cambridge.

Symbiotic planet. A new look at the evolution. Lynn Margulis. 1998. Editorial: Basic Books. Nueva York.

Acquiring Genomes. Lynn Margulis. 2003. Editorial: Basic Books.

Origin of eukaryotic cells: Evidence and research implications for a theory of the origin and evolution of microbial, plant, and animal cells on the Precambrian earth. Lynn Margulis. 1970. Editorial: Yale University Press.

Plague and pestilence. A history of infectious disease. Linda Jacobs Altman. 1998. Editorial: Enslow Publishers, Inc. Berkeley Heights.

Hospital Infection. From miasmas to MRSA. Graham A. J. Ayliffe, Mary P. English. 2003. Editorial: Cambridge University Press. Cambridge.

Asimov's Chronology of the World. Isaac Asimov. 1991. Editorial: HarperCollins Publishers. Nueva York.

Micrographia: or some physiological description of minute bodies made by magnifying glasses with observations and inquiries thereupon. Robert Hooke. 1565. Editorial: Royal Society. Londres.

Diseases transmitted from animals to man. Thomas G. Hull -y otros autores-. 1955. 4ª Edición. Editorial: Charles C. Thomas. Springfield. Estados Unidos.

The greatest benefit to mankind: a medical history of humanity from antiquity to the present. Roy Porter. 1997. Editorial: Fontana Press. Londres.

Guns, germs & steel: the fates of human societies. Jared Diamond. 1999. Editorial: W.W. Norton & Company, Inc. Nueva York.

Robert Koch. Father of bacteriology. David C. Knight. 1963. Editorial: Chatto & Windus. Londres.

The conquest of tuberculosis. Selman A. Waksman. 1966. Editorial: University of California Press. Berkeley.

Almroth Wright, provocative doctor and thinker. Leonard Colebrook. 1954. Editorial: William Heinemann Medical Books.

La Casa de Salud Valdecilla, origen y antecedentes: la introducción del hospital contemporáneo en España. Fernando Salmón Muñiz, Jon Arrizabalaga Valbuena, Luis García Ballester. 1990. Editorial: Editorial Universidad de Cantabria. Santander.

Müller's Lab. Laura Otis. 2007. Editorial: Oxford University Press. Oxford.

Microbe Hunters. Paul De Kruif. 1954. Editorial: Harcourt. San Diego.

Alexander Fleming: The Man and the Myth. Gwyn MacFarlane. 1985. Editorial: Oxford University Press.

Estudios sobre el microbio vírgula del cólera y las inoculaciones profilácticas. Santiago Ramón y Cajal. 1885. Editor: Tipografía del Hospicio Provincial de Zaragoza.

Antony van Leeuwenhoek and his «little animals»; being some account of the father of protozoology and bacteriology and his multifarious discoveries in these disciplines. Clifford Dobell. 1932. Editorial: Harcout, Brace and Company.

De l'auscultation médiate ou Traité du diagnostic des maladies des poumons et du coeur: fondé principalement sur ce nouveau moyen d'exploration (1819). René Théophile Hyacinthe Laënnec. 1968. Impression Anastaltique Culture et Civilisation. Bruselas.

Études sur la Tuberculose (1868). Jean Antoine Villemin. 2018. Editorial: Creative Media Partners. Sacramento.

Artículos científicos y otras fuentes

Al principio

H.C. Urey, «*A review of evidence for biological material in meteorites*». Life Sciences in Space Research 4 (1966) 35-59.

S.L. Miller, and H.C. Urey, «*Origin of Life*». Science 130 (1959) 1622-1624.

H.C. Urey, «*On the Early Chemical History of the Earth and the Origin of Life*». Proceedings of the National Academy of Sciences of the United States of America 38 (1952) 351-363.

B.K.D. Pearce, A.S. Tupper, R.E. Pudritz, and P.G. Higgs, «*Constraining the Time Interval for the Origin of Life on Earth*». Astrobiology 18 (2018) 343-364.

J.B. Corliss, J. Dymond, L.I. Gordon, J.M. Edmond, R.P. von Herzen, R.D. Ballard, K. Green, D. Williams, A. Bainbridge, K. Crane, and T.H. van Andel, «*Submarine thermal sprirngs on the galapagos rift*». Science 203 (1979) 1073-1083.

C. Chyba, and C. Sagan, «*Endogenous production, exogenous delivery and impact-shock synthesis of organic molecules: an inventory for the origins of life*». Nature 355 (1992) 125-132.

C. Chyba, and C. Sagan, «*Electrical energy sources for organic synthesis on the early Earth*». Origins of Life and Evolution of Biospheres 21 (1991) 3-17.

C.F. Chyba, P.J. Thomas, L. Brookshaw, and C. Sagan, «*Cometary delivery of organic molecules to the early Earth*». Science 249 (1990) 366-373.

A.U. Aydinoglu, and Z. Taskin, «*Origins of Life Research: a Bibliometric Approach*». Origins of Life and Evolution of Biospheres 48 (2018) 55-71.

J.D. Bernal, «*The physical basis of life*». The Proceedings of the Physical Society 62 (1949) 538-558.

E. Fox, «*The singular quest for a universal tree of life*». Microbiology and Molecular Biology Reviews 77 (2013) 541-550.

S.L. Miller, *A production of amino acids under possible primitive earth conditions*. Science 117 (1953) 528-529.

J. William Schopf, «*The paleobiological record of photosynthesis*». Photosynthesis Research 107 (2011) 87-101.

C.R. Woese, and G.E. Fox, «*Phylogenetic structure of the prokaryotic domain: the primary kingdoms*». *Proceedings of the National Academy of Sciences of the United States of America* 74 (1977) 5088-5090.

J. Sapp, and G.E. Fox, «*The singular quest for a universal tree of life*». *Microbiology and Molecular Biology Reviews* 77 (2013) 541-550.

H.C. Flemming, and S. Wuertz, «*Bacteria and archaea on Earth and their abundance in biofilms*». *Nature Reviews Microbiology* 17 (2019) 247-260.

S. Louca, F. Mazel, M. Doebeli, and L.W. Parfrey, «*A census-based estimate of Earth's bacterial and archaeal diversity*». *PLoS Biology* 17 (2019) e3000106.

A.C. Allwood, M.T. Rosing, D.T. Flannery, J.A. Hurowitz, and C.M. Heirwegh, «*Reassessing evidence of life in 3.700-million-year-old rocks of Greenland*». *Nature* 563 (2018) 241-244.

A. Spang, C.W. Stairs, N. Dombrowski, L. Eme, J. Lombard, E.F. Caceres, C. Greening, B.J. Baker, and T.J.G. Ettema, «*Proposal of the reverse flow model for the origin of the eukaryotic cell based on comparative analyses of Asgard archaeal metabolism*». *Nature Microbiology* 4 (2019) 1138-1148.

L. Eme, A. Spang, J. Lombard, C.W. Stairs, and T.J.G. Ettema, «*Archaea and the origin of eukaryotes*». *Nature Reviews Microbiology* 16 (2018) 120.

K.W. Jeon, «*Development of cellular dependence on infective organisms: micrurgical studies in amoebas*». *Science* 176 (1972) 1122-1123.

L. Provasoli, and S.H. Hutner, «*Streptomycin-induced chlorophyll-less races of Euglena*». *Proceedings of the Society for Experimental Biology and Medicine* 69 (1948) 279-282.

A. Cornish-Bowden, and M.L. Cardenas, «*Life before* LUCA». *Journal of Theoretical Biology* 434 (2017) 68-74.

M.D. Cantine, and G.P. Fournier, «*Environmental Adaptation from the Origin of Life to the Last Universal Common Ancestor*». *Origins of Life and Evolution of Biospheres* 48 (2018) 35-54.

M.C. Weiss, F.L. Sousa, N. Mrnjavac, S. Neukirchen, M. Roettger, S. Nelson-Sathi, and W.F. Martin, «*The physiology and habitat of the last universal common ancestor*». *Nature Microbiology* 1 (2016) 16116.

J. O'Connor, X. Zheng, L. Dong, X. Wang, Y. Wang, X. Zhang, and Z. Zhou, «*Microraptor with Ingested Lizard Suggests Non-specialized Digestive Function*». *Current Biology* 29 (2019) 2423-2429 e2.

K.W. Jeon, and I.J. Lorch, «*Unusual intra-cellular bacterial infection in large, free-living amoebae. Experimental Cell Research* 48 (1967) 236-240.

V. Da Cunha, M. Gaia, A. Nasir, and P. Forterre, «*Asgard archaea do not close the debate about the universal tree of life topology*». *PLoS Genetics* 14 (2018) e1007215.

V. Da Cunha, M. Gaia, D. Gadelle, A. Nasir, and P. Forterre, «*Lokiarchaea are close relatives of Euryarchaeota, not bridging the gap between prokaryotes and eukaryotes*». *PLoS Genetics* 13 (2017) e1006810.

P. Forterre, «*The universal tree of life: an update*». *Frontiers in Microbiology* 6 (2015) 717.

D.L. Theobald, «*A formal test of the theory of universal common ancestry*». *Nature* 465 (2010) 219-222.

M.W. Gray, «*Lynn Margulis and the endosymbiont hypothesis: 50 years later*». *Molecular Biology of the Cell* 28 (2017) 1285-1287.

N. Sato, «*Revisiting the theoretical basis of the endosymbiotic origin of plastids in the original context of Lynn Margulis on the origin of mitosing, eukaryotic cells*». *Journal of Theoretical Biology* 434 (2017) 104-113.

A. Lazcano, and J. Pereto, «*On the origin of mitosing cells: A historical appraisal of Lynn Margulis endosymbiotic theory*». *Journal of Theoretical Biology* 434 (2017) 80-87.

L. Sagan, «*On the origin of mitosing cells*». *Journal of Theoretical Biology* 14 (1967) 255-274.

L.S. Weyrich, S. Duchene, J. Soubrier, L. Arriola, B. Llamas, J. Breen, A.G. Morris, K.W. Alt, D. Caramelli, V. Dresely, M. Farrell, A.G. Farrer, M. Francken, N. Gully, W. Haak, K. Hardy, K. Harvati, P. Held, E.C. Holmes, J. Kaidonis, C. Lalueza-Fox, M. de la Rasilla, A. Rosas, P. Semal, A. Soltysiak, G. Townsend, D. Usai, J. Wahl, D.H. Huson, K. Dobney, and A. Cooper, «*Neanderthal behaviour, diet, and disease inferred from ancient DNA in dental calculus*». *Nature* 544 (2017) 357-361.

K. Hardy, S. Buckley, M.J. Collins, A. Estalrrich, D. Brothwell, L. Copeland, A. García-Tabernero, S. García-Vargas, M. de la Rasilla, C. Lalueza-Fox, R. Huguet, M. Bastir, D. Santamaría, M. Madella, J. Wilson, A.F. Cortes, and A. Rosas, «*Neanderthal medics? Evidence for food, cooking, and medicinal plants entrapped in dental calculus*». *Naturwissenschaften* 99 (2012) 617 626.

G. Zhu, S. Wang, C. Wang, L. Zhou, S. Zhao, Y. Li, F. Li, M.S.M. Jetten, Y. Lu, and L. Schwark, «*Resuscitation of anammox bacteria after >10,000 years of dormancy*». *The ISME Journal* 13 (2019) 1098-1109.

F.J. Ayala, and A.A. Escalante, «*The evolution of human populations: a molecular perspective*». *Molecular Phylogenetics and Evolution* 5 (1996) 188-201.

S.C. Anton, R. Potts, and L.C. Aiello, «*Human evolution. Evolution of early Homo: an integrated biological perspective*». *Science* 345 (2014) 1236828.

C. Stringer, *Modern human origins: progress and prospects. Philosophical Transactions of the Royal Society B: Biological Sciences* 357 (2002) 563-579.

C.J. Bae, K. Douka, and M.D. Petraglia, «*On the origin of modern humans: Asian perspectives*». *Science* 358 (2017).

C. Stringer, «*The origin and evolution of Homo sapiens*». *Philosophical Transactions of the Royal Society B: Biological Sciences* 371 (2016).

J.M. Pearce-Duvet, «*The origin of human pathogens: evaluating the role of agriculture and domestic animals in the evolution of human disease*». *Biological reviews of the Cambridge Philosophical Society* 81 (2006) 369-382.

Las antiguas civilizaciones

L.A. Reperant, G. Cornaglia, and A.D. Osterhaus, «*The importance of understanding the human-animal interface: from early hominins to global citizens*». *Current Topics in Microbiology and Immunology* 365 (2013) 49-81.

A. Cockburn, «*Where did our infectious diseases come from? The evolution of infectious disease*». *Ciba Foundation symposium* (1977) 103-112.

T.A. Cockburn, «*Infectious diseases in ancient populations*». *Current Anthropology* 12 (1971) 45-62.

T.A. Cockburn, «*The evolution of infectious diseases*». *International Record of Medicine* 172 (1959) 493-508.

T.A. Cockburn, «*The Evolution and Eradication of Infectious Diseases*». *Perspectives in Biology and Medicine* 7 (1964) 498-499.

E. Zuskin, J. Lipozencic, J. Pucarin-Cvetkovic, J. Mustajbegovic, N. Schachter, B. Mucic-Pucic, and I. Neralic-Meniga, «*Ancient medicine, a review*». *Acta Dermatovenerologica Croatica* 16 (2008) 149-157.

P.M. Dunn, «*Galen (AD 129-200) of Pergamun: anatomist and experimental physiologist*». *Archives of Disease in Childhood - Fetal and Neonatal Edition* 88 (2003) F441-443.

F.E. Cox, «*History of human parasitology*». *Clinical Microbiology Reviews* 15 (2002) 595-612.

F.P. Retief, and L. Cilliers, «*Epidemics of the Roman Empire, 27 BC-AD 476*». *South African Medical Journal* 90 (2000) 267-272.

A. Cushing, «*Illness and health in the ancient world*». *Collegian* 5 (1998) 23A.

A.D. Spiegel, and C.R. Springer, «*Babylonian medicine, managed care and Codex Hammurabi, circa 1700 B.C*». *Journal of Community Health* 22 (1997) 69-89.

H.S. Vuorinen, and H. Mussalo-Rauhamaa, «*Public health and children's well-being and health during antiquity*». *Vesalius* 1 (1995) 31-35.

R. Sullivan,» *A brief journey into medical care and disease in ancient Egypt*». *Journal of the Royal Society of Medicine* 88 (1995) 141-145.

J. Leavesley, «*The impact of disease on civilization*». *The Medical Journal of Australia* 141 (1984) 377-379.

G.D. Hart, «*The diagnosis of disease from ancient coins*». *Archaeology* 26 (1973) 123-127.

La peste

M. Simond, M.L. Godley, and P.D.E. Mouriquand, «*Paul-Louis Simond and his discovery of plague transmission by rat fleas: A centenary*». J. Roy. Soc. Med. 91 (1998) 101-104.

A. Yersin, «*Sur la peste de Hong Kong. Comptes-rendus de l'Académie des Sciences*». 119 (1894) 356.

A. Yersin, «*La peste bubonique à Hong Kong. Annales de l'Institut Pasteur 8*». (1984) 662-667.

S. Kitasato, «*The Bacillus of bubonic plague*». *The Lancet* 144 (1984) 428-430.

M. Wheelis, «*Biological warfare at the 1346 siege of Caffa*». *Emerging Infectious Diseases* 8 (2002) 971-975.

J.C. Gauthier, R. A., and P. LIV, «*Sur le role des parasites du rat dans la transmission de la peste*». *Comptes Rendus des Séances de la Société de Biologie* 54 (1902).

D. Antoine, «*The archaeology of plague*». *Medical History. Supplement* (2008) 101-114.

M. Drancourt, G. Aboudharam, M. Signoli, O. Dutour, and D. Raoult, *Detection of 400-year-old Yersinia pestis DNA in human dental pulp: an approach to the diagnosis of ancient septicemia. Proceedings of the National Academy of Sciences of the United States of America* 95 (1998) 12637-12640.

M. Signoli, «*Reflections on crisis burials related to past plague epidemics*». *Clinical Microbiology and Infection* 18 (2012) 218-223.

M. Harbeck, L. Seifert, S. Hansch, D.M. Wagner, D. Birdsell, K.L. Parise, I. Wiechmann, G. Grupe, A. Thomas, P. Keim, L. Zoller, B. Bramanti, J.M. Riehm, and H.C. Scholz, «*Yersinia pestis DNA from skeletal remains from the 6(th) century AD reveals insights into Justinianic Plague*». *PLoS Pathogens* 9 (2013) e1003349.

D.M. Wagner, J. Klunk, M. Harbeck, A. Devault, N. Waglechner, J.W. Sahl, J. Enk, D.N. Birdsell, M. Kuch, C. Lumibao, D. Poinar, T. Pearson, M. Fourment, B. Golding, J.M. Riehm, D.J. Earn, S. Dewitte, J.M. Rouillard, G. Grupe, I. Wiechmann, J.B. Bliska, P.S. Keim, H.C. Scholz, E.C. Holmes, and H. Poinar, «*Yersinia pestis and the plague of Justinian 541-543 AD: a genomic analysis*». *Lancet Infectious Diseases* 14 (2014) 319-326.

B.L. Ligon, «*Plague: a review of its history and potential as a biological weapon*». *Seminars in Pediatric Infectious Diseases* 17 (2006) 161-170.

B.P. Zietz, and H. Dunkelberg, «*The history of the plague and the research on the causative agent Yersinia pestis*». *International Journal of Hygiene and Environmental Health* 207 (2004) 165-178.

La sífilis

M.J. Pérez-Ibáñez, «Un problema médico y terminológico (sífilis en el siglo xvi)». Voces VI (1995) 61-79.

R. Price, «*Spanish medicine in the Golden Age*». *Journal of the Royal Society of Medicine* 72 (1979) 864-874.

P. Daglio, «*[From Fracastoro to Pasteur: concepts concerning infectious diseases from the Renaissance to the microbiological era]*». *Minerva Medica* 60 (1969) 3797-3817.

M. Finland, «*Empiric therapy for bacterial infections: the historical perspective*». *Reviews of Infectious Diseases* 5 Suppl 1 (1983) S2-8.

G. Fornaciari, «*Renaissance mummies in Italy*». *Medicina nei Secoli* 11 (1999) 85-105.

K. Liddell, «*Skin disease in antiquity*». *Clinical medicine (London, England)* 6 (2006) 81-86.

B.M. Rothschild, «*History of syphilis*». *Clinical Infectious Diseases* 40 (2005) 1454-1463.

J.M. Pearce, «*A note on the origins of syphilis*». *Journal of Neurology, Neurosurgery, and Psychiatry* 64 (1998) 542, 547.

A. Luger, «*The origin of syphilis. Clinical and epidemiologic considerations on the Columbian theory*». *Sexually Transmitted Diseases* 20 (1993) 110-107.

B.J. Baker, & G.J. Armelagos, «*The origin and antiquity of syphilis: paleopathological diagnosis and interpretation*». *Current Anthropology* 29 (1988) 703-738.

S. Andreski, «*The syphilitic shock: puritanism, capitalism, and a medical factor*». *Encounter (London)* 55 (1980) 76-81.

F. Guerra, «*The dispute over syphilis. Europe versus America*». *Clio Medica* 13 (1978) 39-61.

R.H. Kampmeier, «*Syphilis therapy: an historical perspective*». *Journal of the American Venereal Disease Association* 3 (1976) 99-108.

J. Oriel, & A. Cockburn, «*Syphilis: where did it come from?*». *Paleopathology Newsletter* (1974) 9-12.

J.D. Oriel, «*Syphilis in the ancient world*». *Paleopathology Newsletter* (1974) 9-12.

C. Wells, «*The palaeopathology of bone disease*». *Practitioner* 210 (1973) 384-391.

L. Goldman, «*Syphilis in the Bible*». *Archives of Dermatology* 103 (1971) 535-536.

R.S. Morton, «*Another look at the Morbus Gallicus*». Postscript to the meeting of the Medical Society for the Study of Venereal Diseases, Geneva, May 26-28, 1967. *The British Journal of Venereal Diseases* 44 (1968) 174-7.

LA LEPRA

M. Rubini, P. Zaio, M. Spigelman, and H.D. Donoghue, «*Leprosy in a Lombard-Avar cemetery in central Italy (Campochiaro, Molise, 6th-8th century AD): ancient DNA evidence and demography*». *Annals of Human Biology* 44 (2017) 510-521.

M. Spigelman, and M. Rubini, «*Paleomicrobiology of Leprosy*». *Microbiology spectrum* 4 (2016) 131-142.

H.D. Donoghue, G. Michael Taylor, A. Marcsik, E. Molnar, G. Palfi, I. Pap, M. Teschler-Nicola, R. Pinhasi, Y.S. Erdal, P. Veleminsky, J. Likovsky, M.G. Belcastro, V. Mariotti, A. Riga, M. Rubini, P. Zaio, G.S. Besra, O.Y. Lee, H.H. Wu, D.E. Minnikin, I.D. Bull, J. O'Grady, and M. Spigelman, «*A migration-driven model for the historical spread of leprosy in medieval Eastern and Central Europe*». *Infection, Genetics and Evolution* 31 (2015) 250-256.

Y. Yoshie, «*Advances in the microbiology of M. leprae in the past century*». *International Journal of Leprosy and Other Mycobacterial Diseases* 41 (1973) 361-371.

A. Grzybowski, J. Sak, E. Suchodolska, and M. Virmond, «*Lepra: various etiologies from miasma to bacteriology and genetics*». *Clinics in Dermatology* 33 (2015) 3-7.

A. Grzybowski, and M. Nita, «*Leprosy in the Bible*». *Clinics in Dermatology* 34 (2016) 3-7.

F.S. Glickman, «*Lepra, psora, psoriasis*». *Journal of the American Academy of Dermatology* 14 (1986) 863-866.

J.E. Olle-Goig, «*The elimination of leprosy in the year 2000: what will be the fate of Antonio and Bajamut*». *Enfermedades Infecciosas y Microbiología Clínica* 19 (2001) 172-176.

TIFUS Y GUERRAS

D. Raoult, O. Dutour, L. Houhamdi, R. Jankauskas, P.E. Fournier, Y. Ardagna, M. Drancourt, M. Signoli, V.D. La, Y. Macia, and G. Aboudharam, «*Evidence for louse-transmitted diseases in soldiers of Napoleon's Grand Army in Vilnius*». *The Journal of Infectious Diseases* 193 (2006) 112-120.

T. Nguyen-Hieu, G. Aboudharam, M. Signoli, C. Rigeade, M. Drancourt, and D. Raoult, «*Evidence of a louse-borne outbreak involving typhus in Douai, 1710-1712 during the war of Spanish succession*». *PLoS One* 5 (2010) e15405.

E. Angelakis, Y. Bechah, and D. Raoult, «*The History of Epidemic Typhus*». *Microbiology Spectrum* 4 (2016) 81-92.

R.J. Bennett, and K.S. Baker, «*Looking Backward To Move Forward: the Utility of Sequencing Historical Bacterial Genomes*». *Journal of Clinical Microbiology* 57 (2019) e00100-19.

J.C. Snyder, and C.M. Wheeler, «*The Experimental Infection of the Human Body Louse, Pediculus Humanus Corporis, with Murine and Epidemic Louse-Borne Typhus Strains*». *The Journal of Experimental Medicine* 82 (1945) 1-20.

J.O. Andersson, and S.G. Andersson, «*A century of typhus, lice and Rickettsia*». *Research in Microbiology* 151 (2000) 143-150.

D. Raoult, T. Woodward, and J.S. Dumler, «*The history of epidemic typhus*». *Infectious Disease Clinics of North America* 18 (2004) 127-140.

B.A. Cunha, «*The cause of the plague of Athens: plague, typhoid, typhus, smallpox, or measles?*». *Infectious Disease Clinics of North America* 18 (2004) 29-43.

G.J. Harrington, «*Epidemic Typhus Fever and History*». *Marquette Medical Review* 31 (1965) 147-150.

EL CÓLERA Y JOHN SNOW

F. Pacini, «*Osservazioni microscopiche e deduzioni patologiche sul cholera asiático*». *Gazzetta Medica Italiana: federativa Toscana* 6 (1854) 397-405.

R. Hare, «*John Snow and the cholera epidemic of 1854*». *Medical World* 82 (1955) 183-195.

O.C. Phillips, and T.M. Frazier, «*John Snow, M. D. (1813-1858), pioneer in anesthesiology and epidemiology*». *Pennsylvania Medical Society* 68 (1965) 49-50.

J.P. Vandenbroucke, H.M. Eelkman Rooda, and H. Beukers, «*Who made John Snow a hero?*». *American Journal of Epidemiology* 133 (1991) 967-973.

D. Lippi, E. Gotuzzo, and S. Caini, «*Cholera*». *Microbiology Spectrum* 4 (2016) 173-180.

E.A. Parkes, «*Mode of communication of cholera by John Snow, MD*» *Second edition, London, 1855, pp 162. International Journal of Epidemiology* 42 (2013) 1543-1552.

D. Lippi, and E. Gotuzzo, «*The greatest steps towards the discovery of Vibrio cholerae*». *Clinical Microbiology and Infection* 20 (2014) 191-195.

D. Tulodziecki, «*A case study in explanatory power: John Snow's conclusions about the pathology and transmission of cholera*». *Studies in History and Philosophy of Biological and Biomedical Sciences* 42 (2011) 306-316.

TUBERCULOSIS

No-authors-listed, «*Pulmonary Consumption in the British Army*». *The British and Foreign Medico-Chirurgical Review* 57 (1876) 333-344.

M.J. Al-Rahamneh, A. Al-Rahamneh, F. Guillén-Grima, A. Arnedo-Pena, and I. Aguinaga-Ontoso, «*Mortality trends for tuberculosis in European Union countries, 2000-2010*». *Enfermedades Infecciosas y Microbiología Clínica* 36 (2018) 342-351.

R.N. Doetsch, «*Benjamin Marten and his New Theory of Consumptions*». *Microbiological Reviews* 42 (1978) 521-528.

J.R. Gasquet, «*Tuberculosis and Pulmonary Consumption*». *The British and Foreign Medico-Chirurgical Review* 45 (1870) 389-406.

D.S. Davies, «*Tuberculosis and Consumption in Relation to Public Health*». *Bristol Medico-Chirurgical Journal* (1883) 37 (1920) 211-223.

M. Worboys, «*The development of the sanatorium treatment for consumption in Britain, 1880-1914*». *The Society for the Social History of Medicine bulletin (London)* 35 (1984) 41-43.

S.D. Holmberg, «*The rise of tuberculosis in America before 1820*». *The American Review of Respiratory Disease* 142 (1990) 1228-1232.

L.F. Flick, «*Time was... 1904. Consumption a curable and preventable disease*». *Journal of Human Lactation* 11 (1995) 233-234.

J.F. Murray, «*Mycobacterium tuberculosis and the cause of consumption: from discovery* to fact». *American Journal of Respiratory and Critical Care Medicine* 169 (2004) 1086-1088.

I. Barberis, N.L. Bragazzi, L. Galluzzo, and M. Martini, «*The history of tuberculosis: from the first historical records to the isolation of Koch's bacillus*». *Journal of Preventive Medicine and Hygiene* 58 (2017) 9-12.

I. Hershkovitz, H.D. Donoghue, D.E. Minnikin, H. May, O.Y. Lee, M. Feldman, E. Galili, M. Spigelman, B.M. Rothschild, and G.K. Bar-Gal, «*Tuberculosis origin: The Neolithic scenario*». *Tuberculosis (Edinburgh, Scotland)* 95 Suppl 1 (2015) S122-126.

H.D. Donoghue, O.Y. Lee, D.E. Minnikin, G.S. Besra, J.H. Taylor, and M. Spigelman, «*Tuberculosis in Dr Granville's mummy: a molecular re-examination of the earliest known Egyptian mummy to be scientifically examined and given a medical diagnosis*». *Proceedings of the Royal Society B: Biological Sciences* 277 (2010) 51-56.

R.F. Spaide, «*Plague is a human disease, caused by Yersinia pestis*». *Retina* 34 (2014) 1022.

Cómo las infecciones crearon monstruos: vampiros

S. Sabbatani, and S. Fiorino, «*Pestilence, riots, lynchings and desecration of corpses. The sleep of reason produces monsters*». *Le Infezioni in Medicina* 24 (2016) 163-171.

P.S. Sledzik, and N. Bellantoni, «*Brief communication: bioarcheological and biocultural evidence for the New England vampire folk belief*». *American Journal of Physical Anthropology* 94 (1994) 269-274.

A. Heick, «*Prince Dracula, rabies, and the vampire legend*». *Annals of Internal Medicine* 117 (1992) 172-173.

J. Gómez-Alonso, «*Rabies: a possible explanation for the vampire legend*». *Neurology* 51 (1998) 856-859.

E. Nuzzolese, and M. Borrini, «*Forensic approach to an archaeological casework of «vampire» skeletal remains in Venice: odontological and anthropological prospectus*». *Journal of Forensic Sciences* 55 (2010) 1634-1637.

P.J. Braunlein, «*The frightening borderlands of Enlightenment: the vampire problem*». *Studies in History and Philosophy of Science Part C: Studies in History and Philosophy of Biological and Biomedical Sciences* 43 (2012) 710-719.

O. Castel, A. Bourry, S. Thevenot, and C. Burucoa, «*Bacteria and vampirism in cinema*». *Médecine et Maladies Infectieuses* 43 (2013) 363-367.

L.A. Gregoricka, T.K. Betsinger, A.B. Scott, and M. Polcyn, «*Apotropaic practices and the undead: a biogeochemical assessment of deviant burials in post-medieval Poland*». *PLoS One* 9 (2014) e113564.

L.A. Gregoricka, A.B. Scott, T.K. Betsinger, and M. Polcyn, «*Deviant burials and social identity in a postmedieval Polish cemetery: An analysis of stable oxygen and carbon isotopes from the «vampires» of Drawsko*». *American Journal of Physical Anthropology* 163 (2017) 741-758.

Antoni van Leeuwenhoek

H. Gest, «*Homage to Robert Hooke (1635-1703): new insights from the recently discovered Hooke Folio*». *Perspectives in Biology and Medicine* 52 (2009) 392-399.

H. Gest, «*The discovery of microorganisms by Robert Hooke and Antoni Van Leeuwenhoek, fellows of the Royal Society*». *Notes and Records of the Royal Society of London* 58 (2004) 187-201.

S.Y. Tan, «*Antoni van Leeuwenhoek (1632-1723): father of microscopy*». *Singapore Medical Journal* 44 (2003) 557-558.

A.D. Khattab, «*Dances with microscopes: Antoni van Leeuwenhoek (1632-1723)*». *Cytopathology* 6 (1995) 215-218.

L.F. Haas, «*Antoni van Leeuwenhoek, 1632-1723*». *Journal of Neurology, Neurosurgery, and Psychiatry* 55 (1992) 251.

L.C. Palm, «*Italian influences on Antoni van Leeuwenhoek*». *Nieuwe Ned Bijdr Geschied Geneeskd Natuurwet* (1989) 147-163.

J. van Zuylen, «*On the microscopes of Antoni van Leeuwenhoek*». *Janus* 68 (1981) 159-198.

J. Kremer, «*The significance of Antoni van Leeuwenhoek for the early development of andrology*». *Andrologia* 11 (1979) 243-249.

LA GRAN HAMBRUNA

J. Geber, «*Skeletal manifestations of stress in child victims of the Great Irish Famine (1845-1852): prevalence of enamel hypoplasia, Harris lines, and growth retardation*». *American Journal of Physical Anthropology* 155 (2014) 149-161.

A.W. Mac, «*A medical survey of the Irish famine of 1846*». *Ulster Medical Journal* 20 (1951) 1-15.

O. MacDonagh, «*The Irish famine emigration to the United States*». *Perspectives in American history* 10 (1976) 357-446.

J. McPartlin, «*Diet, politics and disaster: the great Irish famine*». *Proceedings of the Nutrition Society* 56 (1997) 211-223.

[149] S. Porter, «*Confronting famine: the case of the Irish Great Hunger*». *Nursing Inquiry* 5 (1998) 112-116.

J.B. Ristaino, C.T. Groves, and G.R. Parra, «*PCR amplification of the Irish potato famine pathogen from historic specimens*». *Nature* 411 (2001) 695-697.

J. Beaumont, and J. Montgomery, «*The Great Irish Famine: Identifying Starvation in the Tissues of Victims Using Stable Isotope Analysis of Bone and Incremental Dentine Collagen*». *PLoS One* 11 (2016) e0160065.

E.M. Goss, J.F. Tabima, D.E. Cooke, S. Restrepo, W.E. Fry, G.A. Forbes, V.J. Fieland, M. Cardenas, and N.J. Grunwald, «*The Irish potato famine pathogen Phytophthora infestans originated in central Mexico rather than the Andes*». *Proceedings of the National Academy of Sciences of the United States of America* 111 (2014) 8791-8796.

A.A. McConnell, «*The Irish famine: a century and a half on*». *Proceedings of the Royal College of Physicians of Edinburgh* 28 (1998) 383-394.

PESADILLA EN LA COCINA

S.G. A., «*The work of a chronic typhoid germ distributor*». *Journal of the American Medical Association* 48 (1907) 2019-2022.

J. Brooks, «*The sad and tragic life of typhoid Mary*». *Canadian Medical Association Journal* 154 (1996) 915-916.

W.P. Mason, «*Typhoid Mary*». *Science* 30 (1909) 117-118.

G.A. Soper, «*The Curious Career of Typhoid Mary*». *Bulletin of the New York Academy of Medicine* 15 (1939) 698-712.

J.N. Brouillette, «*Typhoid Mary 1987*». *The Journal of the Florida Medical Association* 75 (1988) 85.

L. Parker, «*Journal of infection control nursing. Tiphoid Mary*». *Nursing Times* 88 (1992) 70.

S.M. Aronson, «*The civil rights of Mary Mallon*». *Rhode Island Medicine* 78 (1995) 311-312.

J.S. Marr, *Typhoid Mary*. *Lancet* 353 (1999) 1714.

F. Marineli, G. Tsoucalas, M. Karamanou, and G. Androutsos, «*Mary Mallon (18691938) and the history of typhoid fever*». *Annals of Gastroenterology* 26 (2013) 132-134.

J. Brooks, «*The sud and tragic life of Typhoid Mary*». *Canadian Medical Association Journal* 154 (1996) 915-916.

M.A. Hasian, «*Power, medical knowledge, and the rhetorical invention of Typhoid Mary*». *Journal of Medical Humanities* 21 (2000) 123-139.

O.W. Holmes, «*The Contagiousness of Puerperal Fever*». New England Quarterly Journal of Medicine and Surgery 1 (1843) 213.

I. Semmelweis, «*The Etiology, Concept and Prophylaxis Of Childbed Fever*». Social Medicine 3 (2008) 4-12.

B.J. Hawgood, Francesco Redi (1626-1697): «*Tuscan philosopher, physician and poet*». Journal of Medical Biography 11 (2003) 28-34.

G.F. Gensini, M.H. Yacoub, and A.A. Conti, «*The concept of quarantine in history: from plague to SARS*». Journal of Infection 49 (2004) 257-261.

M. Bruhn, Life lines: «*An art history of biological research around 1800*». Studies in History and Philosophy of Science Part C: Studies in History and Philosophy of Biological and Biomedical Sciences 42 (2011) 368-380.

S. Selwyn, «*Hospital infection: the first 2.500 years*». Journal of Hospital Infection 18 (1991) 5-64.

J. Lederberg, «*Infectious history*». Science 288 (2000) 287-293.

K. Linden, «*Florence Nightingale is placed among mankind's benefactors*». American Journal of Nursing 50 (1950) 265.

U. Ward, «*The Florence Nightingale Foundation: developing nursing's leaders*». British Journal of Nursing 27 (2018) 774-775.

T. Brown, «*Florence Nightingale, Saintly Rebel*». American Journal of Nursing 117 (2017) 55.

S.H. Kagan, «*Florence Nightingale's Notes on Nursing and the Determinants of Health*». Cancer Nursing 37 (2014) 478.

G.B. Hutchinson, and C.A. Welch, «*Florence Nightingale: her legacy to humankind*». Imprint 60 (2013) 29-33.

A. Attewell, «*Of lamps and lanterns: throwing light on Florence Nightingale*». Nursing New Zealand 11 (2005) 28-29.

A. Attewell, «*Florence Nightingale's relevance to nurses*». Journal of Holistic Nursing 16 (1998) 281-291.

L.J. DiDio, «*Marcello Malpighi: the father of microscopic anatomy*». Italian Journal of Anatomy and Embryology 100 Suppl 1 (1995) 3-9.

L.J. DiDio, «*Brief survey of Malpighi's life*». Progress in Clinical and Biological Research 295 (1989) 7-11.

Microscopios y generación no espontánea

J. Tyndall, «*Floating Matter of the Air*». American Journal of Public Health (New York) 9 (1919) 383-384.

M. Karamanou, G. Panayiotakopoulos, G. Tsoucalas, A.A. Kousoulis, and G. Androutsos, «*From miasmas to germs: a historical approach to theories of infectious disease transmission*». Le Infezioni in Medicina 20 (2012) 58-62.

J. Lennox, «*Teleology, chance, and Aristotle's theory of spontaneous generation*». Journal of the History of Philosophy 19 (1981) 219-238.

E.M. Kniskern, «*The fall and rise of the spontaneous generation theory*». Biologist 51 (1969) 54-70.

E.J. Wiseman, «*John Tyndall, his contributions to the defeat of the theory of the spontaneous generation of life*». School Science Review 46 (1965) 362-367.

S.W. Fox, «*Spontaneous generation, the origin of life, and self-assembly*». Currents in modern biology 2 (1968) 235-240.

E.G. Ruestow, «*Leeuwenhoek and the campaign against spontaneous generation*». Journal of the History of Biology 17 (1984) 225-248.

L. Pasteur, «*De l'atténuation du virus du choléra des poules*». *Comptes Rendus des Séances l'Académie des Sciences* 91 (1880) 673-680.

S. Luca, and T. Mihaescu, «*History of BCG Vaccine*». *Maedica (Buchar)* 8 (2013) 53-58.

M. Schwartz, «*Science and the applications of science from Louis Pasteur to Jacques Monod*». *Comptes Rendus Biologies* 338 (2015) 413-418.

J.M. Cavaillon, and S. Legout, «*Duclaux, Chamberland, Roux, Grancher, and Metchnikoff: the five musketeers of Louis Pasteur*». *Genes and Immunity* 20 (2019) 344-356.

P. Adam, «*Louis Pasteur: Father of bacteriology*». *Canadian Journal of Medical Technology* 13 (1951) 126-128.

L. Pasteur, «*De l'atténuation du virus du choléra des poules*». *Comptes Rendus des Séances l'Académie des Sciences* 91 (1880) 673-680.

N. Howard-Jones, Kitasato, «*Yersin, and the plague bacillus*». *Clio Medica* 10 (1975) 23-27.

B.J. Hawgood, «*Alexandre Yersin (1863-1943): discoverer of the plague bacillus, explorer and agronomist*». *Journal of Medical Biography* 16 (2008) 167-172.

JOSEPH LISTER

J. Tyndall, «*Dust and Disease*». *Archive of «British Medical Journal* 1 (1871) 661-662.

H.A. Kelly, «*Jules Lemaire: the first to recognize the true nature of wound infection and inflammation, and the first to use carbolic acid in medicine and surgery*». *Journal of the American Medical Association* 16 (1901) 1083-1088.

J. Hunter, «*A treatise on the blood, inflammation, and gun-shot wounds*». 1794. *Clinical Orthopaedics and Related Research* 458 (2007) 27-34.

L.H. Toledo-Pereyra, and M.M. Toledo, «*A critical study of Lister's work on antiseptic surgery*». *The American Journal of Surgery* 131 (1976) 736-744.

P.F. Clark, «*Joseph Lister, his Life and Work*». *The Scientific Monthly* 11 (1920) 518-539.

L.H. Toledo-Pereyra, «*Birth of scientific surgery. John Hunter versus Joseph Lister as the father or founder of scientific surgery*». *Journal of Investigative Surgery* 23 (2010) 6-11.

B. Jessney, «*Joseph Lister (1827-1912): a pioneer of antiseptic surgery remembered a century after his death*». *Journal of Medical Biography* 20 (2012) 107-110.

D.L.d. Dodgson, 847-54. «*Some fallacies about vivisection. Some popular fallacies about vivisection*». *Fortnightly Review* (1875) 847-854.

P.D. Olch, «*The contributions of John Tyndall to wound infections and putrefaction*». *Surgery, Gynecology, and Obstetrics* 116 (1963) 249-254.

A. Ogston, «*Report upon microorganisms in surgical diseases*». *British Medical Journal* 1 (1881) 369-375.

J. Lister, «*On the lactic fermentation and its bearings on pathology*». *Transactions of the Pathological Society of London* 29 (1878) 425-467.

J. Lister, «*On the Antiseptic Principle in the Practice of Surgery*». *British Medical Journal* 2. (1867) 246-248.

J. Lister, «*An Address on the Antiseptic System of Treatment in Surgery*». *British Medical Journal* 2 (1868) 53-56.

J. Henle, «*On the formation of mucus and pus and their relation to the skin*». *The Lancet* 32 (1839) 286-294.

J. Lister, «*A Method of Antiseptic Treatment Applicable to Wounded Soldiers in the Present War*». *British Medical Journal* 2 (1870) 243-244.

M.A. O'Malley, «*What did Darwin say about microbes, and how did microbiology respond?*». *Trends in Microbiology* 17 (2009) 341-347.

D.K. Nakayama, «*Antisepsis and Asepsis and How They Shaped Modern Surgery*». *The American Surgeon* 84 (2018) 766-771.

D.M. Lilly, and R.H. Stillwell, «Probiotics: Growth-Promoting Factors Produced by Microorganisms. Science 147 (1965) 747-748.

A.M. Silverstein, «Pasteur, Pastorians, and the dawn of immunology: the importance of specificity». History and Philosophy of the Life Sciences 22 (2000) 29-41.

L. Pelner, «Elie Metchnikoff, Ph. D. (1845-1916). Professor at Pasteur Institute». New York State Journal of Medicine 69 (1969) 2371-2376.

J.M. Cavaillon, and S. Legout, «Centenary of the death of Elie Metchnikoff: a visionary and an outstanding team leader». Microbes and Infection 18 (2016) 577-594.

S. Gordon, «Elie Metchnikoff: father of natural immunity». European Journal of Immunology 38 (2008) 3257-3264.

L. Heifets, «Centennial of Metchnikoff's discovery». Journal of the Reticuloendothelial Society 31 (1982) 381-391.

A.I. Tauber, and L. Chernyak, «Metchnikoff and a theory of medicine». Journal of the Royal Society of Medicine 82 (1989) 699-701.

E. Metchnikoff, «Untersuchungen ueber die mesodermalen Phagocyten einiger Wirbeltiere». Biologisches Zentralblatt 3 (1883) 560-565.

A.K. Simon, G.A. Hollander, and A. McMichael, «Evolution of the immune system in humans from infancy to old age». Proceedings of the Royal Society 282 (2015) 20143085.

T.P. Stossel, «The early history of phagocytosis». Advances in Cellular and Molecular Biology of Membranes and Organelles 5 (1999) 3-18.

S. Gordon, Phagocytosis: «The Legacy of Metchnikoff». Cell 166 (2016) 1065-1068.

S. Gordon, Phagocytosis: «An Immunobiologic Process». Immunity 44 (2016) 463-475.

A. Mantovani, «From phagocyte diversity and activation to probiotics: back to Metchnikoff». European Journal of Immunology 38 (2008) 3269-3273.

A.I. Tauber, «Metchnikoff and the phagocytosis theory». Nature Reviews Molecular Cell Biology 4 (2003) 897-901.

Robert Koch

R. Koch, «Die Atiologie de Tuberkulose». Berliner klinische Wochenschrift 19 (1882) 221-230.

R. Koch, «Uber Die Atiologie Der Tuberkulose». Verhandlungen des Deutschen Kongresses für innere Medizin, Erste Kongress, Weisbaden. Verlag von JF Bergmann (1882) 55-56.

R. Koch, «Untersuchungen über die Aetiologie der Wundinfectionskrankheiten». Kreisphysikus in Wollstein (1878).

G. Shama, «The Petri Dish: A Case of Simultaneous Invention in Bacteriology». Endeavour (2019).

M. Wainwright, «Extreme Pleomorphism and the Bacterial Life Cycle: A Forgotten Controversy» Perspectives in Biology and Medicine 40 (1997) 407-414.

R. Koch, «A Further Communication on a Remedy for Tuberculosis». Indian Medical Gazette 26 (1891) 85-87.

R. Koch, «An Address on the Fight against Tuberculosis in the Light of the Experience that has been Gained in the Successful Combat of other Infectious Diseases». British Medical Journal 2 (1901) 189-193.

R. Koch, «Classics in infectious diseases. The etiology of tuberculosis: Robert Koch». Berlin, Germany 1882. Reviews of Infectious Diseases 4 (1982) 1270-1274.

R. Koch, «Tuberculosis etiology». Deutsch im Gesundheitswesen 7 (1952) 457-465.

G. Vernon, «Syphilis and Salvarsan». British Journal of General Practice 69 (2019) 246.

E. Seres, and F. Bosch, «Salvarsan: Early days of a new chemotherapeutic drug». Journal of Chemotherapy 22 (2010) 433.

F. Cohn, Dolley, C. S., «Bacteria: the smallest of living organisms». Bulletin of the History of Medicine 1 (1872).

R. Hare, *New light on the history of penicillin. Medical History* 26 (1982) 1-24.

A. Fleming, «*On the antibacterial action of cultures of a penicillium, with special reference to their use in the isolation of B. influenzae*». 1929. *Bulletin of the World Health Organization* 79 (2001) 780-790.

A. Fleming, «*Penicillin*». *Nobel Lecture* 1 (1945) 84-93.

W.E. Wyn Jones, Jones, W.R.G., «*Merlin Pryce (1902-1976) and penicillin: an abiding mystery*». *Vesalius* 8 (2002) 6-25.

A. Fleming, «*On the bacteriology of septic wounds*». *The Lancet* 186 (1915) 638-643.

E. Villalobo, «Alexander Fleming: 70 años de su visita a España». *SEM@FORO* (2018) 10-15.

A. Fleming, On the etiology of acne vulgaris and its treatment by vaccines. *The Lancet* 173 (1909) 1035-1038.

B.L. Ligon, *Penicillin: its discovery and early development. Seminars in Pediatric Infectious Diseases* 15 (2004) 52-57.

C.H. Steffee, «*Alexander Fleming and penicillin. The chance of a lifetime?*». *North Carolina Medical Journal* 53 (1992) 308-310.

L.P. Garrod, Alexander Fleming. «*A dedication on the 50th anniversary of the discovery of penicillin*». *British journal of experimental pathology* 60 (1979) 1-2.

H.D. Riley, Jr., «*The story of penicillin (Alexander Fleming)*». *Journal of the Oklahoma State Medical Association* 65 (1972) 107-119.

H.M. Koelbing, «*Alexander Fleming's Nobel Prize eve*». *Agents and Actions* 1 (1970) 258-259.

A. Pathak, R.W. Nowell, C.G. Wilson, M.J. Ryan, T.G. Barraclough. «*Comparative genomics of Alexander Fleming's original Penicillium isolate (IMI 15378) reveals sequence divergence of penicillin synthesis genes*». *Scientific Reports* 24 (2020) 15705.